John Gaskin
Wo Thales in den Brunnen fiel

100

5. Athen: Sokrates, Platon und die Welt der Ideen

113

6. Aristoteles und die diesseitige Welt: Natur, Leben, Ethik

129

7. Epikur: Der Garten und die Wildnis

144

8. Stoiker: Moralische Pflicht und natürliches Gesetz

156

9. Neuplatonismus: Der letzte Protest

161

10. Das Ende der klassischen Antike

III Städte und Stadtbewohner: Ein Überblick

172

Abdera * Akragas * Alexandria * Aphrodisias * Assos * Athen
* Chios * Elea * Ephesos * Halikarnassos * Herkulaneum *
Kalchedon * Klazomenai * Knidos * Kolophon * Kos * Kroton *
Kyrene * Lesbos * Milet * Oinoanda * Pergamon * Priëne *
Rhodos * Rom * Samos * Stageira * Troja

Anhang

204

Karten

208

Bibliographie

212

Orts- und Personenregister

Vorwort

Am Anfang dieses Buchs standen ein paar improvisierte Vorträge über klassische Philosophie in einigen der großen antiken Theater Kleinasiens im Jahr 2002, die seitdem dort und andernorts regelmäßig jedes Jahr gehalten werden. Die Reaktion meiner bemerkenswerten Schar von Zuhörerinnen und Zuhörern hat mich ermutigt, in gedruckter Form vorzulegen, was die Begeisterung des gesprochenen Worts leichter hervorbringt.

Das Resultat ist detaillierter, als die ursprünglichen Vorträge hätten sein können, und es ist in seinen Folgerungen vielleicht etwas vorsichtiger. Aber der Aufbau ist beibehalten worden, und auch die Absicht hat sich nicht verändert: Die für unsere Kultur grundlegenden Ideen sollten allgemeiner bekannt gemacht werden, die Aufmerksamkeit bekommen, die sie verdienen, und in ihrer Bedeutung für uns Heutige neu bewertet werden.

Zum Aufbau dieses Buchs

Die drei Teile (I–III) des Buchs können in beliebiger Reihenfolge gelesen werden; eine strengere zeitliche Abfolge gibt es nur in Teil II. Der erste Teil enthält kurze Artikel zu fünf Themen, die den Reisenden, der antike Stätten aufsucht, beschäftigen könnten. Die ersten beiden Kapitel wollen ein Bild entwerfen, in dem spätere Details und vor Ort zu sehende Besonderheiten ihren Platz finden.

Im zweiten Teil geht es um die Philosophen und ihre Ideen im geschichtlichen Verlauf. Die ersten beiden Kapitel, über Troja und Homer, sind zwar nicht im engeren Sinne philosophisch orientiert, bilden aber den Hintergrund für alles Spätere an Gedanken und Vorstellungen. Kapitel 10 versucht eine Antwort zu geben auf die Frage nach den Gründen für das Ende der klassischen Antike.

Der dritte Teil bietet einen Überblick über antike Stätten, mit besonderen Hinweisen auf die Männer (und bedauernswerterweise nur eine Frau), die dort geboren sind und/oder gewirkt haben.

Anmerkungen des Übersetzers

Griechisch und Latein Die vorliegende deutsche Ausgabe gibt bei Namen von Orten und Personen im Wesentlichen der kulturell jeweils vorherrschenden Sprachform den Vorzug, schreibt also „Ephesos" statt „Ephesus", oder „Simplikios" statt „Simplicius". Ausgenommen davon sind abweichende Schreibweisen in Übersetzungen („Achill" oder „Achilles" heißt beim Homer-Übersetzer Johann Heinrich Voß „Achilleus"); vereinzelt ist ein Name auch in der vom Original abweichenden Schreibweise populärer; so ist der lydische König Kroisos bei uns bekannter unter dem mit seinem sprichwörtlich gewordenen Reichtum verbundenen Namen „Krösus" (im Grunde eine griechisch-lateinisch-deutsche Mischform). In diesem Fall werden beide Formen angegeben, ebenso, wenn es für einen Ort im Griechischen und Lateinischen unterschiedliche Bezeichnungen gibt (Troja/Ilion).

Quellen und Übersetzungen Leider fehlt uns im deutschsprachigen Bereich ein Pendant zur editorischen Leistung der von der Universität Harvard herausgegebenen „Loeb Classical Library", die Ausgaben der wichtigsten Werke der griechischen und lateinischen antiken Autoren enthält, und zwar den Originaltext mit annotierter Übersetzung. Der Übersetzer hat, wo immer es ging, auf verbreitete, leicht greifbare Ausgaben und Übersetzungen zurückgegriffen; nähere Hinweise finden sich in der Bibliographie im Anhang. Sind keine Quellen angegeben, wurden die Zitate unter Berücksichtigung des Originals und der englischen Übersetzung übertragen. Die Stellenangaben folgen geläufigen Zitierweisen, so bei den Vorsokratikern nach der Ausgabe Diels/Kranz (DK), bei Platon anhand der Stephanus- und bei Aristoteles anhand der Bekker-Paginierung, die in fast allen geläufigen Editionen zu finden ist.

I.

DIE IDEE EINER KULTUR: WAS DIE GRIECHEN SCHUFEN

1. Die ganze Welt des Seienden – ein geschichtlicher Abriss

Historisch zu spekulieren macht Spaß; Daten und Fakten können da oft nur stören. Fehlen sie aber, so fehlt ein Gerüst, ein Rahmen, um der Erfahrung des Vergangenen Halt zu geben. Für die klassische Antike mag ein kurzer Abriss der Ereignisgeschichte dennoch von Nutzen sein.

Der geschichtliche Überblick beginnt im 8. Jahrhundert v. Chr. mit den unabhängigen griechischen Städten der Ägäis und des Festlands und verzeichnet die Ausbreitung der hellenischen Kultur durch die Gründung von Kolonien. Danach geht es um die Eroberungen Alexanders des Großen und die Herrschaftsgebiete seiner Nachfolger, ferner um die im Allgemeinen wohlwollende Haltung der Römer gegenüber der hellenischen Kultur. Sodann skizzieren wir den allmählichen Niedergang des Römischen Reichs und beschließen den Überblick mit der Transformation der klassischen Antike in das oströmische Christentum im 4. Jahrhundert n. Chr.

Das archaische Zeitalter: Ionische Städte und Kolonien, um 750–547 v. Chr.

In dieser Epoche florierten zahlreiche kleine, freie, unabhängige griechische Städte – allen voran Milet – und gründeten Kolonien an den Küsten des Schwarzen Meers, des Marmarameers, Kleinasiens, Nordafrikas und Süditaliens. In späterer Zeit wurde Lydien zur vorherrschenden Landmacht in Kleinasien.

- **Um 750–675** Homer verfasst die *Ilias* und die *Odyssee*; Hesiod die *Theogonie* sowie *Werke und Tage*.
- **Um 625–547** Blütezeit von Milet. Thales und andere beginnen mit der Erforschung der Natur und des Universums.
- **560–547** Kroisos (Krösus) ist König von Lydien.
- **547** Kyros der Große, König von Persien, erobert Lydien und zahlreiche Städte in Ionien.

Das Zeitalter der Klassik: Perserkriege, Athen und Sparta, 547–334 v. Chr.

Diese Epoche gilt gemeinhin als Kernzeit der klassischen Antike. Ihre Hauptkennzeichen sind die Kriege zwischen dem Perserreich und verschiedenen griechischen Städtebündnissen, die kulturellen Errungenschaften Athens und der Peleponnesische Krieg zwischen Athen und Sparta. Die letzten siebzig Jahre sind von einer Art Kaltem Krieg zwischen Persien und diversen griechischen Städten bestimmt, und in Karien (dem Südwesten von Kleinasien) kommt es zur Vorherrschaft der Dynastie der Hekatomniden, die nominell persische Untertanen, aber von griechischer Kultur beeinflusst sind. Ihr bekanntestes Wahrzeichen ist das Mausoleum von Halikarnassos. Die Geschichte der Perserkriege hat Herodot geschrieben.

- **499** Ionischer Aufstand gegen Persien.
- **494** Die griechische Flotte verliert die Seeschlacht bei der Insel Lade; Milet wird geplündert.
- **490** Erste persische Strafexpedition auf griechischem Festland unter Dareios. Die Perser unterliegen in der Schlacht bei Marathon.
- **480** Zweite persische Strafexpedition, diesmal unter König Xerxes I.. Den Persern gelingt zwar nach aufreibendem Kampf in der Schlacht an den Thermopylen der Durchbruch. Die persische Flotte wird aber bei der Seeschlacht von Salamis fast vollständig zerstört. Athen wird evakuiert und die „alte" Akropolis von den Persern zerstört. Xerxes zieht sich auf das asiatische Festland zurück und lässt sein Heer in Thessalien überwintern.

- **479** Erfolgreicher griechischer Gegenangriff, der mit Siegen in der Schlacht von Plataiai und der Seeschlacht vor der Halbinsel Mykale endet.
- **478–431** Aufstieg Athens im Perikleischen Zeitalter. Bau des Parthenon. Werke großer Dramatiker in Athen aufgeführt. Blütezeit der athenischen Demokratie.
- **Um 467** Mit der Land- und Seeschlacht am Fluss Eurymedon endet die aktive Bedrohung Griechenlands durch die Perser. Danach setzen die persischen Könige auf Gold und Diplomatie, um ihr Reich im Westen aufrechtzuerhalten.
- **432–404** Peleponnesischer Krieg zwischen Athen und Sparta, aufgezeichnet von Thukydides, endet mit der Niederlage Athens.
- **404–347** Platon ist in Athen tätig.
- **404–334** „Kalter Krieg" zwischen Festlandsgriechen (Sparta) und Persien, in dessen Verlauf es immer wieder zu bewaffneten Auseinandersetzungen kommt.
- **399** Tod des Sokrates.
- **377–334** Die Dynastie der Hekatomniden setzt, unter formeller Vorherrschaft Persiens, in Karien die griechische Kultur durch.

Alexander der Große von Makedonien und die Zerstörung des Perserreichs, 334–323 v. Chr.

- **340–323** Aristoteles lehrt und forscht in Athen.
- **334** Mit dem Sieg in der Schlacht am Fluss Granikos öffnet Alexander den Weg zur Eroberung Kleinasiens.
- **333** Alexander siegt bei Issos und erobert danach Ägypten.
- **331** Die Schlacht von Gaugamela endet mit der Flucht des Perserkönigs Dareios III.
- **323** Alexander stirbt in Babylon.
- **322** Aristoteles stirbt auf Chalkis.

Das Zeitalter des Hellenismus und der Aufstieg Roms, 323–31 v. Chr.

Nach Alexanders Tod wurde das von ihm eroberte Riesenreich zwischen seinen Generälen und seinen Gefährten aufgeteilt, was nicht immer friedlich geschah. Aber damit verbreitete sich die griechische Kultur über weite Gebiete des östlichen Mittelmeerraums und gelangte sogar bis zu den Grenzen Indiens. Unter den Nachfolgern Alexanders stechen drei ganz besonders hervor: zum einen die Ptolemäer, die ein erweitertes Ägypten regierten, ferner die Seleukiden, die Kleinasien und Gebiete beherrschten, welche sich anfänglich bis zum heutigen Afghanistan erstreckten. Und schließlich wurde, fast durch Zufall, der Westen von Kleinasien ein Königreich unter der Herrschaft der so wohlhabenden wie exzentrischen Attaliden von Pergamon, deren letzter Spross, Attalos III., sein Reich – in weiser Voraussicht des Kommenden – den Römern vermachte.

- **Ab 331** Athen wird das philosophische Zentrum der westlichen Welt: Hier befinden sich die von Platon und Aristoteles gegründeten Akademien, die Schulen der Epikureer und der Stoiker.
- **146** Makedonien und das griechische Festland werden zu römischen Provinzen.
- **130** Die römische Provinz Asien (Kleinasien) wird gegründet.
- **88–85** Mithridates VI., König von Pontos, fällt in die Provinz Kleinasien ein. Die griechischen Städte suchen ihren Vorteil darin, sich mit ihm oder den Römern zu verbünden.
- **44** Ermordung Julius Caesars.
- **44–31** Bürgerkriege in Rom, wobei Marcus Antonius zunächst gegen Brutus und Cassius kämpft (und in der Schlacht von Philippi, 42 v. Chr., siegt), sodann gegen Octavius Krieg führt.
- **31** Schlacht von Actium. Octavius siegt und steigt zum Herrscher über das Römische Reich auf.
- **30** Kleopatra, letzte Herrscherin der Ptolemäer-Dynastie und Verbündete von Marcus Antonius, wählt den Freitod.

Pax Romana: Das Römische Reich von 30 v. Chr. bis zum 2. Jahrhundert n. Chr.

Mit Octavius (auch Octavian genannt) begann der Prozess, der Rom zu einer Weltmacht unter der Herrschaft eines Kaisers machte. Octavius, später durch den Beinamen „Augustus" [„der Erhabene"] geehrt, starb 14 n. Chr. In den ersten achtzig Jahren nach seinem Tod gelangte eine Reihe von Herrscherfiguren an die Macht, deren Spektrum von völliger Abscheulichkeit über Kompetenz bis zum größten Erfolg reichte, während das Reich expandierte und im Wesentlichen unbehelligt blieb. Im 2. nachchristlichen Jahrhundert – dem „Jahrhundert des Friedens", wie es auch genannt wurde – war eine Reihe fähiger und entschlossener Männer an der Macht. Ihre Namen und Herrscherzeiten als Kaiser sind die folgenden:

- **96–98** Nerva
- **98–118** Trajan
- **118–138** Hadrian
- **138–161** Antoninus
- **161–180** Marcus Aurelius (Marc Aurel)

Vor allem Hadrian ist ein Name, auf den man immer wieder stößt, vom North Tyne in Nordostengland bis nach Assuan (Aswan) in Südägypten. Hadrian reiste überall hin, er prägte Städte und Provinzen durch seine Bauvorhaben und suchte die umfassenden Besitzungen zu befestigen. Aber keine zwanzig Jahre nach seinem Tod wuchs die Bedrohung aus dem Norden wieder an, und Marc Aurel, der große stoische Philosoph auf dem Kaiserthron, war mehr damit beschäftigt, das im Inneren noch friedliche Reich an den Außengrenzen zu verteidigen, als es auf Reisen zu genießen.

Gefahr und Teilung, 200–395 n. Chr.

Im 3. Jahrhundert schien das Römische Reich immer kurz davor, auseinanderzubrechen, doch blieb der Zusammenhalt noch gewahrt. Das Militär verhalf einer Reihe von schwachen Herrschern zur Macht, deren Regierungszeit zu kurz war, um Wirkung zu zeitigen. Von Norden her drangen Goten ein, die mühsam zurückgeworfen wurden, und die Bedrohung durch germanische Stämme ließ nicht nach. Immer wieder kam es zu Christenverfolgungen, was schließlich dazu führte, dass die Treuepflicht der Untertanen gegenüber dem Kaiser ins Wanken geriet. Wirtschaftskrisen breiteten sich aus. Diokletian trat das Herrscheramt 285 an und hatte es bis zu seinem Rücktritt 305 inne. Er unternahm heroische Anstrengungen zur Reform der politischen und wirtschaftlichen Strukuturen und zur Wiederbelebung der traditionellen Religion. Einige seiner Ansätze wurden von Kaiser Konstantin, der von 306 bis 337 regierte, weiter vorangetrieben. Konstantin machte das Christentum zur Staatsreligion, erlaubte aber zugleich den Fortbestand anderer religiöser Richtungen.

- **337** Neugründung von Byzanz als Konstantinopel. Es sollte das Neue Rom werden, wurde aber sehr schnell das Neue Jerusalem.
- **337–395** Allmählich entwickelt sich ein Riss zwischen dem westlichen Reich unter Rom und dem östlichen Reich unter Konstantinopel.
- **361–363** Kaiser Julian unternimmt als Anhänger des alten Polytheismus einen letzten Versuch, für das friedliche Zusammenleben unterschiedlicher Religionen zu wirken.
- **379–395** Regierungszeit von Theodosius I. Endgültige Trennung des Weströmischen vom Oströmischen Reich. In Konstantinopel wird das Christentum zur einzigen Religion. Der Eintrag im *Chambers Dictionary of Biography* schildert Kaiser Theodosius mit den folgenden Worten:

> „Er war ein so frommer wie intoleranter Christ. 381 berief er in Konstantinopel ein Konzil ein, um das Nikäische Glaubensbekenntnis bestätigen zu lassen. Er verfolgte Häretiker und Heiden und ordnete schließlich 391 die Schließung aller Tempel und das Verbot aller nicht-christlichen Religionen an."

Auch ließ er alle Theater und *gymnasia* (Schulen) schließen und verbot die Olympischen Spiele.

• **529** brauchte Kaiser Justinian nur noch die nicht-christlichen philosophischen Akademien in Athen, die den Neoplatonismus lehrten, zu schließen. Damit war die klassische Antike an ihr Ende gelangt.

2. Die Idee der griechischen Kultur

„Wirst du morgen mit uns Alinda besuchen?" fragt der Gebildete. „So ähnlich war doch der Name", erwidert der Banause und strahlt. „Allerdings dachte ich, es sei Alabanda. Wahrscheinlich ist der Unterschied nicht so groß: Hast du eine Ruine gesehen, kennst du alle." (John Gaskin, *From Lydia with Love and Laughter*, 2006)

Der Gebildete dürfte ob dieser Bemerkung des Banausen vermutlich schwer geschluckt haben. Doch wer die Ruinen von mehr als zwei oder drei griechischen Städten gesehen hat (natürlich mit Ausnahme so uralter Orte wie Troja oder Mykene), wird geneigt sein, dem Banausen zuzustimmen. In gewisser Weise *sind* die Städte, von Alexandria bis Elea, einander ähnlich, und das aus gutem Grund.

Sie besitzen nämlich bestimmte gemeinsame Strukturen, die aus jenen politischen und kulturellen Aktivitäten resultieren, welche die Idee des Griechentums ausmachen. Die erste literarische Darstellung einer solchen Idee findet sich in Herodots Schilderung der Perserkriege in den *Historien* (verfasst ca. 430–420 v. Chr.). Im achten Buch sprechen Athener über die Bluts- und Sprachverwandtschaft aller Griechen, über die „Heiligtümer und Opfer, die gleichgearteten Sitten". Etwa ein halbes Jahrhundert später beschränkt der athenische Redner und politische Theoretiker Isokrates in seiner Abhandlung *Panegyrikos* den Begriff des Griechentums auf die kulturelle Sphäre: „Die Bezeichnung der Hellenen scheint nicht mehr eine Sache der Abstammung, sondern der Gesinnung zu sein, und es werden mit besserem

Recht jene Hellenen genannt, die an unserer Erziehung teilhaben, als diejenigen, die mit uns eine gemeinsame Abstammung besitzen." Was aber heißt es, eine gemeinsame Erziehung zu genießen, eine gemeinsame Kultur zu besitzen? Als Grieche (bzw. Hellene) war man Bürger einer *polis* – einer Siedlung, die ganz oder teilweise frei war von äußerer Herrschaft, geordnet gemäß einer geschriebenen Verfassung, die einige demokratische Elemente enthielt. Diese Ordnung umfasste typischerweise ein *prytaneion*, ein Rat- und Speisehaus, in dem man Gäste oder Abgesandte aus anderen Städten bewirten konnte; eine *bulê*, d. i. ein Stadtrat, der seine Zusammenkünfte in einem eigens dafür vorgesehenen Gebäude, dem *buleuterion*, abhielt, sowie die *ekklesia*, die Volksversammlung, die im Theater stattfand. Die *bulê* führte die Alltagsgeschäfte der Polis und ernannte Magistrate – hohe Beamte, die für die Verteidigung, für Aquädukte, den Markt, Feierlichkeiten, öffentliche Spiele und Gebäude, die umliegenden Territorien usw. zuständig waren.

Eine griechische Stadt verfügte über ein Theater, das groß genug war, dass die Mehrzahl der Bürger an öffentlichen Versammlungen, Prozessen, Schauspielen, Festlichkeiten und anderen hochrangigen Veranstaltungen teilnehmen konnte. Eine griechische Stadt beteiligte sich an Sportkämpfen und musikalischen Wettbewerben, die zwischen Städten ausgetragen wurden, und nahm auch an den großen panhellenischen Olympischen Spielen teil. Wie die anderen Städte verehrte sie eine Anzahl bestimmter Götter – die Olympier –, von denen einer für gewöhnlich der Schutzgott der Stadt war, und sie verfügte über Griechisch zumindest als *lingua franca*. Jede Stadt besaß Schulen – *gymnasia* –, wo die Jungen Lesen und Schreiben und das öffentliche Reden lernten sowie ihre militärischen und athletischen Fähigkeiten entwickelten. Dazu wurde ein *stadion* benötigt, das häufig außerhalb der Stadtmauern oder in der Nähe des Gymnasions selbst lag.

Schließlich basierte die Ordnung in der Stadt auf einem bestimmten Sozialsystem, dazu zählten: Bürger, freie Besucher und Einwohner aus anderen Gegenden, schließlich Sklaven (oder Hausdiener). Das Familienleben war sorgfältig nach außen abgeschirmt,

Innenhof eines typischen Gymnasions

und für die Männer drehte sich das gesellschaftliche Leben um das *symposion*, das von strengen Regeln beherrschte Gastmahl.

Was ich hier skizziert habe, begann im 5. Jahrhundert v. Chr. oder früher, hatte aber, mit einigen Veränderungen, bis ins 2. nachchristliche Jahrhundert Bestand. Insbesondere erweitert sich der Begriff der Staatsbürgerschaft in dem Maße, in dem die politische Welt wächst: Im 2. Jahrhundert n. Chr. findet man Grabstelen und Gedenksteine, die stolz verkünden, dass der Verstorbene römischer Bürger (also des Reichs) war, ferner (z. B.) Bürger Kariens und einer besonderen Stadt. In der Osthälfte des Römischen Reichs breitete sich das Griechische als Handelssprache und *lingua franca* weiter aus, während die Idee des Hellenentums sich mehr und mehr auf eine gebildete Elite bezog und sich in dem Maße vergeistigte, in dem die Welt unsicherer, despotischer, unübersichtlicher, religiös dogmatischer und der verfassten Demokratie gegenüber feindseliger wurde. Synesios von Kyrene (ca. 370–413 n. Chr.) – vermutlich ein Christ, auf jeden Fall aber ein Mensch, der den Niedergang der hellenischen Kultur bedauerte – sah im heidnischen Griechen jemanden, der „mit anderen Männern aufgrund seiner Kenntnis der gesamten relevanten Literatur Umgang pflegen konnte.“

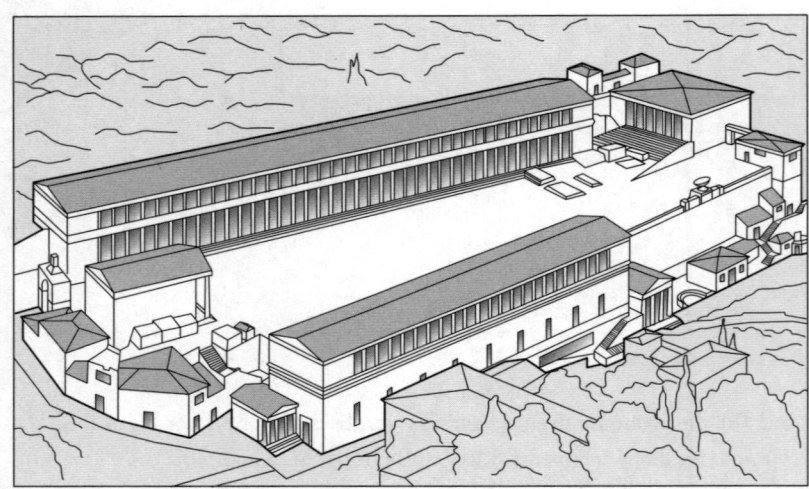

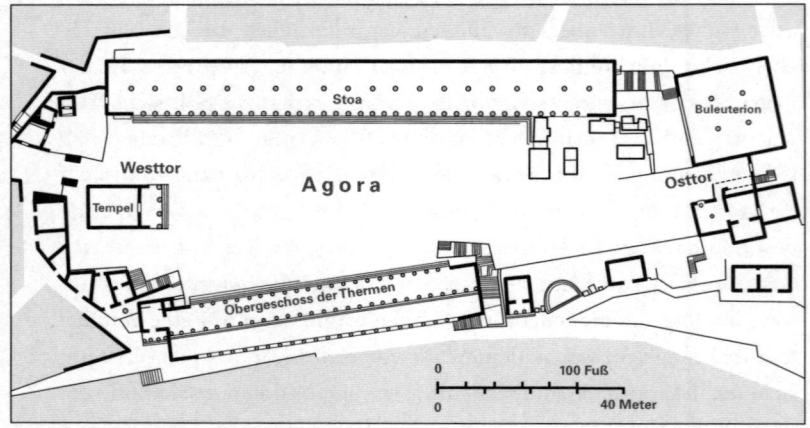

Die Stadt Assos; öffentliche Gebäude der klassischen Epoche

Eine griechische *polis* war undenkbar ohne eine Anzahl bestimmter Gebäude:

agora – das war das Forum oder der Marktplatz. Die *agora* wurde so prachtvoll gebaut, wie es die Stadtkasse erlaubte: Es war ein großer, gepflasterter Platz von quadratischer oder länglicher Form, in dessen Mitte bisweilen ein Tempel stand. Umgeben war er von einem Säulengang mit Werkstätten und Läden, deren Lagerräume sich weiter hinten oder im Keller befanden.

Stadtmauer – ein die Stadt umgebendes Verteidigungssystem. Die oft in der Zeit vor 30 v. Chr. errichteten Mauern bestanden aus großen, passgenauen Steinblöcken ohne Zementverfugung (sog. Werksteinbau). In der Blütezeit der *Pax Romana* waren diese Anlagen oft überflüssig, doch wurden sie im 3. Jahrhundert n. Chr. häufig restauriert und erweitert. Sie sind massiv und lassen die Mauern des mittelalterlichen Europa wie Bruchsteingefüge aussehen.

Aquädukt – eine Konstruktion zur Wasserversorgung; eine Wasserleitung, die oberirdisch auf gemauerten Bögen oder als unterirdische Röhre gebaut wurde. Der Aquädukt mündete in der Stadt zur Verteilung in ein häufig prachtvoll ausgestattetes Bauwerk, bei den Römern etwa ein *Nymphäum* mit Statuen, sprudelnde Brunnen und Becken. (Beispiele findet man etwa in Milet, Leptis Magna, Karthago und auch in der Oberstadt von Ephesos, hier zur Linken, wenn man von oben kommt).

Badehaus – ein umfangreicher Gebäudekomplex mit Bogengängen, Räumlichkeiten, Becken und unterirdischen Heizsystemen. Solche Therman wurden den griechischen Städten von den Römern hinzugefügt. Die Griechen verfügten über häusliche Anlagen für Trink- und Abwasser, kannten aber noch nicht jene hedonistischen Extravaganzen, die für die Römer zum Leben dazu gehörten.

Zisternen – unterirdische Kammern für die Bevorratung mit Wasser. Spuren des rosafarbenen, wasserdichten Zements, mit dem sie ausgekleidet waren, sind häufig noch sichtbar. Doch sollte man bei der Besichtigung der alten Stätten (z. B. in Alinda) vorsichtig sein: Denn wenn man in eine dieser Zisternen fällt und den Sturz überlebt, kann

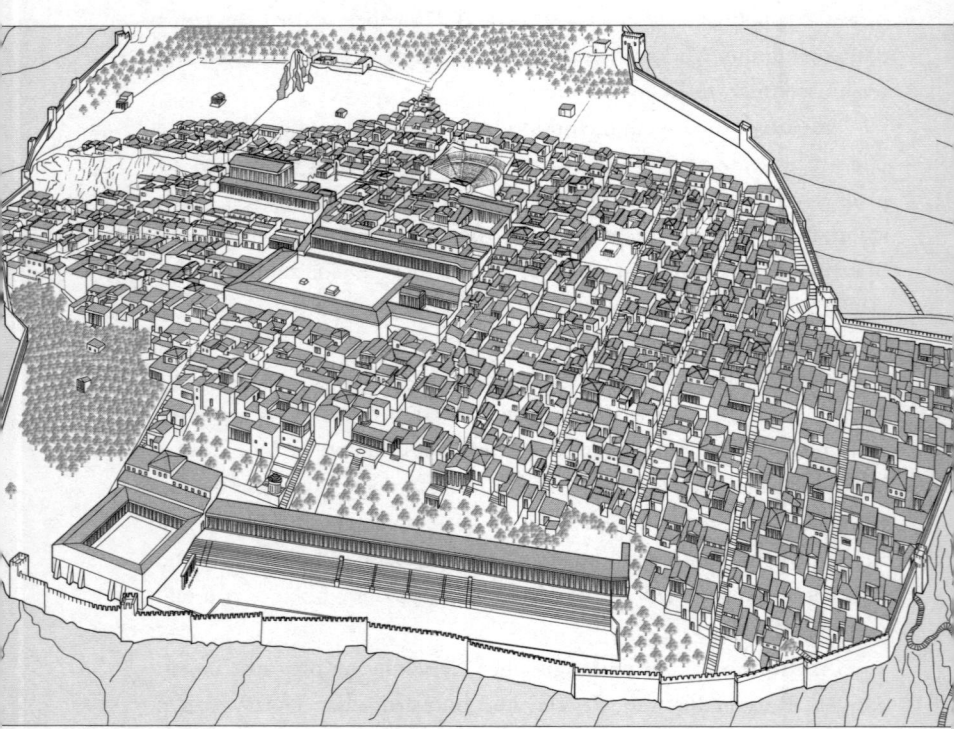

Die griechische Stadt Priëne mit ihrem hippodamischen Planquadrat

es lange dauern, bis man von oben bemerkt wird. In der Wildnis von Lydai gibt es eine Zisterne, wohl aus byzantinischer Zeit, in die ich kaum hinein- und hinabzublicken wage.

„hippodamischer Stadtplan" – benannt nach dem Stadtbaumeister Hippodamos; ein Grundriss für den planquadratmäßigen Verlauf der Straßen. In Priëne lässt sich diese Bauweise besonders gut erkennen, aber auch an anderen Stätten tritt sie hervor.

Stadion – eine Laufbahn, zumeist an den Enden abgerundet und mit Sitzreihen versehen. Das Stadion diente athletischen Veranstaltungen wie z. B. Wettläufen und manchmal auch – vor allem in späterer römischer Zeit – Wagenrennen.

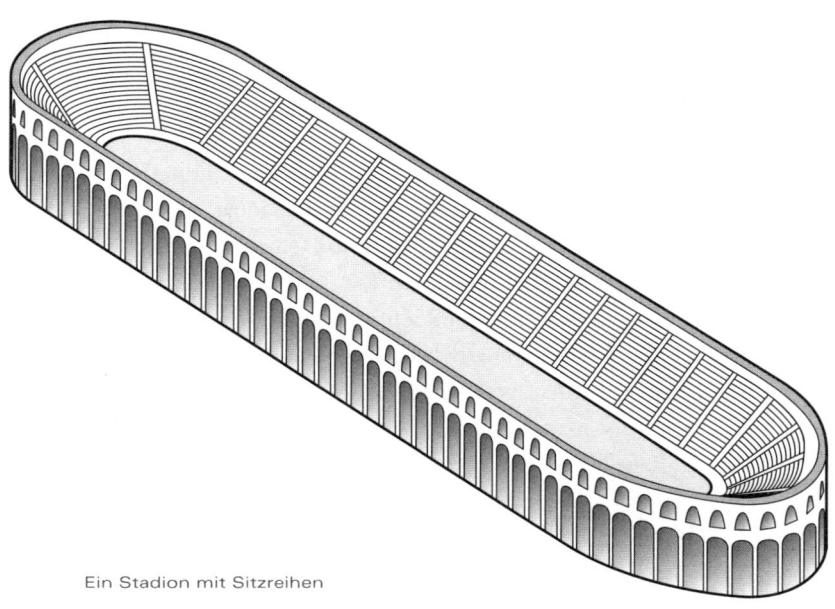

Ein Stadion mit Sitzreihen

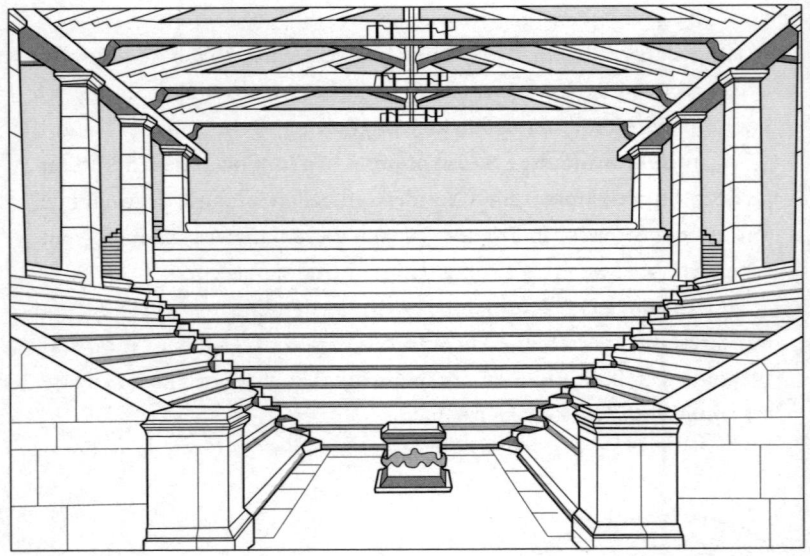

Ratsgebäude oder Buleuterion, Rekonstruktion des Innenbereichs

Buleuterion – das Gebäude für die Ratsversammlung. Es war klein genug für eine Überdachung, aber als Ruine von einem *odeion* nur schwer zu unterscheiden. Das Odeion (ein schönes Exemplar steht in Aphrodisias) war ein Saal für Theater- und Musikaufführungen (auch für Deklamationen und Zusammenkünfte) vor einem zahlenmäßig kleinen Publikum von bis zu einhundert Personen. (In den großen Theatern fanden zwanzigtausend Menschen und mehr Platz.) Das Buleuterion ist manchmal, wie auch das Odeion, halbkreisförmig gebaut (z. B. in Nysa), manchmal hat es auch die Form eines länglichen oder rechteckigen Hufeisens, wobei die vierte Seite offen ist, um von den Ecken her Zugang zu gewähren. Der Sprecher steht dann in der Mitte des Raums (so etwa in Priëne).

Asklepieion – ein Areal mit einem Tempel, einem Sanato-rium und weiteren Gebäuden, die dem Gott der Heilkunst, Asklepios, geweiht waren. Berühmte Beispiele finden sich in Pergamon und Kos. Die Behandlung bestand aus einer Kombination von Reinigungs-,

Ruhe- und Schlafkuren, ergänzt durch Gebete und milde Arzneimittel. Die Ergebnisse der Kuren werden verschiedentlich auch als Wunderheilungen beschrieben.

Es gibt noch ein entscheidendes Merkmal der griechischen und, später, römischen Stadt, das nicht sichtbar ist, aber das Sichtbare stark beeinflusst hat. Die Städte waren Rivalinnen – was nicht nur in Handel und Sport und manchmal in bewaffneten Auseinandersetzungen, sondern auch in ihrem Erscheinungsbild seinen Ausdruck fand. Jeder Stadt war es darum zu tun, größere und schönere Gebäude zu besitzen als die Konkurrentinnen, denn das erregte allgemeine Aufmerksamkeit. Die Bautätigkeit griechischer Könige setzte den Maßstab, dem die römischen Kaiser – allen voran Hadrian – nacheiferten. Später folgten die erfolgreichen Bürger, die von der Stadt, in der sie groß geworden waren, profitierten und sich nun ihrerseits dafür revanchieren wollten. Es war ein Gewinn für beide Seiten: Die Stadt erhielt Schenkungen und der Geber gewann an Ansehen.

Rekonstruktion des
Asklepieion in Kos

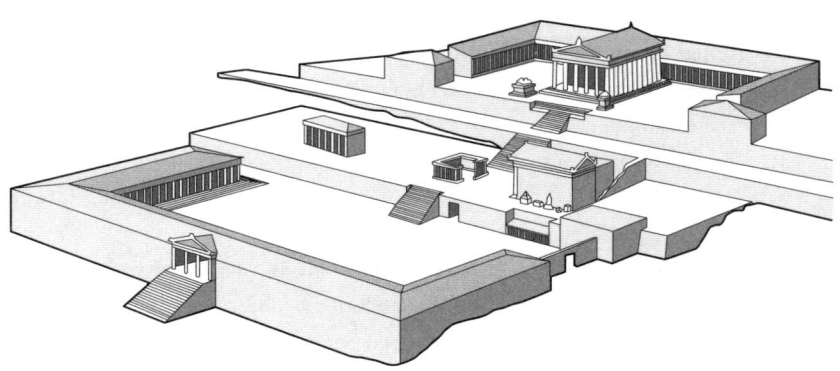

3. Wein, Sex und das Symposion

Bei den Griechen waren die familiären Bräuche von Stadt zu Stadt unterschiedlich, aber die Verhältnisse in Athen können als typisch gelten. Die engere Familie wurde durch Gesetze und Traditionen zusammengehalten, die Großfamilie durch weniger verpflichtende Bindungen. Ehen wurden von den Eltern des zukünftigen Brautpaars arrangiert, wobei die Braut für gewöhnlich 15, der Bräutigam um die 30 Jahre alt war. Die Ehe wurde fürs Leben geschlossen und Scheidung war eher ungewöhnlich, wenngleich für den Mann einfach und für die Frau nicht außerordentlich schwierig zu erreichen. Der Mann war geschäftlich tätig, zog in den Krieg und versorgte die Familie. Die Frau kontrollierte nahezu alle Haushaltsangelegenheiten. Gab es Bedienstete, so waren es Sklaven – ein System, das auf kriegerischen Eroberungen beruhte und zweieinhalbtausend Jahre Bestand haben sollte, unabhängig von neuen Religionen und gesellschaftlichen Veränderungen.

Eros

Da ein Mann nur dann erben und vererben, Bürger und Familienoberhaupt sein konnte, wenn die Vaterschaft gesichert war, durften verheiratete Frauen keinen außerehelichen Sex haben. Der war für Männer zwar möglich, bei Frauen aber ein Scheidungsgrund. So waren Ehe und Familie im Großen und Ganzen sicher und geschützt. Von Inzest ist in der klassischen Kultur so gut wie nie die Rede.

Moderne Auffassungen von Homo- und Heterosexualität oder Pädophilie sind mit der klassischen Welt nicht vereinbar. Homosexualität war kein Gegenstand moralischer Erwägungen; allerdings gab es Konventionen, die einzuhalten waren. Pädophilie – geschlechtliche Beziehungen zu Kindern – dürften eher selten gewesen sein, zum einen aufgrund der matriarchalen Kontrolle über die Familie, zum anderen wegen sexueller Freiheiten und Gewohnheiten, die es bei uns nicht gibt. Von Knaben oder jungen Männern aus gutem Hause im Alter zwischen 14 und 18 wurde erwartet, dass sie sich Männern zwischen 18 und 30 (Heiratsalter) anschlossen. Diese Männer waren für sie soziale und geistige Mentoren, Liebhaber, Vorbilder und physisch enge Freunde, die, mit Zustimmung der Jüngeren, den *eros* praktizierten. Mit achtzehn Jahren wurden die Rollen vertauscht, und die Geliebten wurden Liebhaber. Was wir in der westlichen Kultur heute als „gleichgeschlechtliche Ehe" bezeichnen – eine dauerhafte Beziehung zwischen Erwachsenen – war damals höchst selten; es galt als effeminiert oder gar lächerlich und wurde ansonsten ignoriert.

Die Prostitution – ob männlich oder weiblich – war verbreitet und keineswegs illegal, galt aber auch nicht als passende Beschäftigung für einen frei geborenen Bürger. So bestand die Mehrzahl der Prostituierten aus Sklaven oder Freigelassenen.

Noch eine letzte Bemerkung über die Einstellung zur Sexualität in der Antike: Die Menschen in der Alten Welt waren sehr viel weniger verklemmt als wir, daran hat auch die „sexuelle Revolution" der letzten fünfzig Jahre nicht viel geändert. Die Griechen feierten Dionysos, den Gott des Weins und der Sexualität, ganz offen und öffentlich – es war der Ursprung religiös-theatralischer Riten. Sein Sohn Priapos, häufig als grotesk vermenschlichte Version eines Riesenphallus dargestellt, löste weder Verlegenheit noch gar Zensurgelüste aus, vielmehr diente er vielfach als Gartenzierde oder war Gegenstand amüsierter Betrachtungen. Nacktheit, insbesondere bei Männern – z. B. wenn sie Sportwettkämpfe ausfochten oder badeten –, galt als völlig normal: sie war vielleicht erotisch und provozierend, aber zugleich nichts Außergewöhnliches. Somit fehlte, abgesehen von Witzen, das Bedürfnis nach

Pornographie, und da Sexualität gewissermaßen zum Alltag gehörte, brauchte man auch keine explizit sexualisierte Literatur. Das alles veränderte sich grundlegend mit der Herrschaft von Theodosius I. am Ende des 4. Jahrhunderts n. Chr., aber es bedurfte noch vieler weiterer Jahre religiöser Unterweisung, bis Nacktheit Scham hervorrief, Zölibat und Abstinenz zu Tugenden erklärt wurden, gleichgeschlechtliche Liebe als Sünde galt und Sex aus den Diskursen weitgehend verbannt wurde. Vermutlich hatte Freud Recht, als er gegen Ende des 19. Jahrhunderts von sexueller Unterdrückung sprach. Im perikleischen Athen oder in Rom zur Zeit Hadrians hätte man darüber nur verächtlich gelacht. Sexuelle Unterdrückung? Was ist das? Aber es führt kein Weg zurück zu den Freiheiten der klassischen Antike. Wir können nur voller Erstaunen und vielleicht Bedauern auf jene Zeiten blicken, deren natürliche Einfachheit uns für immer verloren ist. Zumindest aber sollten wir davon Abstand nehmen, das zu verurteilen, was nicht zu begreifen man uns beigebracht hat.

Das Symposion

Das Symposion – das Gastmahl – spielte im gesellschaftlichen Leben der griechischen Männer in archaischer wie klassischer Zeit und noch Jahrhunderte danach eine herausragende Rolle. Es war eine streng geregelte Zusammenkunft, bei der der Wein in Strömen floss. Die Männer kannten sich gut, z. B. aus dem Militär oder der Politik, und sie kamen zusammen, um miteinander zu trinken, zu diskutieren und sich musikalisch und erotisch unterhalten zu lassen. Am Anfang aber steht das familiäre *deipnon*, das ausgiebige Abendessen. Eine lebhafte Beschreibung, die der Dichter und Philosoph Xenophanes um 540 v. Chr. verfasst hat, ist uns durch Athenaios überliefert:

„Nunmehr ist der Boden gesäubert, und so auch eines jeden Hände und Becher. Ein Diener bekränzt unsere Häupter mit geflochtenen Girlanden, ein anderer reicht uns duftendes Salböl in einer Schale, und in der Mitte steht ein Mischkrug voll des guten Tranks. Eine weitere Sorte Wein, süß wie Honig und blumig duftend, funkelt in den Krügen mit dem Versprechen, unerschöpflich zu sein. In unserer Mitte verbreitet Weihrauch seinen heiligen Duft, und das Wasser ist kühl, köstlich und rein. Neben uns auf einem Tisch liegen goldbraune Brotlaibe neben Käse und dickflüssigem Honig. In der Mitte des Raumes steht ein Altar, über und über mit Blumen geschmückt: das Haus ist erfüllt mit Gesang und Tanz und festlichem Jubel. Verständige Männer beginnen mit einer Hymne zu Ehren des Gottes, ihre Worte sind rein und ihre Erzählungen voller Anstand. Aber sobald sie das Trankopfer dargebracht und für die Fähigkeit, das Rechte zu tun, gebetet haben, ist es keine Schande, so viel zu trinken, dass man ohne Begleitung heimfindet – es sei denn, man ist sehr betagt!"

Das klassische Symposion – häufiger Gegenstand von Malereien auf Vasen und Krügen, beschrieben von antiken Autoren wie Xenophon im 5. Jahrhundert v. Chr. bis zu Athenaios am Ende des 2. Jahrhunderts n. Chr. – war sehr viel aufwendiger als das archaische Mahl, das Xenophanes schildert. Es fand in einem eigens und für diesen Zweck bestimmten Raum, dem *andron*, statt. An den Wänden standen Liegen, auf denen sich die Teilnehmer einzeln oder paarweise ausstreckten, vor ihnen waren Tische aufgebaut. Der Eingang war niemals in der Mitte einer Wand, damit Liegen in ungerader Zahl aufgestellt werden konnten: man hat Räume mit sieben, neun und fünfzehn Liegen gefunden.

Es ist nicht bekannt, wann oder warum die noch von Homer geschilderte Sitte, auf Stühlen sitzend am Tisch zu essen und zu trinken, in die offensichtlich unbequemere liegende Haltung überging, aber manches deutet darauf hin, dass die Nachahmung nahöstlicher Gebräuche dabei eine Rolle spielte. Um 750 v. Chr. verurteilte der Prophet Amos (6,4–7) bereits, was in seinen Augen Unsitte war:

„[...] die ihr schlaft auf elfenbeingeschmückten Lagern
und euch streckt auf euren Ruhebetten [...]

> Ihr esst die Lämmer aus der Herde
> und die gemästeten Kälber
> und spielt auf der Harfe
> und erdichtet euch Lieder wie David
> und trinkt Wein aus Schalen [...]
> Darum sollen sie nun voran gehen
> unter denen, die gefangen weggeführt werden,
> und soll das Schlemmen der Übermütigen aufhören."

Ohne die Lämmer und Kälber könnte dies eine, wenngleich sehr skizzenhafte Beschreibung des späteren griechischen Symposions sein, das erst tausend Jahre nach Amos' Tod an sein Ende gelangte. Aber die Zusammenkunft war sehr viel formeller geregelt.

Die brüderliche Verbundenheit der Gäste wurde durch Trink- und Freundschaftsrituale bekräftigt: Ein Mädchen spielte auf der Flöte; nackte Knaben reichten Wein in gemeinsam benutzten Trinkschalen; die Teilnehmer sangen, den Kopf auf einen angewinkelten Arm gestützt; wer zu spät kam, wurde nur mit besonderer Erlaubnis und vielleicht nach Zahlung eines Bußgelds oder gegen Hinterlegung eines Pfands eingelassen. Oftmals sorgte eine Art Vorsitzender, ein *Magister bibendi*, dafür, dass jeder Gast die richtige Menge trank – nicht zu viel und nicht zu wenig. Zudem gab es kleine Wettbewerbe, wie etwa das Spiel, bei dem die Teilnehmer Wein aus ihrer Trinkschale in ein Gefäß in der Mitte des Raums schleuderten; wer das Ziel traf, gewann seinen Liebhaber für sich. Der Wein wurde immer mit Wasser vermischt und wie Bier in großen Mengen getrunken.

Wein

Über den Wein und die Sitten und Gebräuche des Weintrinkens wissen wir mehr als über alle anderen sozialen Verkehrsformen der Antike – und das verdanken wir den Schriften eines einzigen Autors, nämlich Athenaios von Naukratis, der um 190 n. Chr. lebte. Er muss entweder eine große Bibliothek oder ein phänomenales Gedächtnis gehabt ha-

ben, denn sein umfangreiches Werk über die *Deipnosophisten* (die gelehrten Unterhalter beim Mahle) enthält Tausende von Zitaten aus
Büchern antiker Autoren, die zur Belehrung und Unterhaltung von
Symposiasten (Teilnehmern an einem Symposion) geschrieben wurden. Die Bücher X und XI von Athenaios' Werk sind fast ausschließlich dem Thema Wein und Trinken gewidmet. Wir erfahren, dass es
viele Diskussionen über das richtige Verhältnis der Mischung von
Wasser und Wein gegeben hat (im Durchschnitt drei Teile Wasser auf
einen Teil Wein), ob das Trinkgefäß von links nach rechts oder von
rechts nach links weitergegeben werden sollte, ob eine Trinkschale
oder einzelne Becher zu benutzen waren und wie deren korrekte Form
auszusehen hatte. Immer wieder wird betont, dass die Symposiasten
großzügig, aber nicht exzessiv trinken sollten.

Die *Deipnosophisten* sind eine Schatzkammer voll Anekdoten,
aber manches darin ist nur Katzengold. Einige Juwelen seien hier, stell-
vertretend für das Ganze, mitgeteilt. Über das Trinken von unverdünn-
tem Wein sagt der Dichter Alexis:

„Bekämen wir schon vor dem Trinken einen schweren Kopf,
dann würde wohl kein Mensch je übermäßig Wein
sich in die Kehle gießen; jetzt dagegen rechnen wir
zuvor nicht mit der Strafe, die dem Weingenuss
bald folgen wird, und trinken ihn gar ungemischt."

Und er zitiert, das „Skyth'sche Trinken" kritisierend (die Skythen bewohnten das heutige Südrussland), den Dichter Anakreon:

„Wohlan, noch einmal, lasst uns nicht mehr so
unter Lärmen und lautem Geschrei
einen skythischen Trank vollziehen
beim Wein, sondern sittsam ihn trinken
bei schönem Gesang."
Lob wird der Mäßigkeit der Athener gezollt:
„[...] ‚Dies ist, wie du siehst, die Art

zu trinken bei den Griechen: Ihre Becher nutzen sie mit Maß,
sie reden und sie scherzen miteinander; doch
das andre, aus dem Kühlgefäß zu trinken oder aus
den Krügen, das ist kein Symposion, das ist ein Badefest.'
A: ,Der reine Tod.'„

Auch die Spartaner waren, so Kritias, moderat:

„Aber die Jugend in Sparta beschränkt sich beim Trinken auf so viel,
dass sie zum Heitren den Sinn lenke und Hoffnung sie fasst
wie auch die Freude an gutem Gespräch und ein fröhliches Lachen
So ist das Trinken Gewinn, einmal für Körper und Geist,
andrerseits auch fürs Vermögen."

Guter Rat wird auch gegeben, so soll man keinen Wein minderer
Qualität, keinen unverdünnten Wein, und, wenn man Wein trinkt, keine Happen nebenbei zu sich nehmen.
Und zum Abschluss noch ein Zitat aus einem Werk von Alexis,
das Athenaios überliefert hat. Es sagt viel über die Haltung der Griechen zur Kürze des Lebens, wie sie schon bei Homer deutlich wird und
das klassische Zeitalter durchzieht:

„[...] die wir keinem einzigen
von denen, die uns nahe sind, ein Unrecht tun, weißt du nicht,
dass das, was man so „leben" nennt, hier unser Zeitvertreib,
nur zur Umschreibung dient für Menschenlos.
[...]
Ich habe es betrachtet und erkannt,
dass alles bei den Menschen gänzlich Wahnsinn ist
und dass wir, die wir jeweils leben, einen Ausgang wie
befreit zu einer Festlichkeit erlangen
vom Tod und aus der Dunkelheit
hinein in das Vergnügen und zum Licht, das wir

nun sehen, und wer da am meisten lacht und trinkt
und in der Zeit, für die er losgelassen ist,
sich an die Aphrodite hält und daran, was das Glück ihm schenkt,
wer hier sich hat vergnügt, der geht beglückt nach Hause weg."

Alexis lebte von ca. 350–275 v. Chr. Er hat eine große Anzahl Komödien geschrieben, von denen allerdings keine erhalten ist.

4. Theater: Festspiele, Unterhaltungen und Zusammenkünfte

Als ich einmal in den ausladenden Ruinen eines großen Theaters stand, das zu einer vergleichsweise kleinen Stadt gehörte, sagte jemand zu mir: „Wie in aller Welt konnten sie die Ausgaben für so ein Ding rechtfertigen, wo bestenfalls hin und wieder eine Aufführung stattfand?" Die kurze Antwort lautet, dass die Theater auch noch für andere Zwecke Verwendung fanden. In den neunhundert Jahren ihrer Existenz, von ihrem Entstehen im 5. vorchristlichen Jahrhundert bis zu ihrer Zwangsschließung durch den oströmischen Kaiser Theodosius I. um 395 n. Chr., hatten die Theater viele unterschiedliche Aufgaben; sie haben eine Grundform, die viele architektonische Variationen aufweisen kann.

Form und Aufbau

Die allerersten ‚Theater' (von denen nichts erhalten ist) waren wahrscheinlich Wagen oder Karren, die an einer Seite eines offenen Platzes – etwa einer Agora – standen. Dauerhafter war der nächste Typ, der sich gegen Ende des 6. Jahrhunderts entwickelte: Ein Hügel bot Sitzmöglichkeiten, und auf dem flachen Areal am Fuß fanden die Aufführungen statt. Dieses Areal erhielt schon bald die Gestalt eines kreisförmigen Raums – die *orchesta* oder Tanzfläche (*orchestra* ist das griechische Wort für Tanz), und der Hügel wurde für die Sitzreihen zu jener Hufeisenform umgestaltet, die uns bis heute vertraut ist; die Griechen nannten das Auditorium *theatron*, die Römer sprachen von der *cavea*.

Gegen Ende des 5. Jahrhunderts v. Chr. war das griechische Theater vollständig entwickelt. Die Zuschauer saßen in Reihen auf steinernen Sitzen, wobei das Auditorium durch Stufen vertikal unterteilt war. Horizontal führten schmale Umgänge oder *diazomata* an den Sitzreihen vorbei. Im griechischen Theater ist der Zuschauerraum, anders als bei den Römern, immer ein bisschen größer als ein Halbkreis: die Enden der Sitzreihen reichen etwas über den Durchmesser hinaus, so entsteht die Hufeisenform. An beiden Seiten endet das *theatron* in einer Stützmauer, dem *analemma*. Das Hufeisen umschließt eine kreisförmige *orchestra*, und an der offenen Seite, gegenüber dem Auditorium, befindet sich die Bühne, das *proskenion*, das ursprünglich auf einer Höhe mit der *orchestra* lag, aber schon bald um einige Fuß erhöht wurde und nun eine längliche Plattform bildete. Auf der Rückseite des Proskenions (oder Proszeniums) befindet sich die *skene*, bestehend aus niedrigen Gebäuden, durch die die Darsteller auf die Bühne gelangen konnten. Außerdem befanden sich darin Räume für den Kostümwechsel und zur Lagerung von Requisiten. Die Gebäude wa-

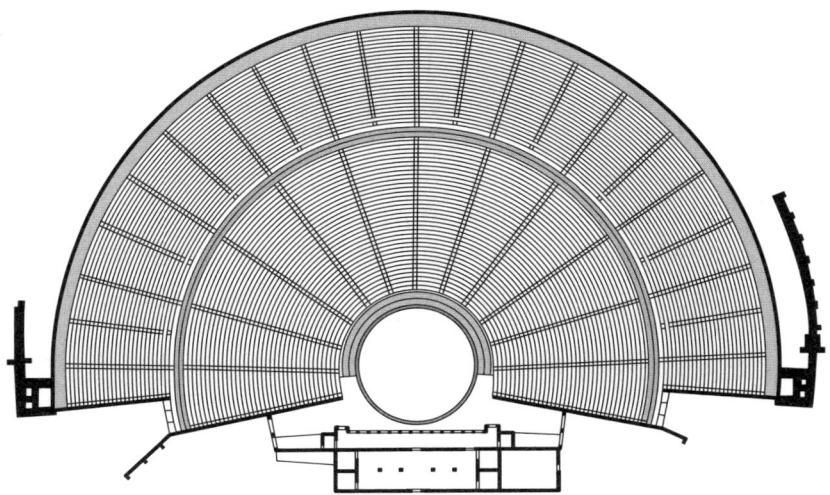

Grundriss des Theaters in Epidauros; typisch griechische Gestaltung

ren normalerweise nicht mehr als drei Meter hoch. Die Zuschauer erreichten ihre Sitze über zwei *parodoi* – nicht überdachte Durchlässe auf der Höhe der Orchestra zwischen den Stützmauern und der Bühne. Nach einiger Zeit wurde die Bühne in Richtung auf die Orchestra erweitert, sodass deren Kreis an einer Seite abgeflacht wurde. Das beste Beispiel für ein sehr gut erhaltenes griechisches Theater findet sich in Epidauros.

Das römische Theater hat, weil die griechische Grundstruktur ganz oder teilweise übernommen wurde, eine dem Vorläufer vergleichbare Form, doch vermitteln die Änderungen einen spürbar anderen Eindruck, was gleich auffällt, wenn man ein gut erhaltenes römisches Theater betritt. Hier bildet die *cavea* nur noch einen Halbkreis, und die Bühnenaufbauten grenzen direkt an die Enden des Zuschauerraums, sodass die Orchestra zum Halbkreis wird. Die Skene entspricht in der Höhe dem Auditorium und ist mit ihm verbunden. Die Zuschauer müssen also durch lange Tunnel und über viele Steinstufen zu ihren Sitzen gelangen. Diese Zugänge trugen den etwas unglücklichen Namen *vomitoria* (von *vomitio*, „Erbrechen"). Ein wunderbares Beispiel gibt es in Milet.

Die römische Skene bestand aus Stein, verziert mit Säulen, Nischen, Statuen und weiterem Dekor. Sie war stabil genug, um eine zeltdachähnliche Konstruktion auf Stangen zu tragen, die das Publikum vor der Sonne schützte und die Durchführung bestimmter Bühneneffekte, wie etwa den Flug eines Gottes erlaubte (das war der später sprichwörtlich gewordene *deus ex machina*). In den griechischen Theatern konnten die Zuschauer – mit Ausnahme derer in den untersten Reihen – über die Bühne hinaus in die Weite der Landschaft blicken, aber im römischen Theater war das Publikum vollständig eingeschlossen und sah, wie im modernen Theater, nur die Schauspieler und die Szenerie. Ein fast vollkommenes Beispiel für ein römisches Theater steht bei Aspendos, in der südwestlichen Türkei.

In römischen Theatern, auch in solchen, die sich vergleichsweise eng an das griechische Original anlehnen, bemerkt man häufig, dass die zwei untersten Sitzreihen durch eine Mauer zwischen Orchestra und Cavea ersetzt wurden. Das weist darauf hin, dass das Theater für Gladiatorenspiele, auch mit wilden Tieren, oder für simulierte Seeschlachten gedacht war.

Ich habe diese beiden Typen von Theatern so beschrieben, als ließen sie sich immer deutlich voneinander unterscheiden. Aber dem ist nicht so. In zahlreichen Fällen sind die Formen nur zum Teil abgewandelt, und in der Realität lässt sich fast jede Variation zwischen dem rein griechischen und dem rein römischen Theater finden.

Die Nutzung der Theater

In Athen entwickelte sich das Drama aus religiösen Festivitäten, deren bedeutendste die im Frühling stattfindenden Dionysien waren. Sie wurden zum Teil auch durch die Aufführung von Stücken gefeiert, die später „Tragödien" genannt wurden – halbdramatische Geschichten aus den Werken Homers und anderen epischen Quellen. Die Tragödie wurde um 488 v. Chr. durch die Komödie ergänzt, einem Typus, den es seit einiger Zeit schon anderswo in der griechischen Welt gegeben hatte. Sobald es solche Schauspiele gab, entwickelte sich das nachmals vertraute theatralische Inventar – Masken, Musik, ein das Geschehen kommentierender Chor, Schauspieler, Applaus und Konkurrenz (zwischen den Dichtern, die um Preise wetteiferten).

Bei den frühen Tragödien gab es eine extrem ritualisierte Aufführungspraxis – der Fortgang der Handlung war sehr langsam, schicksalsbeladen wie ein Trauermarsch, die Dialoge der wenigen Schauspieler höchst stilisiert, und immer trat ein Chor dazu, der die Handlung kommentierte oder erklärte. Aischylos, Sophokles und Euripides (der jüngste der drei) schrieben ihre Dramen im 5. Jahrhundert v. Chr., und obwohl viele ihrer Stücke nicht erhalten sind, werden sie immer zu den bedeutendsten Dramatikern aller Zeiten gehören. Das letzte von Euripides erhaltene Schauspiel, die *Bakchen*, zählt zu den größten und verstörendsten Bühnenwerken, die je verfasst worden sind.

Die ersten Tragödien bezogen sich sämtlich auf epische oder mythische Überlieferungen, während Aristophanes in seinen Komödien zeitgenössische politische Themen aufgriff. Offensichtlich war es Agathon (einer der Teilnehmer in Platons Dialog *Symposion*), der am Ende des 5. Jahrhunderts v. Chr. als Erster Tragödien mit erfundener Handlung und erfundenen Charakteren schrieb, aber außer ein paar Zitaten ist von seinem Werk nichts erhalten. Im 3. Jahrhundert v. Chr. waren die Schauspiele nicht mehr so religiös, so politisch, so tiefsinnig. Sie behandelten häuslich-familiäre Probleme und dienten vorwiegend der Unterhaltung. Die Stücke von Menander bildeten den Maßstab für solcherlei Komödien bis hin zu William Congreve, Oscar Wilde und Noël Coward. Menanders Schauspiele, die oft in den latinisierten Versionen des Plautus und anderer bekannter römischer Autoren, deren Werke zumeist verloren sind, gespielt wurden, hatten bis zum Ende der Antike Erfolg.

Waren die Schauspiele (vor allem die Komödien) durch die Aufführungspraxis erst einmal aus ihrem ursprünglichen religiösen Kontext herausgelöst, bildeten sich reisende Truppen mit einem festen Repertoire, die von Stadt zu Stadt zogen. Die bekannteste und langlebigste Truppe waren die „Künstler des Dionysos" – eine Gilde griechischer Wanderschauspieler und -musiker, die im 3. Jahrhundert v. Chr. entstand. Gegen 200 v. Chr. ließen sie sich in Teos, nördlich von Ephesos an der kleinasiatischen Küste, nieder. Es ging ihnen so wie vielen Gruppen, die nach ihnen kamen: ihr Benehmen und Auftreten wurde von den Stadtbürgern als inakzeptabel empfunden, und sie mussten weiterziehen. Aber sie hielten sich bis in die Regierungszeit des Kaisers Diokletian Ende des 3. nachchristlichen Jahrhunderts.

So bildeten die Theater das Herzstück vieler Städte und wurden viel häufiger als man denken könnte für Aufführungen und Feierlichkeiten genutzt. Zur Zeit der römischen Vorherrschaft fanden dort auch „Mimen" (*mimoi*, eine Art von Pantomimen) statt, und sie dienten ferner der Unterhaltung in großem Maßstab: Tierhetzen, Gladiatorenkämpfe, simulierte Schlachten. Außerdem gab es einen überaus wichtigen Zweck, der bisher nicht erwähnt wurde: Von Anbeginn bis zum Ende fanden in den Theatern öffentliche Versammlungen statt, die sich mit der Idee der Demokratie verbanden, und dazu gehörten auch Gerichtsverhandlungen. So darf als fast sicher gelten, dass Sokrates in einem Theater zum Tode verurteilt wurde. Abgesehen von der Anzahl der Zuschauer (die Verhandlungen waren öffentlich) machte schon der Umfang der Jury ein großes Gebäude wie eben ein Theater erforderlich. Diese Art von öffentlicher Demokratie setzte sich, lokal begrenzter, in vielen Städten auch unter römischer Herrschaft fort, und für fast jede dringliche, die Mehrheit der Bürger betreffende Angelegenheit war das Theater der Ort erster Wahl für die Zusammenkunft.

Die bekannteste Darstellung eines solchen Ereignisses findet sich in der Apostelgeschichte (19,23–40): Einige Kunsthandwerker in Ephesos waren zu dem Schluss gekommen, dass die Lehren von Paulus sie ihrer Geschäftsgrundlage berauben würden, und sie „stürmten einmütig zum Theater". Natürlich hatten sie nicht Unrecht, aber erst nach 340 Jahren diente ihr Handwerk einem anderen Gott, und ihre Theater waren geschlossen, ihre Demokratie für mindestens eintausend Jahre dahin.

5. Tempel: Götter, Feierlichkeiten und Schatzkammern

Es wäre falsch, einen den antiken Göttern geweihten Tempel mit den Augen eines Christen oder Muslims zu betrachten und Ähnlichkeiten mit Kirchen oder Moscheen zu suchen. Der Tempel hatte eine gänzlich andere Funktion. Der Gläubige betete und opferte vor dem Tempel. In dessen Innern befand sich die Heimstatt des Gottes. Sie war unverletzlich und durfte nur von den Priestern betreten werden, die gewöhnlich so etwas wie Beamte waren und die man eigens für diesen Dienst ausgewählt hatte. (An einigen heiligen Stätten, vor allem denjenigen, wo Orakel befragt werden konnten, hatten Priester eine Dauerstellung inne.) Zu besonderen Anlässen wurde das Bildnis des Gottes aus dem Tempel nach draußen getragen und dort aufgestellt, damit es gesehen werden oder dem Opferritual beiwohnen konnte, ansonsten aber blieb der Gott verborgen – das Werk menschlicher Hände, in dem die Macht des Dargestellten anweste.

In manchen Gegenden – Italien, Sizilien, Libanon, Syrien und sogar Südfrankreich – lassen sich noch Tempel mit relativ gut erhaltenen inneren Räumlichkeiten finden, während in Kleinasien und Griechenland zumeist nur noch umgestürzte Säulen und das Podium erhalten sind – das ist die mit Stufen versehene Plattform, auf der sich der Tempel einst erhob.

Das äußere Erscheinungsbild des Tempels mit seinen einfach oder doppelt gereihten Säulen dürfte vertraut sein; der Erklärung bedarf, was innen und was außen, an der Vorderseite, geschah. Vor dem Tempel befand sich der frei stehende Altar, an dem der Gottheit die

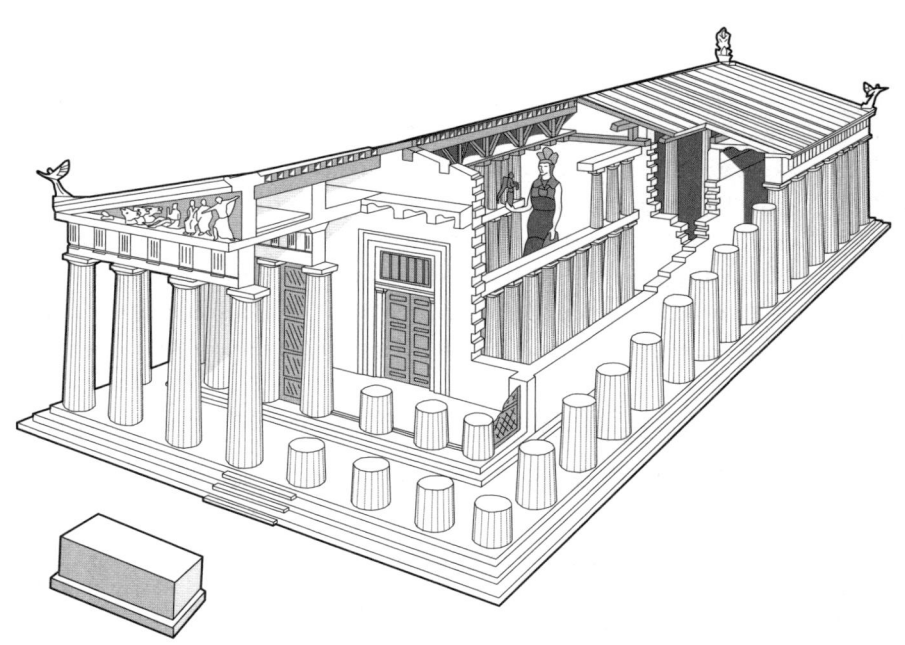

Rekonstruktion eines klassischen
Tempels (Schnittmodell)

Opfer dargebracht wurden. In vielen Fällen ist davon heute kaum mehr sichtbar als ein kleines, gepflastertes Areal im Boden. Auf dem Altar wurden bei öffentlichen Feierlichkeiten Tiere rituell getötet und bestimmte Teile wie etwa Knochen und Blut verbrannt, damit der Rauch zur Gottheit aufsteigen konnte. Das Fleisch wurde dann im Rahmen des Festes zubereitet und an die Teilnehmer verteilt. Bei großen Festen war die Zahl der Feiernden sehr umfangreich, sodass entsprechend viele Tiere getötet werden mussten.

An der Vorderseite des Innenraums, eingelassen in die stabilen Wände und durch die äußeren Säulenreihen weitgehend verdeckt, war eine hohe und schwere Tür oder Doppeltür, die den Innenraum vollkommen abschirmte. Die Tür führte direkt oder über einen Vorraum zum Heiligtum – dorthin, wo die Statue der Gottheit stand. Noch dahinter, an der Rückseite des inneren Tempels, befand sich ein weiterer Raum (oder weitere Räumlichkeiten), der nur durch das Heiligtum oder, was häufiger der Fall war, durch eine kleinere, aber äußerst feste und sicher verschlossene Tür betreten werden konnte. Das war die

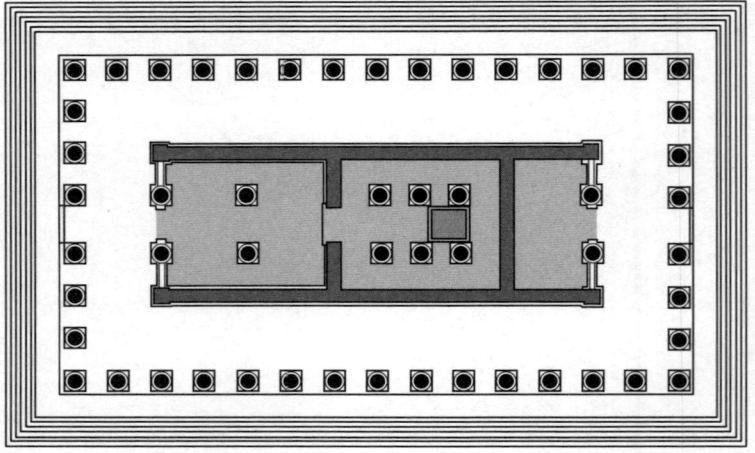

Typischer Grundriss eines Tempels mit seinen Innenräumen (v. l. n. r.):
Vorraum, Heiligtum und Schatzkammer

Schatzkammer, lateinisch *cella* genannt, die dem entsprach, was in der modernen Stadt ein Tresorraum ist. Die Cella war in zweierlei Hinsicht sicher: zum einen musste ein Einbrecher den Ort der Gottheit selbst beschädigen, um dorthin zu gelangen, zum anderen war es der am meisten gesicherte und verborgenste Ort im Tempel. Er beherbergte die Tempelschätze, darunter Gold und Wertgegenstände, die der Gottheit zum Geschenk gemacht worden waren. Hier befanden sich auch die städtische Schatzkammer und private Depots mit Wertgegenständen. Viel wissen wir noch immer nicht über die konkrete Nutzung der antiken Tempel. So ist z. B. unbekannt, in welchem Ausmaß das Heiligtum, wenn die Türen einmal geöffnet wurden, für kleine Gruppen von Gläubigen zugänglich war. Auch ist unklar, ob das Bildnis der Gottheit als selbst lebendig galt (was seine Anbetung zur Idolatrie gemacht hätte). Manche Hinweise sprechen dafür, dass zumindest die Ungebildeten dieser Auffassung waren, mehr aber deutet darauf hin, dass man glaubte, Wesen und Macht der Gottheit würden irgendwie in das Bildnis eingehen. (Diese Zweideutigkeit betrifft auch die „Anbetung" von Heiligen und Reliquien in manchen christlichen Traditionen.) Sicher ist aber, dass den Bildnissen regelmäßig Opfergaben zugedacht wurden, um sie günstig zu stimmen oder durch Gebete Erhörung zu finden. Sicher ist auch, dass die Tempel dazu dienten, Amtseide abzulegen, ein besonderes Element der Griechen bei der Übernahme gesetzlicher Verpflichtungen. Und einige wenige Anlagen – so etwa Didyma, Klaros, Delphi und Cumae – wurden als Orakelstätten aufgesucht. Im Übrigen waren nicht die Menschen, die in den Tempeln dienten, heilig, sondern nur die Orte selbst.

Die Götter

Die klassische Antike war in religiöser Hinsicht polytheistisch, doch blieb die Zahl der olympischen Götter überschaubar: Zeus (Vater der Götter und Menschen), Hera (seine Frau), Athene, Apollon, Artemis, Poseidon, Aphrodite, Hermes, Hephaistos und Ares (der Gott des Krieges, bei den Römern Mars genannt), dann noch Demeter und

Dionysos. In jeder Stadt wurde eine Gottheit ganz besonders verehrt (so Athene in Athen, und Artemis in Ephesos), jedoch ohne Ausschluss der anderen. Neben den olympischen Göttern gab es noch die Gottheiten der Erde und der Unterwelt: Hades, Persephone, die Nymphen und zahlreiche kleinere Gottheiten der Seen, Flüsse, Wälder und Berge, schließlich Pan und die Haus- und Familiengötter (die Götter des Herdes, die Laren und Penaten).

Mit dem Aufstieg der noch stärker multikulturell und kosmopolitisch orientierten römischen Welt erweiterte sich auch die Welt der Gottheiten, wurde das Pantheon größer. Dieser Trend nährte sich vor allem aus Verbindungen zu Ägypten und dem Nahen Osten, entsprang aber auch der römischen Angewohnheit, die Gottheiten eroberter oder unter Schutz gestellter Territorien mit den eigenen Göttern zu identifizieren, die ihrerseits wiederum zumeist die griechischen Götter waren, die nur andere Namen trugen. Aber die vielen unterschiedlichen Gottheiten koexistierten friedlich miteinander. Als im 2. Jahrhundert n. Chr. ein Besucher nach Didyma kam, dem großen Heiligtum Apollons, bemerkte er, dass dessen Statue von den Bildnissen und Altären zahlreicher anderer Gottheiten umgeben war.

War diese Vielzahl unsichtbarer göttlicher Wesen wirklich Gegenstand religiösen Glaubens? Die beste Antwort stammt immer noch von Edward Gibbon:

„Die unterschiedlichen Arten der Gottesanbetung in der römischen Welt wurden vom Volk als gleichermaßen wahr, von den Philosophen als gleichermaßen falsch und von den Magistraten als gleichermaßen nützlich erachtet. "

II.

HOMERISCHE IDEALE
UND DIE IDEEN
DER PHILOSOPHEN

1. Troja:
Die Legende und das Epos

Vor ungefähr fünftausend Jahren errichteten Menschen auf einem niedrigen Hügel im Nordwesten Kleinasiens eine Siedlung. Gegen 1250 v. Chr., also gut zweitausend Jahre später, wurde der Trojanische Krieg ausgetragen. Wiederum fünfhundert Jahre später beschrieb ein Mann, der unter dem Namen Homer bekannt war, in allen Einzelheiten eine Episode, die sich am Ende jenes legendären, weit in der Vergangenheit liegenden Konflikts ereignet haben soll. 334 v. Chr. schwor Alexander der Große am Heiligtum des Achilles in Troja, er werde das Ende des persischen Reichs herbeiführen. Lukian berichtet, dass Gaius Julius Caesar 48 v. Chr. die Stätte besucht haben soll. Sie wurde von den Römern als der Ort verehrt, von dem Aeneas, der legendäre trojanische Held, einst aufgebrochen war und schließlich Rom gegründet hatte. Der Ort „ist heute nur noch ein berühmter Name [...]. Dort sind selbst die Ruinen zerstört [...] doch die Legende haftet immer noch an jedem Stein." Caesar versprach, ein römisches Troja zu erbauen. So geschah es. Vierhundert Jahre später reiste der zukünftige römische Kaiser Julian unauffällig dorthin, um zu sehen, ob die alten Riten in einer Welt neuer und fremdartiger Glaubensformen noch beachtet wurden. Das war der Fall. Weitere 1500 Jahre vergingen, und 1865 folgte der Engländer Frank Calvert, dessen Familie seit Langem Land in der Troas besaß, einer Mutmaßung über den Hügel namens Hisarlik und entdeckte die Mauern des griechischen Troja. Nach ihm kam Heinrich Schliemann, der mit deutschem

Geld und teutonischer Entschlossenheit den Hügel aufgrub. Das Ergebnis ist heute noch zu sehen: „die Ruine einer Ruine".

Niemand besucht Troja (das bei Homer „Ilion" heißt), weil es der Geburtsort einer tatsächlichen Person ist, deren Ideen die Welt veränderten. Aber es ist, daran lässt sich nicht zweifeln, der Ort, an dem die am hinreißendsten erzählte, einflussreichste und langlebigste Legende der westlichen Welt spielt: eine Legende, die für die Dauer von eintausend Jahren die Ideale und Einstellungen einer ganzen Kultur prägte.

Das Epos

Die Griechen hatten weder Bibel noch Koran. Sie kannten keine durch Priesterschaft oder Staat festgelegte und festgeschriebene Religion. Aber sie hatten Homers *Ilias* und, wenngleich weniger herausgehoben, die *Odyssee*.

Die 15 693 Verse der 24 Gesänge der *Ilias* sind keine Bettlektüre. Aber was sie auf so ehrfurchtgebietende wie bewegende Weise berichten, öffnet die Tür zur Welt des klassischen Altertums. *Ilias* und *Odyssee* bilden das Fundament der europäischen Literatur. Sie untermauern die Werte der klassischen Welt in ihrer Blütezeit – eine Welt, die mit dem 4. Jahrhundert christlicher Zeitrechnung zu Ende ging. Aber diese Epen lebten noch im Mittelalter, auf seltsam verzerrte Weise, weiter. Heute sind ihre Kommentare zu Krieg und Tod und zur Destruktivität des menschlichen Wesens vielleicht nicht mehr so bekannt, dafür aber nötiger denn je.

Worin liegen nun die historischen und literarischen Ursprünge der Legende? Was für eine Geschichte erzählt Homer? Wie real sind ihre Charaktere? Wie sind die Ideale dieser Legende beschaffen, die das Griechentum inspirierten und den Weg bahnten für die Fragen der Philosophen nach Leben, Tod und Gesellschaft? Es ist eine lange Geschichte, und sie ist weder trivial noch einfach, aber hörenswerter als alles andere.

Hethiter und Mykener

Vergessen wir zunächst die moderne Türkei und das moderne Griechenland mit ihren 1922 festgelegten Grenzen. Vergessen wir auch die Bevölkerungen, die mit den Menschen der Antike nichts gemein haben. Es gab damals keine Türken in Kleinasien (womit ich die geographische Region meine, nicht den kleineren, westlichen Teil, der zur römischen Provinz *Asia Minor* wurde), sondern erst nach 1016, und in Konstantinopel erst nach 1453. Die drei antiken Einflusszonen, um die es gehen soll, sind Ionien, Anatolien und die von dem Ort Mykene sich herleitende Kultur.

Ionien liegt an der Ostküste der Ägäis, die östlichen Inseln – Tenedos, Lesbos, Kos und die anderen – reichen von den Dardanellen bis zur südwestlichen Küste von Kleinasien. Hier und am Marmarameer (in der Antike „Propontis" genannt) errichteten die Griechen ab dem 7. Jahrhundert v. Chr. „Kolonien" – Städte und Ortschaften, erbaut von Siedlern, die die Mutterstadt verlassen hatten. Die ionischen Städte blühen auf und vergehen (bis zum 4. Jahrhundert n. Chr. blühen sie zumeist), während die Herrschaftseinflüsse wechseln: Perser, Athener, Makedonier unter Alexander dem Großen und seinen Nachfolgern, Römer, römische Byzantiner (später mehr byzantinisch als römisch), schließlich die Osmanen.

Anatolien ist das Hinterland der kleinasiatischen Küste – das ausgedehnte Binnenland ohne direkten Zugang zu den Küstenstädten mit ihrem Handel und anderen Einflüssen. Dieses Gebiet war bis zur nominellen Kontrolle durch Alexander und der gründlicheren und organisierten Kontrolle der Römer überhaupt nicht griechisch. Allerdings hat Anatolien eine lange Geschichte der menschlichen Besiedlung – die Archäologen sprechen von 100 000 Jahren. Hier wurde zuerst Korn aus Wildgräsern gezüchtet, und Emmer, eine alte Weizenart mit Grannen (nicht zu verwechseln mit Gerste), wächst dort immer noch. Auch wurden hier Ziegen und Schafe domestiziert. Aber das ist dunkle Vorzeit, und was der heutige Besucher vorfindet, stammt aus der Mitte des 2. Jahrtausends v. Chr., als das Reich der Hethiter sich um die Hauptstadt Hattusas dehnte, die ca. 130 km östlich vom heutigen Ankara liegt. Zuerst gab es – seit etwa 1680 v. Chr. – das mächtige Königreich der Hethiter. Daraus wurde ein hoch organisiertes Imperium, das sich seit ca. 1420 v. Chr. über ganz Anatolien bis nach Nordsyrien erstreckte. Die Hethiter entwickelten eine Schrift, die man als Keilschrift bezeichnet. Tausende von Täfelchen wurden in den Ruinen von Hattusas gefunden – internationale Korrespondenz, Sprachlexika, Abhandlungen über Pferdezucht, Anweisungen für Tempelrituale und Militärreglements – und nichts davon ist in irgendeiner Weise griechisch. Doch mit all seiner Macht, seiner monarchischen Organisation, seiner hochentwickelten, administrativen Zwecken dienenden Schriftkultur verschwand das Reich der Hethiter plötzlich und auf bis heute unerklärliche Weise um 1200 v. Chr., etwa fünfzig Jahre nach dem vermuteten Datum des Trojanischen Kriegs.

Mykene war eine massiv befestigte und kunstvoll ausgebaute Zitadelle bzw. Burg am Kreuzungspunkt vieler alter Handelsstraßen auf dem griechischen Festland, ungefähr in der Mitte zwischen Korinth und Tiryns am Nordende des Golfs von Argos. Mykenes Blütezeit lag zwischen 1600 und 1200 v. Chr. und es lieh seinen Namen einer weitverbreiteten Kultur, die eine frühe griechische Schrift, bekannt als „Linear B“, benutzte. Das vorherrschende Metall war Bronze, und die gesellschaftliche Struktur wird heute als „Palastzeit“ bezeichnet. Die mykenische Kultur kannte einheitliche Bestattungsrituale, eine entwickelte Architektur und hochwertige kunsthandwerkliche Gegenstände. Fundstätten gibt es in der Südhälfte des griechischen Festlands und auf vielen Inseln der Ägäis, darunter Kreta, Rhodos, Samos und Chios. Aber die mykenische Kultur war kein durchorganisiertes Reich vergleichbar dem römischen oder, in der Moderne, dem britischen Imperium. Sie war eher eine Lebensform, deren hauptsächliche politische Struktur wohl darin bestand, dass ein Oberherrscher oder König einen großen befestigten Palast bewohnte und den Menschen in seinem Einflussgebiet Schutz gewährleistete, ihr Leben regelte und von ihnen unterstützt wurde. Spuren dieser kulturell und politisch organisierten

Gruppierungen sind in Mykene selbst, ferner in Tiryns, Pylos und Theben erhalten. Anzunehmen ist, dass solche einander ähnlichen, aber voneinander unabhängigen Gruppen zu Zwecken der offensiven und defensiven Kriegführung kooperiert haben, so wie sie es unzweifelhaft im Hinblick auf Handel und anderen Austausch taten.

Der Trojanische Krieg

Wenn der Trojanische Krieg tatsächlich gegen 1250 v. Chr. stattgefunden hat – und es gibt, von der Legende einmal abgesehen, archäologische und literarische Hinweise darauf, dass dem so ist –, könnte es ein langwieriger Zermürbungskrieg gewesen sein, an dem auf der einen Seite eine nicht-griechische Macht beteiligt war, deren Zentrum in Troja (bzw. Ilion) lag und die das umliegende Gebiet (die Troas) kontrollierte, eine Macht, die einen Außenposten oder Verbündeten des Hethiterreichs im Osten darstellte, während auf der anderen Seite ein auf dem griechischen Festland beheimatetes mykenisches Bündnis von Herrschern der Palastzeit kämpfte.

Durch eine düster anmutende Duplizität der Ereignisse geriet die mykenische Kultur im Westen zu eben der Zeit in Turbulenzen, zu der das Reich der Hethiter im Osten unterging. Es bleibt unklar, ob der Zusammenbruch der mykenischen Kultur auf ein Zusammenwirken von lokalen griechischen Bürgerkriegen, Erdbeben, Angriffen von außen (von Norden?) durch die Dorer oder auf Invasionen und Plünderungen durch die „Seevölker", die in ägyptischen und anderen Aufzeichnungen voller Furcht erwähnt werden, zurückzuführen ist. Aber das Ergebnis war unzweideutig: Aus den Siedlungen mit ihren Palästen wurden Dörfer, die Schrift verschwand und der Handel versiegte fast völlig, Architektur und Kunsthandwerk sanken auf Bedürfnisse der Eigenversorgung herab. Dennoch ist es nicht unmöglich, dass Achilles, Agamemnon, Menelaos, Odysseus und die anderen aus diesem verlorenen Land der Paläste, großen Herrscher und immensen Reichtümer gekommen sind. Aber sie tauchen erst wieder nach fünfhundert Jahren rein mündlicher Weitergabe der Ereignisse auf und werden nun durch die Augen einer neu beginnenden griechischen Kultur gesehen und in deren Sprache geschildert. Das archaische Griechenland (so genannt, um es vom klassischen Griechenland des 5. Jahrhunderts v. Chr. zu unterscheiden) besaß ein entzifferbares Alphabet, das von den Phöniziern übernommen und verändert worden war. Jetzt entstanden die Dichtungen von Homer und Hesiod und noch andere Aufzeichnungen von Legenden und Erzählungen über Götter und den Trojanischen Krieg, die größtenteils verloren sind.

In den homerischen Epen und den Legenden um Troja öffnet sich uns ein so vager wie faszinierender historischer Horizont einer geheimnisvollen Zeit. Dabei stellen sich unabweislich zwei Fragen. Die erste betrifft die Wirklichkeit des Erzählten, vor allem die *Ilias* und die Geschichte vom Trojanischen Pferd. Gab es einen Trojanischen Krieg? Wurde Troja schließlich durch die berühmte List des Odysseus eingenommen?

Die zweite Frage betrifft den Dichter selbst, Homer. Hat er allein irgendwann zwischen 750 und 675 v. Chr. die *Ilias* und die *Odyssee* geschrieben, oder gab es sozusagen zweimal Homer, einen für die *Ilias* und einen für die *Odyssee*? Oder sind diese Werke entstanden, indem man zu jener Zeit diverse traditionelle, mündlich überlieferte Erzählungen zusammenfügte, die dann von späteren griechischen Gelehrten in eine elegante Form gebracht und herausgegeben wurden? Hat Homer überhaupt existiert?

Gab es überhaupt einen Trojanischen Krieg?

Eine Antwort lautet, dass es in der *Ilias* – vornehmlich im Zweiten Gesang – bestimmte Einzelheiten gibt, die auf einen mykenischen oder vor dem Dunklen Zeitalter liegenden Ursprung der Geschichte hindeuten. Ein solcher Ursprung stimmte auch mit dem überein, was an Resten erhalten ist: die Mauern und Türme der als „Troja VI" bezeichneten Siedlungsschicht könnten um 1250 v. Chr. zerstört worden sein. Wenn man vor dem ausgegrabenen Osttor von Troja VI steht, ist man dem Tod Hektors vielleicht so nahe, wie Zeit und Erkenntnis es jetzt und zukünftig gestatten. Zu den Einzelheiten, die uns in der *Ilias* weit zurückführen, vielleicht noch jenseits des dorischen Dunklen Zeitalters, gehören die königlichen Herrscher samt ihren Heimatpalästen, die Namen von Städten, die der klassischen Zeit unbekannt waren, aber von modernen Archäologen wiederentdeckt wurden, die bronzenen Schilde und Panzer (Eisen wurde erst später produziert), die Beschreibungen bestimmter Artefakte, die mit Funden übereinstimmen (so etwa der berühmte, mit Eberhauern geschmückte Helm, der im Zehnten Gesang der *Ilias*, 260–265, genau beschrieben wird und den man in Knossos entdeckte), und schließlich die Topographie des Gebiets um Troja.

Dieses Gebiet, die Troas, umfasst das Land südlich von Troja, dazu die Hügelkette um den Ida und das Flussgebiet von Skamander und Simoïs, ferner die Ebenen nördlich und nordwestlich von Troja. Will man aber die Position der griechischen Flotte und die Kämpfe um Troja, so wie die Ereignisse in der *Ilias* geschildert werden, nachvollziehen, muss man wissen, dass ein großer Teil des heutigen flachen Agrarlandes im Norden damals eine Meeresbucht war, zugänglich vom Hellespont aus, aber vom Ägäischen Meer durch das Vorgebirge namens Sigeion getrennt. Wenn wir das in Betracht ziehen, lässt sich Homers Beschreibung in vielerlei Hinsicht mit der Topographie in Einklang bringen.

Doch muss bei dieser Spurensuche unbedingt berücksichtigt werden, dass die schriftliche Fassung der Ereignisse, die homerische *Ilias*, erst nach gut fünfhundert Jahren mündlicher Überlieferung durch Barden entstand. In jenem Zeitraum gab es keine schriftlichen Aufzeichnungen, und die Weitergabe war den üblichen Wechselfällen ausgesetzt: Eingriffe, Abwandlungen, Ausweitungen usw. In der *Ilias* findet sich nur eine Erwähnung der Schrift, und daraus geht hervor, dass Schreiben nicht als positive Tätigkeit galt, wohl nicht direkt als schwarze Kunst, aber auf jeden Fall als Mittel, um Böses zu bewirken. Im Sechsten Gesang möchte König Proitos den schönen Bellerophontes umbringen, schreckt aber vor der Tat zurück und schickt ihn stattdessen nach Lykien:

„[...] und traurige Zeichen
Gab er ihm, Todesworte geritzt auf gefaltetem Täflein:
Dass er dem Schwäher die Schrift darreicht', und das Leben verlöre."
(168–170)

Gab es also einen tatsächlichen, wenn auch weit in der Vergangenheit
liegenden Konflikt, vielleicht zwischen Mykenern und einem Außen-
posten des Hethiterreichs, in dem die Legenden um den Trojanischen
Krieg ihren Ursprung hatten? Das ist sehr wahrscheinlich. Und die
Weitergabe dieser Legenden über einen Zeitraum von fünfhundert
Jahren geschah ausschließlich mündlich? Ja, genau. Wie also konnten
diese so umfangreichen wie wunderbaren Werke der Literatur, die
Homer zugeschrieben wurden und werden, entstehen?

Hat Homer tatsächlich gelebt?

Hin und wieder wird die Frage aufgeworfen, ob die beiden Epen – *Ilias*
und *Odyssee* – tatsächlich von einer einzigen Person namens „Homer"
niedergeschrieben wurden. Vielleicht gab es Homer ja zweimal: einen
jungen, noch lebenskräftigen Mann, der im Bewusstsein menschlicher
Leidenschaften und Konflikte die *Ilias* schrieb, und einen älteren, eher
weltmüden, der am Lebensende, auf der Suche nach einer häuslich-fa-
miliären Lösung von Konflikten, die *Odyssee* verfasste.

Doch abgesehen davon, dass die Antike nichts von diesem dop-
pelten Homer wusste, hieße es, die Grenzen literarischer Glaubwür-
digkeit allzu weit auszudehnen, wenn man annähme, dass bei der Geburt der europäischen Literatur – gewissermaßen aus dem Nichts –
gleich zwei geniale Dichter auf den Plan traten. Natürlich muss man
berücksichtigen, dass die beiden Epen sprachlich und emotional recht
unterschiedlich sind, wobei die *Ilias* „archaischer" wirkt – aber das ließe sich damit erklären, dass die *Ilias* von einem Mann in der Blüte seines Lebens, und die *Odyssee* vom selben Mann viele Jahre später, im
Alter der Nachdenklichkeit, geschrieben wurde.

Eine andere Interpretation geht davon aus, dass „Homer" lediglich ein Schreiber, oder der Leiter einer Gruppe von Schreibern war, deren gemeinsames Bemühen dahin ging, verschiedene mündlich tradierte Geschichten zu zwei in sich schlüssigen Erzählungen zusammenzufassen. Auch davon weiß die Antike nichts, aber darüber hinaus ist es recht unwahrscheinlich, dass etwas so Komplexes, emotional Tiefes und in sich Konsistentes wie die beiden Epen nur durch redaktionelle Zusammenstellung entstanden sein soll. Sicher sind beide Texte überarbeitet worden – anfänglich zu Zwecken der Rezitation in Athen zwischen 550 und 530 v. Chr., später und gründlicher von Gelehrten in der Bibliothek zu Alexandria im 3. Jahrhundert v. Chr. –, aber selbst die anspruchsvollste redaktionelle Bearbeitung erschafft keine genialen Werke, so wie es nicht der Anmerkungsapparat ist, der Shakespeares Stücken ihre Größe verleiht.

Die plausibelste Antwort auf die Frage nach der Autorschaft von *Ilias* und *Odyssee* ist also wohl die, dass die beiden Epen von einem einzigen Mann verfasst wurden: die frühere und längere *Ilias* mit ihren 15 693 Versen vielleicht von Homer in der Blüte seiner Jahre, die kürzere *Odyssee* (12 110 Verse) von ihm als altem Mann, wobei beide Epen aus der mündlichen Tradition erwachsen sind.

Die Epen

Die *Ilias* ist ein detaillierter Bericht über bestimmte Ereignisse am Ende eines zehnjährigen Krieges, in dem ein Bündnis aus verschiedenen griechischen Stämmen, die auch „Danaer" oder „Achäer" [oder Argiver, oder, bei Voß, Argeier] genannt werden, Troja/Ilion und dessen Verbündete, die „Dardaner", angreift. Das Epos erzählt von Stolz und Zorn und von dem Leid, das der Krieg verursacht. Agamemnon, der Heerführer der Griechen, verärgert deren wildesten Kämpfer, Achilles, indem er ungerechterweise von ihm die Überlassung einer Kriegsbeute verlangt. Achilles wird zornig und zieht sich mit seinen Gefolgsleuten, den Myrmidonen, vom Kampf zurück. Der trojanische Königssohn Hektor greift die auf den Strand gezogenen Schiffe der Griechen an, die, von Agamemnon schlecht geführt, sich nur mit Müh' und Not retten können. Achilles verweigert die Hilfe, schickt aber stattdessen seinen engsten Freund, Patroklos, der wiederum von Hektor getötet wird. Achilles, rasend vor Schmerz und Zorn, macht sich auf, um Hektor zu töten. Dieser, von den Göttern gewarnt, dass er den Kampf verlieren wird, unternimmt keine Anstalten, Achilles zu entkommen. Er fällt im Kampf, und Achilles schändet die Leiche, indem er sie an seinen Wagen bindet und durch den Staub schleift. All das geschieht innerhalb von zwei Tagen des Kampfes, unterbrochen von zwei Tagen der Waffenruhe, und wird in den ersten zweiundzwanzig Gesängen der *Ilias* erzählt. Von den letzten Ereignissen, die etwa dreizehn Tage umfassen, berichten die Gesänge Dreiundzwanzig und Vierundzwanzig. Im Lager der Griechen gibt es ein Zusammentreffen von Achilles und Priamos, dem alten König von Troja und Vater Hektors. Achilles übergibt Priamos Hektors Leiche, damit die Beerdigungsriten vollzogen werden können. Die Götter nämlich sind über Achilles' ungebührliches Verhalten so verärgert, dass sie den Leichnam unverwest in seiner Schönheit erhalten haben. Nun kann er von den Troern (oder Trojanern) bestattet werden: „Also bestatteten jene den Leib des reisigen Hektors", lautet der letzte Vers der Ilias.

Die literarische Struktur der *Odyssee* ist sehr viel komplexer. Hier gibt es Zeitverschiebungen und einen Handlungsfaden, der sich über viele Jahre hinzieht. Hier finden wir die berühmten Geschichten von den Zyklopen, den Sirenen, den Lotusessern, dem Abstieg des Odysseus in die Unterwelt, der ersten Erwähnung der Eroberung Trojas mittels des Trojanischen Pferds und noch vieles mehr – alles eingebettet in die Geschichte von Telemachos, dem Sohn des Odysseus, der sich von Ithaka aus auf den Weg macht, um den Vater zu finden, während die Freier seiner Mutter darauf bedacht sind, ihn zu töten. Die zweite Hälfte des Epos erzählt, wie Odysseus heimlich nach Ithaka zurückkehrt, die Freier tötet und seine Gattin Penelope endlich wieder in die Arme schließt. „Edler Laertiad', erfindungsreicher Odysseus, / Halte nun ein und ruhe vom allverderbenden Kriege", spricht Athene am Ende der *Odyssee*, und der Held „gehorcht freudig der Göttin". Aus jener Zeit (um 750–675 v. Chr.) sind auch einige Fragmente oder Zusammenfassungen überliefert, die unter dem Namen „Epischer Zyklus" firmieren. Sie erzählen von Ereignissen vor dem Trojanischen Krieg, wie etwa vom Urteil des Paris, auch von Geschehnissen, die sich zwischen Hektors Tod und dem endgültigen Abzug der griechischen Streitkräfte abspielten. Dazu gehört der Tod des Achilles, dem Paris, Hektors Bruder, einen Pfeil in die Ferse schießt. Hier findet sich auch der Bericht über die strategische List, Troja mittels des hölzernen Pferdes zu erobern, wovon später Vergil, der größte der römischen Dichter, im Zweiten Gesang der *Aeneis* erzählen wird. Es gab wohl noch weitere sehr alte Berichte über den Trojanischen Krieg, die jedoch schon vor dem 5. Jahrhundert v. Chr. verloren gegangen sind.

Vorsicht: Schwierige Lesestrecke!

Nicht nur die paar Schüler, die immer noch mit dem Altgriechischen kämpfen, sondern auch erwachsene Leser, denen die besten Übersetzungen zur Verfügung stehen, haben große Mühe, sich den Weg durch die *Ilias* zu bahnen. Das muss nicht so sein. Wenn man sich die Schwierigkeiten vorher bewusst macht, hat man sie schon (fast) überwunden, und diese Überwindung öffnet das Tor zu einer ganz anderen Welt – zu einer der größten Dichtungen, die je geschrieben wurden. Aus meiner Erfahrung liste ich, ohne explizite Ordnung, einige Schwierigkeiten auf.

Das Medium der Verserzählung ist uns fremd. Hinzu kommt die Schwierigkeit, das Altgriechische in unsere Sprache zu übertragen, was meistens in ungewöhnlichen, schwerfällig anmutenden Wortfolgen resultiert, die kein Übersetzer, der eng am Text und dessen Bedeutung bleiben will, vermeiden kann.

Im Text gibt es eine ganze Reihe von Wiederholungen – standardisierte Verse, beschreibende Passagen, Sentenzen oder von Mund zu Mund übermittelte Botschaften –, die dem Vortragenden eine Ruhepause gewähren sollten. In manchen Übersetzungen sind sie weggelassen worden. Andere Eigenheiten jedoch können nicht beseitigt werden, ohne dass der Gesamteindruck des Werks sich dadurch änderte.

Dazu gehören ständig wiederkehrende Epitheta wie „der erfindungs-reiche Odysseus", „die rosenfingrige Eos" (die Göttin der Morgenrö-te), „die lilienarmige Hera" usw. Zusätzlich gibt es Namen oder Epi-theta, die gemäß der Skandierung des Verses, nicht aber gemäß den Erfordernissen der Geschichte wechseln: So ist mal von „Pallas", dann wieder von „Athene" die Rede, und „schnell" werden die Schiffe auch genannt, wenn sie am Strand liegen. Das erschwert die Lektüre für uns, aber warum ließen sich die Hörer damals nicht durch so etwas ablenken? Um es kurz zu erklären: Zu jener Zeit wurden fast alle Geschichten in Versen erzählt – sie „singen" sich besser als Prosa, sind leichter zu memorieren und können, sei es durch vertraute Refrains oder bekannte Wortwiederholungen, den Barden wie auch sein Pub-likum über das hinwegtragen, was für uns unerträglich lange Perioden sind, denen konzentriert zu lauschen uns schon nach wenigen Minuten erschöpft. Aber in fast allen Gesellschaften wurde zunächst in Versen erzählt; die Prosa kam erst später. Eine weitere Schwierigkeit ist die Präsenz der Götter. Wir glauben nicht an solche Wesen, und ihr Ein-greifen in die Handlung riecht nach Betrug. Aber dieses Eingreifen kann häufig als Zufall gesehen werden, der Gutes oder Böses bewirkt, Glück oder Pech bedeutet, und unzweifelhaft wurde Homers Text zur klassischen Zeit von manchen so gelesen.

Ein früher Hemmschuh bei der Lektüre der *Ilias* ist die zweite Hälfte des Zweiten Gesangs. Zwar geht es munter los mit dem Streit zwischen Agamemnon und Achilles und der daraus resultierenden Beratung der griechischen Heerführer, doch dann kommt die Hand-lung zum Erliegen und es folgt eine unendlich lange Aufzählung der am Krieg beteiligten Personen – Griechen und Trojaner – und der Orte, aus denen sie kommen. Der Archäologe und der Gelehrte lesen das vielleicht mit Gewinn, aber der gewöhnliche Leser wird wohl mit dem Dritten Gesang weitermachen wollen. Wenn sich dieses Gefühl auch bei den Begräbnisritualen von Patroklos einstellt, sollte man dem nachgeben und weiterblättern.

Überhaupt spart die *Ilias* nicht an der Aufzählung von Personen- und Ortsnamen, die uns heute nichts mehr sagen – insgesamt sind es

an die 750. Man kann das alles überlesen. Die Handlung selbst hängt
an 18 Hauptpersonen menschlicher Provenienz und an 12 Göttern.
Deren Namen und Beziehungen muss man kennenlernen. Das kostet
nicht mehr Anstrengung, als wenn ein Neuling das Personal einer
Soap-Opera kennenlernen möchte, doch ist der Wert bei der *Ilias* vermutlich um einiges größer.

Wirkliche Menschen oder bloße Symbole für Heldentum?

Die Unsterblichen in der *Ilias* besitzen offensichtlich einen jeweils individuellen Charakter, aber sind die Sterblichen mehr als nur Chiffren für
Heldentum, denen Taten des Mutes oder der Feigheit, des Zorns oder
des Wahns, der Ehre oder der Schande zugeschrieben werden? Manchmal sind sie solche Chiffren, manchmal aber auch realistisch gezeichnete menschliche Individuen. Schauen wir uns einige Griechen an.

Agamemnon, der Oberkommandierende, ist dominant und ar-
rogant, zudem unsicher in der Einschätzung seiner selbst und anderer
Menschen. Zu Beginn der *Ilias* will er die Griechen zum Kampf moti-
vieren, indem er sie beschämt und ihnen sagt, sie sollten besser ihre
Sachen packen und nach Hause fahren. Fast hätten sie ihn beim Wort
genommen. Agamemnon lässt sich leicht verunsichern; er ist zwar
stolz und tritt diktatorisch auf, neigt aber unter Stress zu Unentschlos-
senheit.

Ajax, Sohn des Telemon (es gibt zwei Ajaxe), ist ungestüm, mus-
kelbepackt und schlagkräftig, dazu unsensibel, tapfer, brutal und von
geringer Intelligenz – der perfekte Archetyp für den Helden eines
Actionfilms.

Achilles ist leidenschaftlich, wird aber allzu leicht jähzornig und
dann zerstörerisch. Sein Streit mit Agamemnon führt indirekt zum Tod
seines geliebten Freundes Patroklos. Er überreagiert auf Patroklos'
Tod, indem er Hektor nicht nur tötet, sondern auch den Leichnam
schändet – und sich damit selbst entehrt. Achilles lebt vom Verhängnis
des Todes – auch des eigenen – überschattet. Er wird als bedeutender

Mensch mit großen Fehlern dargestellt: gewalttätig, stolz, tapfer und am Ende erlöst durch die Trauer, die er mit dem Mann teilt, dessen Sohn er getötet hat – ein angsteinflößender und vielschichtiger Mensch. *Nestor* ist alt, erfahren, weise, wortreich und eigensinnig, auch wenn die Umstände ungeeignet sind. Er ist der Inbegriff des halbwegs im Ruhestand befindlichen Militärführers, der Ehrerbietung verlangt und manchmal auch verdient hat.

Patroklos ist jung, den Frauen und seinen Freunden zugeneigt, tapfer, am Ende jedoch zu tapfer, um zu überleben.

Doch sind es die drei Hauptcharaktere der Trojaner – Priamos, Paris und Hektor –, die uns am deutlichsten als Persönlichkeiten entgegentreten.

Priamos, der König von Troja, ist alt und kriegsmüde. Endlose Verluste muss er hinnehmen, und er ahnt, dass ihm am Ende nichts bleiben wird – seine Söhne werden sterben, seine Tochter Kassandra und die übrige Familie wird in die Sklaverei gehen, er selbst wird den Krieg nicht überleben. Von Sorgen gedrückt ist er ein vom Schicksal gezeichneter Schmerzensmann, der zum Schluss Achilles um den Leichnam seines Sohnes bitten muss.

Paris (auch Alexandros genannt) – der Verursacher des ganzen Unglücks – ist lebhaft und schön, elegant, ein reizender Liebhaber, tapfer, begrenzt erfolgreich und schlau. Er tötet Achilles mit einer List, aber er ist im entscheidenden Augenblick nicht immer dort, wo er sein sollte. Im Dreizehnten Gesang findet sein Bruder Hektor ihn, wie er „die Freunde ermahnt zu kämpfen" und macht ihm darob Vorhaltungen. Paris aber erwidert:

„Wir mit freudiger Seele begleiten dich; nimmer auch sollst du
Unseres Muts vermissen, so viel die Kraft nur gewähret!
Über die Kraft kann keiner, auch nicht der Tapferste, kämpfen!"
(785–787)

In einer früheren Kampfszene (im Sechsten Gesang) hatte Paris es nicht allzu eilig, sich zu bewaffnen und seinem Bruder zu folgen, und als er endlich auftaucht, bekennt er:

> „Wahrlich, mein älterer Bruder, dich Eilenden hielt ich zu lange
> Zaudernd auf, und kam nicht ordentlich, wie du befahlest."
> (518–519)

Hektors Erwiderung ist in ganzer Länge zitierenswert, weil hier, wie auch sonst so häufig in diesem Werk, wo es wie nirgends sonst in der Literatur um den Krieg geht, die Sehnsucht nach dessen Beendigung durchschimmert:

> „Guter, dir darf kein sterblicher Mann, der Billigkeit achtet,
> Tadeln die Werke der Schlacht, du bist ein tapferer Streiter.
> Oft nur säumest du gern, und willst nicht. Aber es kränkt mir
> Innig das Herz, von dir die schmähliche Rede zu hören
> Unter dem troischen Volk, das um dich so manches erduldet.
> Komm, dies wollen hinfort wir berichtigen, wann uns einmal Zeus
> Gönnen wird, des Himmels unendlich waltenden Göttern
> Dankend den Krug zu stellen der Freiheit in dem Palaste,
> Weil wir aus Troja verjagt die hellumschienten Achaier."
> (521–529)

Aber das wird nicht geschehen. Binnen zweier Tage ist Hektor tot. Der stolze Antagonist von Achilles, der ohne das Laster des Jähzorns geschildert wird, der seine Frau und seinen kleinen Sohn zärtlich liebt, verpflichtet sich zum aussichtslosen Kampf gegen den übermächtigen Feind. Jeder Leser möge sich seine eigene Meinung von Hektors Charakter bilden. Vielleicht gelangt er zu dem Schluss, dass Hektor der eigentliche Held der *Ilias* ist.

2. Troja:
Das Epos und die Ideale

Wer Homer gelesen hat, kennt sozusagen aus erster Quelle die Werte und Ideen, die für die griechische Welt im Allgemeinen und die klassische Antike im Besonderen das Fundament darstellten. Auf diese Weise sind seine Werke der Ursprung der späteren philosophischen Vorstellungen über Krieg, Tod, Glück, die Götter und bestimmte Normen des persönlichen Charakters. Und mittels der Ideen der Philosophen berührt, was Homer zu sagen hat, nicht nur die klassische Geschichte, sondern auch uns in unserer Gegenwart.

Krieg, Zorn und Mut

Überraschend an der *Ilias* dürfte in erster Hinsicht sein, dass sich zwar das ganze Epos um den Trojanischen Krieg dreht, der Krieg selbst aber niemals als etwas Gutes bezeichnet wird oder durch die Tugenden, die er in den Männern erweckt, gerechtfertigt wird – Tugenden wie Mut, Selbstaufopferung und Kameradschaft. Dem Kriegsgott Ares wird nicht geopfert, er wird nicht gepriesen, nicht angebetet. Er ist aggressiv, grausam, blutdürstig, „das Verderben der Menschheit". Die Weisen verdammen den Krieg, so etwa Merops, der Perkosier, der

> „[...] nie den Söhnen verstattet,
> Einzugehn in den Krieg, den verderblichen, aber sie hörten
> Nicht sein Wort; denn sie führte des dunkelen Todes Verhängnis."
> (Zweiter Gesang, 832–835)

Auch zu Beginn des Dritten Gesangs hoffen beide Seiten noch, „auszuruhn vom unglückseligen Kriege" (112), und später, als es Hoffnung auf Frieden gibt, heben beide Seiten die Hände zum Himmel (die Griechen beteten stehend, Hände und Augen zum Himmel erhoben, nicht auf den Knien rutschend, wie es die Könige und Götter des Ostens befahlen) und beten: „Vater Zeus, ruhmwürdig und hehr, du Herrscher vom Ida [...]" Aber sobald die „Hunde des Krieges" von der Leine gelassen sind, gibt es für Zorn und Gewalt kein Halten mehr, und Todeskampf ist der Hochstimmung zugesellt: „Jetzo erscholl Wehklagen und Siegsgeschrei miteinander, / Würgender dort und Erwürgter [...]" (Vierter Gesang, 450–451)

Triebkraft der *Ilias* ist nicht der Krieg, sondern einer seiner Gründe und Begleitumstände. Das sagt schon der allererste Vers: „Singe den Zorn, o Göttin, des Peleiaden Achilleus." Aber es ist nicht nur der Zorn dieses Helden auf Agamemnon, es geht auch um Agamemnons Zorn auf Achilles, Menelaos' Zorn auf Paris und Helena, den Zorn der Göttinnen Athene und Hera auf Paris und die Trojaner insgesamt, und den Zorn, der am und im Kampf sich entflammt. Und natürlich ist der Zorn ein entscheidender Helfer für den Sieg auf dem Schlachtfeld. Ruft man in einem Streiter genug Zorn hervor, so ist er in diesem Augenblick nahezu unbesiegbar. Eine Möglichkeit, solchen Zorn zu provozieren, besteht darin, ihn der Feigheit zu bezichtigen – in Homers Welt ist Feigheit eine Schande.

So zeigt die *Ilias* die furchtbaren Folgen jenes wilden, unkontrollierbaren Zorns, der Menschen, Göttern und Nationen zum Schaden gereicht. Dieses Thema taucht später im philosophischen Denken wieder auf – so plädiert Sokrates für Selbstbeherrschung, Selbsterkenntnis, Mäßigung, Kontrolle der Leidenschaften, um destruktives Verhalten zu vermeiden. Die Warnungen finden sich, unüberhörbar, bereits bei Homer. So heißt es im Neunten Gesang u. a.:

„Also hörten wir auch in der Vorzeit rühmen die Männer
Göttlichen Stamms, wenn einer zu heftigem Zorn sich ereifert"
(524–525),

„Zähme dein großes Herz, o Achilleus! Nicht ja geziemt dir
Unerbarmender Sinn" (496–497)

„[...] nur bändige du dein erhabnes
Stolzes Herz in der Brust; denn freundlicher Sinn ist besser.

Meide den bösen Zank, den verderblichen [...]" (255–257)

Solche und ähnliche Hinweise gibt es überall in der *Ilias*.
Und Mut bedeutet dort nicht, sich in den sicheren Tod zu stür-
zen. Agamemnon bittet seinen Bruder Menelaos eindringlich, nicht gegen Hektor zu kämpfen. Und Paris gibt, ganz zu Recht, zu bedenken:
„Über die Kraft kann keiner, auch nicht der Tapferste, kämpfen!" Patroklos stirbt unnötigerweise, weil er diese Vorsicht missachtet, und
so auch Hektor, der „außerhalb vor dem Tore / Stand, voll heißer Be-
gier, mit dem Peleionen zu kämpfen". Sein Vater will ihn davon abhal-
ten: „[...] dass dich nicht ereile das Schicksal / Unter Achilleus' Hand,
der weit an Stärke dir vorgeht!" (Zweiundzwanzigster Gesang, 35–
40). Aber Hektor hört nicht auf Priamos und stirbt, mit so unerhör-
ter wie unangebrachter Tapferkeit.

Tod und das Leben danach

Die *Ilias* handelt vom Krieg: gewaltsam wird getötet und gestorben.
Aber tot zu sein ist nicht heldenhaft, nicht wünschenswert, kein Lohn
für mutige Taten, für Märtyrertum. Der gewaltsame Tod wird häufig
beschrieben, und immer ohne Nachsicht, aber niemals ist er der Sturz
blutleerer Strohpuppen, wie er uns so oft im Fernsehen und in Filmen
präsentiert wird, wo man den Tod zu Unterhaltungszwecken triviali-
siert. Bei Homer ist der Tod immer macht- und schreckenvoll und endgültig, und die Beschreibung endet fast immer mit den „brechenden
Augen" oder Verweisen auf die Dunkelheit und die nie endende Nacht,
in die der Gestorbene eingeht.
Der Tod ist absolut, der ewig währende Bruder des Schlafs, und
er kommt unabhängig vom Willen des Menschen. Selbst der helden-
hafte Achilles bekennt im Neunten Gesang:

„Nichts sind gegen das Leben die Schätze mir [...]
Beutet man doch im Kriege gemästete Rinder und Schafe,
Und gewinn Dreifüß' und braungemähnete Rosse;
Aber des Menschen Geist kehrt niemals, weder erbeutet,
Noch erlangt, nachdem er des Sterbenden Lippen entflohn ist."
(401–409)

Die Trauer um die Kürze des menschlichen Lebens durchzieht die
Verse der *Ilias*, und ihr Echo wird noch lange Zeit in der Literatur
wiederhallen:

„Gleich wie Blätter im Walde, so sind die Geschlechte der Menschen;
Einige streuet der Wind auf die Erd' hin, andere wieder
Treibt der knospende Wald, erzeugt in des Frühlings Wärme:
So der Menschen Geschlecht, dies wächst, und jenes verschwindet."
(Sechster Gesang, 146–149)

Ähnliche Betrachtungen finden sich auch bei dem athenischen Komö-
diendichter Aristophanes, dessen Stück *Die Vögel* dreihundert Jahre
später entstand: „Betrachte die vielen Generationen von Menschen,
die dahingehn wie welkes Laub [...] wie mürber Staub." Ebenso Vergil, siebenhundert Jahre später als Homer, im Sechsten Gesang der
Aeneis, wo er die universelle Herrschaft des Todes beschreibt:

„Zahllos, wie in den Wäldern im ersten Froste des Herbstes,
Welkende Blätter fallen, zum Land vom offenen Meere
Zahllos drängen der Vögel Schwärme, wenn eisige Kälte
Über das Wasser sie scheucht und in wärmere Gegenden sendet,
Bittend standen sie da, um als erste hinüber zu fahren,
Und erhoben die Hände, das andere Ufer ersehend."
(308–314)

Vergil beschreibt hier die jüngst Verstorbenen, die sich nach dem Ufer
jenseits von Lethe, dem Fluss des Vergessens, sehnen. Vergils Botschaft

ist auch die Homers: Der Tod ist das Nichts, besten- oder schlimmstenfalls eine Zeit grauen, traumähnlichen Wartens, bis die den Ritualen
entsprechende Bestattung des Leichnams die ewige Ruhe garantiert.
Darum geht es in Achilles' Traum von Patroklos (Ilias, Dreiundzwan-
zigster Gesang), an dessen Ende Achilles erstaunt ausruft: „Götter, so
ist denn fürwahr auch noch in Aïdes Wohnung / Seel und Schattenge-
bild." Aber noch ist Patroklos nicht begraben.
Ich will diese uralte Auffassung vom Tod die „natürliche" nennen. Natürlich ist sie, weil sie dem Tod des Menschen nichts hinzu-
fügt, nichts, was über den Tod eines Hundes oder einer Fliege hinaus-
wiese: Der Tod ist das Ende. Der Weise vermeidet ihn, so lange Ehre
und Lebensführung es erlauben, doch wenn das Ende unabwendbar
ist, kommt es auf die Haltung an, wie der englische Dramatiker John
Drinkwater bemerkte. Hektor spricht im Angesicht des Todes:

> „Nun ist nahe der Tod, der schreckliche! nicht mir entfernt noch;
> Auch kein Entfliehn! [...]
> Dass nicht arbeitlos in den Staub ich sinke, noch ruhmlos,
> Nein, erst Großes vollendend, wovon auch Künftige hören!"
> (Zweiundzwanzigster Gesang, 300–305)

Die Sichtweise, dass dem Tod kein erhoffenswertes Nachleben folge,
war in der frühen klassischen Antike weitverbreitet, aber kein religiöses oder philosophisches Dogma. Sokrates und Platon entwickelten
komplexe und raffinierte Argumentationen für die Unsterblichkeit der
Seele, die später in die metaphysischen Grundlagen der christlichen
Theologie eingingen. Andererseits plädierten Aristoteles und die Atomisten (Demokrit und Epikur) mit Nachdruck und überzeugenden
Argumenten für die Sterblichkeit der Seele, denn sie fassten diese entweder als Teil des Körpers auf (wie das Gehirn) oder als Funktion des
lebendigen Körpers, als eine seiner Aktivitäten. Das gleicht dem, was
wir heute als „wissenschaftliche" im Gegensatz zur „religiösen" Auffassung des Todes verstehen könnten.
Die alten Mysterienkulte wollten zu Homers Dunkelheit des

Todes eine Alternative entwickeln, blieben dabei aber vage, konfus und widersprüchlich. In der Orphik und den dionysischen Riten finden wir, wie es scheint, die Idee, dass es zwei Welten gibt; das Leben geht von der einen in die andere über. Die Pythagoreer glaubten, dass im Augenblick des Todes die Seele sich in dieser Welt einen neuen Körper suche. Die Eleusinischen Mysterien malten sich das Jenseits als glückselige Existenz aus. Aber in all diesen Fällen sind die Quellen unklar oder ganz verloren. Deutlich ist nur, dass es höchst unterschiedliche Auffassungen über ein mögliches Leben nach dem Tod gab, aber keine verbindliche Lehre. Homer hat immerhin ein in die Ferne wirkendes Bild entworfen.

Aber auch bei Homer finden wir noch ein anderes Bild. In der Odyssee teilt Proteus von Ägypten, der alte Meeresgott, Menelaos mit, dass er sein Ende nicht bei den Weiden der Pferde in Argos finden, sondern von den Unsterblichen zu den Eleusinischen Feldern gebracht werde, wo der Held Rhadamanthys wohnt (Vierter Gesang, 561ff.). Menelaos ist nämlich mit Helena, der Tochter des Zeus, verheiratet, und genießt so eine Art von Unsterblichkeit. Da haben die meisten von uns weniger Glück.

Das andere Zusammentreffen mit den Toten wird im Elften Gesang der Odyssee geschildert. Odysseus steigt in die Unterwelt hinab und unterhält sich mit den unglücklichen Toten, die jedoch alles vergessen haben, und sich erst (und auch dann nur kurz) erinnern, als sie das dunkle Blut trinken, das Odysseus mitgebracht hat. Doch ist ihr Nachleben kaum mehr als eine schattenhafte Existenz, ein Vergessen, nichts, das man dem wirklichen Leben vorziehen könnte, auch wenn dieses armselig ist.

Homer zieht also eine scharfe Trennlinie zwischen den Sterblichen und den Unsterblichen – den Göttern, die doch in mancher Hinsicht den Menschen ähneln. Für die Sterblichen gibt es entweder nur den alles vernichtenden Tod – der Verstorbene ist nichts über den verwesenden Körper hinaus –, oder vielleicht ein geisterhaftes Warten, bevor die Begräbnisriten es der verstorbenen Person gestatten, die Wasser des Vergessens zu überqueren. Jenseits der Lethe befindet sich

das Haus des Hades, der Ort für jene, die sich selbst vergessen haben
– dunkel, bedeutungslos und abweisend im Vergleich zu all dem, was
das Leben lebenswert machte. Nur wenige dürfen, weil sie mit einem
Unsterblichen verbunden sind, auf das Elysium hoffen.

Die Götter und das Glück

Die Menschen sind vergänglich, sie wurden geboren und werden sterben. Nur Götter sind unsterblich, aber nicht einmal sie sind ewig. Was
ewig währt, ist zu keiner Zeit entstanden und wird zu keiner Zeit vergehen. Aber die Götter wurden, auf welche Weise auch immer, „geboren". Sie erlangten Existenz als Bestandteil des natürlichen Universums, aber nun sind sie da und vergehen nicht mehr, sondern mischen
sich in die Angelegenheiten der Menschen ein. Überdies sind sie alles
andere als Archetypen moralischen Verhaltens. Eher gleichen sie einer
großen, mächtigen, bisweilen demokratisch, dann wieder streitsüch-
tig orientierten, aber im Allgemeinen recht glücklichen Familie. Immer
sind sie uneins darüber, welche Seite sie im Krieg unterstützen sollen,
und sie greifen ein, um einen Kämpfer zu retten oder den Verlauf einer Schlacht zu ändern.

Wem diese anthropomorphen Götter nicht gefallen, weil sie ihm
zu primitiv oder zu erkünstelt vorkommen, kann sie so auffassen, wie
Homer es hin und wieder zu suggerieren scheint, nämlich als Ursprung
der klugen oder unklugen Entscheidungen, die wir manchmal aus dem
Bauch heraus fällen, oder als glücklichen Zufall bei natürlichen Ereignissen: der Nebel, der plötzlich über das Schlachtfeld treibt und dem
gefährdeten Helden die Flucht erlaubt; der Fluss, der über die Ufer tritt
und so einen Vormarsch oder Rückzug aufhält. Und ein „glücklicher
Zufall" oder ein „Gott" kann unser Schicksal sein – die unsichtbaren,
scheinbar willkürlichen Einflüsse, die uns Gutes oder Böses, Tod oder
Leben bringen. Solche Glückszufälle kann man als Fatum interpretieren, wie die Muslime den „Willen Allahs" begreifen. Oder wir machen das Beste aus unerwarteten Wendungen und passen unser Handeln an diese Zufälligkeiten an – das ist die Methode der Stoiker. Und

dann gibt es, als Drittes, noch den Weg Homers: Man kann versuchen, die Götter günstig zu stimmen, denn sie sind bis zu einem gewissen Grad durch angemessene Aufmerksamkeit – Opfergaben und Formen schuldigen Respekts – beeinflussbar. Aber was immer sie geben, muss angenommen werden. Achilles weist warnend darauf hin, den Willen der Götter zu ehren, damit sie vielleicht ihrerseits den der Menschen ehren. Auch Paris ist davon überzeugt, dass man den Ruhm, den die Götter bescheren, nicht verachten soll, denn das Wünschen allein bringt keinen Ruhm. Und Nestor bekräftigt, dass die Unsterblichen den Menschen das Ihre zur rechten Zeit bescheren. Der vielleicht erhellendste Kommentar stammt von einem griechischen Kämpfer, der mit Pfeil und Bogen auf Hektor zielt; doch als er schießen will, reißt die Sehne: „Verdammtes Pech. Ein Gott verhindert den Erfolg im Kampf." Sein Freund Ajax rät ihm, Schild und Speer zu ergreifen und weiterzumachen, so gut es geht.

Berühmt vor allem sind die Worte, mit denen Achilles (in der *Ilias*) bei seinem Treffen mit Priamos den Wechsel von guten und bösen Losen beschreibt:

„Aber wohlan, nun setz' auf den Sessel dich; lass uns den Kummer
Jetzt in der Seel' ein wenig beruhigen, herzlich betrübt zwar.
Denn wir schaffen ja nichts mit unserer starrenden Schwermut.
Also bestimmten die Götter der elenden Sterblichen Schicksal,
Bang' in Gram zu leben; allein sie selber sind sorglos.
Denn es stehn zwei Fässer gestellt an der Schwelle Kronions,
Voll das eine von Gaben des Wehs, das andre des Heiles.
Wem nun vermischt austeilet der donnerfrohe Kronion,
Solcher trifft abwechselnd ein böses Los, und ein gutes.
Wem er allein das Weh austeilt, den verstößt er in Schande;
Und herznagende Not auf der heiligen Erde verfolgt ihn,
Dass, nicht Göttern geehrt noch Sterblichen, bang' er umherirrt."
(Vierundzwanzigster Gesang, 522–533)

Die nämliche Idee findet sich, einfacher ausgedrückt, in der *Odyssee*:

„Aber der Gott des Olympos erteilet selber den Menschen, / Vornehm oder geringe, nach seinem Gefallen ihr Schicksal" (Sechster Gesang, 188–189).

So stoßen die Helden der homerischen Epen (und, ihnen folgend, die gesamte Literatur der klassischen Antike) in den Angelegenheiten der Welt auf eine gewisse Willkür – auf den glücklichen Zufall oder die verborgene Aktivität menschenähnlicher Wesen, Götter genannt. Sie erhören möglicherweise unsere Bitten und handeln für uns, wenn wir geben, was wir ihnen schuldig sind. Aber vielleicht erhören sie uns auch nicht, oder ein anderer Gott kommt ihnen in die Quere. Wie auch immer es kommt, wir müssen tun, was wir können und dulden, was uns geschickt wird: „Wenn das Schicksal unabwendbar ist, kommt es auf die Haltung an."

Charakter und Verhalten

Aber welche Haltung ist dem Menschen angemessen? Die Autoren der klassischen Zeit – Griechen und Römer – schauten für mehr als tausend Jahre nach Homer auf seine Werke, um dort Beispiele oder aphoristisch verkürzte Begründungen für das zu finden, was zu tun oder zu lassen sie für angemessen hielten. Konnte bei Homer ein Beispiel gefunden werden, hatte es Autorität, denn nun ließ sich die Sache, die man vertrat, besser begründen. Hunderte von Verweisen auf Homer finden sich bei Platon (427–347 v. Chr.) und Plutarch (ca. 46–120 n. Chr.), viele Zitate bei Lukian (ca. 115–180 n. Chr.), Athenaios (um 200 n. Chr.) und in den meisten anderen literarischen Quellen – eingeschlossen, am Ende der Antike, den römischen Kaiser Julian (Re-gierungszeit 360–363 n. Chr.), Macrobius (um 400 n. Chr., „das letzte Zeugnis hellenistischer Kultur") und Boethius (476–524; „der letzte Römer").

Für eine vom Christentum und vom Islam bestimmte Welt konnte es auf die Frage „Was soll ich tun?" nur die sehr allgemeine Antwort geben: „Dem Willen Gottes gehorchen." Eine solche allgemeine Antwort gibt es in der klassischen Antike nicht. Zeus und die Seinen hatten große, wenngleich nicht unbegrenzte Macht, aber sie sind kein Beispiel für moralisch richtiges Verhalten und verlangen – von ganz krassen Fällen abgesehen – ein solches auch nicht. Bürgerliche Umgangsformen wurden durch politische Verfassungen und tradiertes Brauchtum geregelt. Für Platon und die Stoiker, mehr aber noch für Aristoteles und die Epikureer ist das eigentliche Thema der Ethik der persönliche Charakter und das gelingende Leben. Auch die Auffassung, dass all das, was geschätzt oder verdammt wird, auf den Charakter des Menschen in Beziehung zu seinen Mitmenschen bezogen werden muss, geht auf Homer zurück. Wie also ist die homerische „Ethik" beschaffen?

• Der Zorn muss kontrolliert werden, außer im Kampf.
• Tapferkeit ist innerhalb bestimmter Grenzen bewunderungswürdig.
• Stolz ist destruktiv. So wirft Patroklos seinem Freund Achilles vor, sein Stolz könne nichts Gutes bewirken, wenn er sich weigere, den anderen Griechen zu Hilfe zu kommen. Ob er denn gar kein Mitleid habe? „Nie doch fülle der Zorn die Seele mir, welchen du hegest / Starker, zu Weh! Wer anders genießt dein, auch in der Zukunft / Wenn du nicht die Argeier vom schmählichen Jammer errettest?" (Sechzehnter Gesang, 30–32)
• Ehrfurcht vor den Toten ist wichtig. Achilles verstößt gegen dieses Gebot, indem er erklärt, er wolle Hektors Leichnam von wilden Hunden fressen lassen. Aber Aphrodite und Apollon greifen ein, um diese Schande zu verhindern.
• Freundschaft und Familienbande sind zu ehren, auch wenn man auf unterschiedlichen Seiten kämpft. So lächelt Diomedes den jungen trojanischen Hauptmann an und sagt: „Wahrlich, so bist du mir Gast aus Väterzeiten schon vormals! / Öneus der Held hat einst den untadlichen Bellerophontes / Gastlich im Hause geehrt [...]" Und er fordert ihn auf, in diesem Kampf nicht die Waffen gegeneinander einzusetzen: „Drum mit unseren Lanzen vermeiden wir uns im Getümmel [...]"; es gebe für ihn, Diomedes, noch genügend andere Trojaner und für den Freund genügend Achaier zu töten (Sechster Gesang, 212–229).

• Gnade und Mitleid sind empfehlenswerte Verhaltensweisen und können erworben werden. (Ähnlich kann im modernen Islam eine Strafsumme, die der Angreifer zahlt, die durch ihn verursachte Verletzung wiedergutmachen.) Bei Homer heißt es:

> „Aber Achilleus / Trägt ein Herz voll Stolzes und Ungestüms in dem Busen! [...] / Unbarmherziger Mann! Sogar für des Bruders Ermordung / Oder des toten Sohns, empfing wohl mancher die Sühnung; / Dann bleibt jener zurück in der Heimat, vieles bezahlend" (Neunter Gesang, 628–634)

• Mitgefühl ist möglich und empfehlenswert. „Ach mein teurer Patroklos, gefälligster Freund mir im Elend! / [...] / Ach du starbst, und ohn' Ende bewein ich dich, freundlicher Jüngling!" schluchzt Briseis im Achtzehnten Gesang (286–300).

• Luxus kann die Helden nicht korrumpieren. Luxusgüter sind Gegenstände der Bewunderung, aber die militärischen Anführer sind daran gewöhnt, jeden Tag körperliche Arbeit zu verrichten.

• Gute Ehen werden von Homer auf so unerwartete wie rührende Weise geschildert – man denke an Hektor und Andromache in der *Ilias* oder an Odysseus und Penelope in der Odyssee.

• Nach Freiheit sehnt man sich – aber es ist die Freiheit von Kampf, Sklaverei und Krieg, nicht die Freiheit willkürlichen Tuns.

• Gerechtigkeit – jedenfalls eine bestimmte Art – wird wertgeschätzt. Selbst Zeus bestraft Männer, die gewalttätig sind und ungerechte Herrschaft ausüben: „[...] heimsuchend im Zorn die Freveltaten der Männer, / Welche gewaltsam richtend im Volk die Gesetze verdrehen, / Und ausstoßen das Recht [...]" (Sechzehnter Gesang, 386–388).

• Wohltätigkeit wird ebenfalls in hohem Maße wertgeschätzt. Noch 362 n. Chr. zitiert Kaiser Julian, um zu zeigen, dass die Christen kein Monopol auf Wohltätigkeit gegenüber Armen oder Fremden haben, aus der Odyssee:

„Nein, er kommt zu uns, ein armer irrender Fremdling, / Dessen man
pflegen muss. Denn Zeus gehören ja alle / Fremdling' und Darbende
an; und kleine Gaben erfreun auch." (Sechster Gesang, 206–208)

Und im Vierzehnten Gesang lässt Homer Eumäos, den Schweinehir-
ten, sagen:

„Fremdling, es ziemte mir nicht, und wär' er geringer, als du bist, /
Einen Gast zu verschmähn; denn Gott gehören ja alle / Fremdling'
und Darbende an. Doch kleine Gaben erfreun auch." (56–58)

• Und schließlich galten alte Männer damals, im Gegensatz zu heute,
als stark und heldenhaft. Größe besitzt, wer im Kampf ehrenhaften
Tod erleidet oder Sieg erringt. Ein Mann zeichnet sich durch das aus,
was er erreicht hat, und um dessentwillen wird man sich an ihn erinnern, *und das ist alles, was er ist oder jemals sein wird.* Hektor fordert einen Achaier mit folgenden Worten zum Kampf heraus:

„Künftig sagt dann einer der spätgeborenen Menschen,
Im vielrudrigen Schiffe zum dunkelen Meer hinsteuernd:
Seht das ragende Grab des längst gestorbenen Mannes,
Der einst tapfer im Streit hinsank dem göttlichen Hektor!
Also spricht er hinfort, und mein ist ewiger Nachruhm."
(Siebter Gesang, 87–91)

Wenn man im Ägäischen Meer nord- oder südwärts segelt hin zum
Hellespont oder ihn verlassend, sollte man nach Osten blicken, zum
Vorgebirge Sigeion, das die trojanische Ebene von der Ägäis trennt.
Dort erblickt man einen antiken Grabhügel und ist damit Hektor
nahe: so nahe dem Elend des Krieges, wie die Griechen und Trojaner
den Tausenden Soldaten der Türken und Alliierten sind, die nördlich des Hellespont begraben liegen, während die Grabmäler von
dem Blutzoll künden, der in Gallipoli entrichtet wurde.

3. Milet:
Die Struktur des Universums

Kein Ort auf der Welt kam mit größerem Recht als Milet den Anspruch erheben, die Wiege der Erforschung der physikalischen Struktur des Universums zu sein. Die ersten, beispiellosen Spekulationen darüber, die einen Forschungsprozess in Gang setzten, der immer schneller wurde, sind mit drei Namen verbunden. Da ist zum einen Thales (624–545 v. Chr.), sodann Anaximander (610–547 v. Chr.), Thales' jüngerer Zeitgenosse, und schließlich Anaximenes (585–525 v. Chr.). Alle drei lebten in Milet zur Blütezeit der Stadt, bevor sie 546 v. Chr. an die Perser fiel.

Thales, Anaximander und Anaximenes waren in der Antike bekannt und wurden verehrt. Doch was sie schrieben oder geschrieben haben mögen – und wir wissen nur von Anaximander sicher, dass er ein Buch verfasst hat –, ist verloren. Ihre Ideen kennen wir nur aus der antiken Tradition: aus Aristoteles' zweihundert Jahre später geschriebenen Kommentaren, aus Anekdoten und Zusammenfassungen, wie sie insbesondere in Diogenes Laertios' *Leben und Lehre der Philosophen* zu finden sind, einem eher geschwätzigen und nicht immer verlässlichen Werk, das um 210 n. Chr. entstand, und durch ein Zitat bei Simplikios – einem Aristoteles-Kommentator, der die zweifelhafte Ehre hatte, zu den Philosophen zu gehören, die 529 n. Chr. von Kaiser Justinian aus Athen vertrieben wurden, als er jegliche intellektuelle Alternative zum Christentum gewaltsam unterband. Aber trotz dieses sehr vermittelten und nur mehr bruchstückhaft wahrnehmbaren Bilds der Milesier lässt sich etwas darauf erkennen, und seien es nur jene Ideen, die eine lange Tradition ihnen zugeschrieben hat.

Thales

Es gibt recht unterschiedliche Vorstellungen davon, wer zu den Sieben Weisen Griechenlands gerechnet werden darf, aber Thales ist immer dabei. Er genoss großes Ansehen: als scharfsinniger Politiker und kluger Bürger ebenso wie als Astronom, Mathematiker und *physikós* – also als jemand, der die Natur erforscht (wie heute der „Physiker"). Thales war mithin ein höchst bemerkenswerter Mensch und als einer, über den viele Anekdoten in der Welt sind. Diogenes Laertios erzählt so einige; hier sind drei davon: Auf die Frage, was das Seltenste sei, was er jemals gesehen habe, antwortete er: „Ein alter Tyrann". Als er gefragt wurde, was schwierig sei, antwortete er: „Sich selbst zu kennen." Auf die Frage, was leicht sei, erwiderte er: "Anderen Ratschläge zu erteilen." Für angenehm befand er: „Erfolg zu haben." Als seine Mutter ihn zur Heirat drängte, wehrte er ab mit der Bemerkung, es sei noch zu früh. Als sie ihm später erneut zusetzte, meinte er, nun sei es zu spät.

In seinem Dialog *Theätet* zeichnet Platon den Thales kurz und bündig als jenen typischen Philosophen, der das Wesen des Menschen, aber nicht seinen Nachbarn kenne.

> „Als er, die himmlischen Erscheinungen zu beobachten, nach oben blickte und darob in einen Brunnen fiel, soll eine kluge und witzige thrakische Magd ihn verspottet haben, dass er voll Eifers der Kenntnis der himmlischen Dinge nachtrachte, von dem aber, was vor der Nase und vor den Füßen liege, keine Ahnung habe." (174a)

Im Gegensatz dazu heben andere Berichte seine alltagstaugliche Klugheit hervor: Er wurde reich, als er, eine gute Olivenernte vorhersehend, alle Olivenpressen im Umkreis gegen ein geringes Entgelt mietete, um sie dann gewinnbringend weiterzuvermieten. Zudem bewahrte er Milet vor einem gefährlichen Konflikt mit den Persern, als er Kroisos (oder Krösus), der gegen sie kämpfte, nicht unterstützte (Kroisos verlor die Schlacht).

Aristoteles erzählt die Geschichte mit der Olivenernte in seiner *Politik*, zweifelt jedoch an der Weisheit des Thales:

> „[...] es ist dies aber [...] überhaupt ein allgemeiner Kunstgriff, sich zu bereichern, dass man sich den Alleinverkauf von irgend etwas zu verschaffen sucht." (1259a)

Am besten belegt ist die Geschichte mit der totalen Sonnenfinsternis. Sie ereignete sich am 28. Mai 585 v. Chr. und war von Thales für dieses Datum vorhergesagt worden: Wie Herodot berichtet, kam es zu dieser Finsternis gerade, als sich die Meder mit den Lydern eine Schlacht lieferten. „Plötzlich wurde der Tag zur Nacht [...] und also ließen sie vom Kampf ab und schlossen Frieden." Wie gelang Thales die Vorhersage? Er muss die astronomischen Aufzeichnungen der Babylonier und Ägypter gekannt, geschickt kombiniert und dann noch Glück gehabt haben. Den alten babylonischen Aufzeichnungen zufolge ereigneten sich Sonnenfinsternisse immer nach 223 Mondmonaten (gemäß dem sogenannten „Saroszyklus"). Wenn Thales 603 die Sonnenfinsternis in Ägypten gesehen oder zumindest davon gehört hatte, konnte er darauf setzen, dass 585 wiederum eine Sonnenfinsternis stattfinden müsste; der glückliche Zufall wollte es, dass sie zur rechten Zeit am rechten Ort beobachtbar war.

Als Astronom und Meteorologe soll Thales gezeigt haben, dass das Jahr 365 Tage hat; ferner soll er die Zeitpunkte der Winter- und Sommersonnenwende berechnet und die Größe von Sonne und Mond annähernd bestimmt haben.

Im Vergleich zu Thales war der berühmteste griechische Mathematiker, Euklid, der von ca. 360–280 v. Chr. lebte, eine eher späte Erscheinung. Doch unter den frühen Mathematikern rangierte Thales ganz oben. Schaut man sich seine Leistungen an, so sind sie eher von praktischem Nutzwert denn vom Typ systematischer Beweise, wie sie für die spätere griechische Geometrie typisch sind. So berechnete Thales z. B. die Höhe der Pyramiden, indem er die Länge ihrer Schatten zu einer Tageszeit maß, als der Schatten eines Menschen so lang war wie dieser selbst. Außerdem konstruierte er ein einfaches Instrument, mit dessen Hilfe man die Entfernung eines Schiffs vom Ufer bestimmen konnte (was wichtig war, insbesondere wenn die Besatzung des Schiffs mutmaßlich feindliche Absichten hegte!): An einen geraden Stock wird am oberen Ende ein Querstück so angebracht, dass es winklig nach unten gebogen werden kann. Dann befestigt man den Stock aufrecht auf der Spitze eines Turms, Hügels oder hohen Gebäudes und winkelt das Querstück so an, dass es genau auf das Schiff zeigt. Man lässt das Querstück nun in dieser Position und dreht den Stock so lange, bis es auf einen Gegenstand an Land zeigt, dessen Entfernung vom Turm oder Hügel bekannt ist. Damit ist dann auch die Entfernung des Schiffs bekannt.

Und ein abschließendes Beispiel für Thales' Geometrie ist der berühmte „Satz des Thales": zwar nicht der Beweis, aber die praktische Verwendbarkeit einer geometrischen Konstruktion zur Ermittlung eines rechten Winkels, was für die Bautätigkeit wichtig ist. Man zieht einen Kreis und teilt ihn mittels einer geraden Linie in zwei Hälften. Verbindet man die Endpunkte der Linie mit einem beliebigen Punkt auf dem Halbkreis, so entsteht immer ein rechtwinkliges Dreieck.

Thales als Naturforscher (physikós) Mit Thales beginnt die Naturforschung, sein Ruf als Begründer einer rationalen Auffassung der physischen Welt hängt mit drei Aussagen zusammen, die ihm immer zugeschrieben wurden.

Die erste Aussage lautet, Prinzip oder Urgrund aller Dinge sei das Wasser. Warum Wasser? Vielleicht, weil es in fester, flüssiger und gasförmiger Weise existiert; oder weil Wasser von keinem anderen Stoff hervorgebracht werden kann; oder weil Thales beobachtete, dass Leben weitverbreitet ist und nicht ohne Wasser existieren kann. Ein weiterer Grund (ein Grund, wohlgemerkt, mag er auch falsch sein; jedenfalls kein Glaube oder Mythos) war seine zweite Aussage: Die ganze Erde schwimmt auf Wasser. Eine rationale Erklärung für Erdbeben wäre dann, dass die Erde auf ihrem Wasserbett schaukelt wie ein Boot. Aristoteles wischt zweihundert Jahre später solche Vorstellungen mit einem Schlag vom Tisch:

„Andere sagen, die Erde liege auf Wasser. [...] Thales soll [diese Theorie] vertreten haben, in der Annahme, dass die Erde deshalb ruhe, weil sie schwimmfähig sei, ähnlich wie ein Stück Holz [...] – so als ob nicht dasselbe Argument wie für die Erde auch für das Wasser gelten würde, das die Erde trägt." (Über den Himmel, 294a)

Vielleicht basierte Thales' Vorstellung von der auf Wasser ruhenden Erde auf ägyptischen, babylonischen und jüdischen Religionsmythen; so heißt es z. B. in der Genesis:

„Am Anfang schuf Gott Himmel und Erde. Und die Erde war wüst und leer, und es war finster über der Tiefe, und der Geist Gottes schwebte auf dem Wasser."

Aber Thales verstand seine Annahme nicht als Teil irgendeiner dogmatischen Wahrheit. Noch zu seinen Lebzeiten schlug Anaximander eine bessere Hypothese über die Lage der Erde im Raum vor, und Anaximenes hielt eine ganz andere Substanz – die Luft – für den Ursprung aller Dinge. Zweifellos wusste Thales davon, da ja seine Kollegen ebenfalls in Milet lebten; und er dürfte die Alternativen mit ihnen diskutiert haben.

Thales' dritte Aussage über die physische Welt mutet uns noch seltsamer an. Er behauptete nämlich, vereinfacht gesagt, dass „der Magnetstein eine Seele habe". Allerdings ist das nicht so absurd, wie es klingt. Das griechische Wort für „Seele" ist *psyche*. Die Bedeutung dieses Begriffs hängt von der Argumentation der späteren Philosophen ab, die das Wort benutzen – Platon, Aristoteles, Epikur u. a. –, aber ursprünglich bedeutete eine *psyche* zu haben, *empsychos* zu sein, also belebt oder lebendig.

Eine der für das Lebendige typischen Eigenschaften besteht darin, in sich selbst oder in anderen Dingen Bewegung hervorzurufen. Ein Magnet oder Magnetstein vermag eben dies. Insofern stellt er eine Form von Leben dar. Thales' Folgerung ist zwar nicht richtig, aber keineswegs willkürlich oder irrational.

Das Wesen des Universums Das altgriechische Wort *physis* bedeutet so viel wie „Natur" und umfasst alles, ausgenommen Artefakte und die Resultate menschlicher Aktivität. Wenn also jemand, wie Anaximander es tat, ein Buch mit dem Titel „Über die Natur" (*peri physeôs*) veröffentlichte, wäre es eine Erforschung der physischen Struktur oder einer Einsicht in die Art und Weise, wie die Natur arbeitet. In diesem Sinne ist Thales' Annahme, Ursprung aller Dinge sei das Wasser, der erste Versuch, hinter den vielfältigen Erscheinungen von Dingen einen sie alle hervorbringenden Grund zu suchen, der nicht auf religiösen oder mythologischen Überzeugungen beruht. Anaximenes' Alternative – Ursprung aller Dinge ist die Luft – gibt eine andere Antwort auf die gleiche Frage.

Heute muten beide Antworten seltsam an, aber der entscheidende Gewinn lag in der Frage selbst. Sie zu stellen, war keineswegs selbstverständlich. Gibt es nicht ganz offensichtlich eine unüberschaubare Menge höchst unterschiedlicher Dinge, die aus ganz unterschiedlichen Stoffen entstanden sind? Das ist so offensichtlich, dass die Frage nach einem gemeinsamen Ursprung gar nicht gestellt wurde. Und wäre diese Frage nicht gestellt worden, gäbe es heute womöglich weder Physik noch Chemie.

Der Gott des Volkes Israel war – und ist – ehrfurchtgebietend, unsichtbar, der ewige Schöpfer, der Grund des So-Seins der Welt. Aber der Glaube an einen solchen Gott sagt nichts darüber, wie die Dinge funktionieren, woraus sie bestehen, oder wie der Schöpfer das Universum, in dem wir unseren Weg finden müssen, gestaltet hat. Zunächst ist Gottes Majestät die Antwort auf alle Fragen.

Im Glauben an die heidnischen Götter (deren Beziehungen und Aktivitäten von Hesiod, der ungefähr zur Zeit Homers lebte, in der *Theogonie* beschrieben werden) lassen sich natürliche Vorgänge durch animistische Mythen erklären. So ist beispielsweise der Frühling die Wiederkehr einer Göttin aus der Unterwelt. Auch damit wird die Möglichkeit naturwissenschaftlichen Fragens unterlaufen, wenn auch weniger total als bei Jahwe. Für die Heiden gab es keinen festgelegten Kanon an Geschichten, der bestimmte, was sie zu glauben hatten.

Bedeutsamer noch ist, dass Hesiods Götter nicht für das Universum insgesamt verantwortlich sind. Sie haben es nicht erschaffen, sondern fürchten sogar die Grenzen „der öden See und des sternenbesetzten Himmels" (*Theogonie*, 736). Hier aber setzte die spekulative Kühnheit der Milesier an, diese Grenzen wollten sie ausloten mit ihren Fragen nach dem Woher und Wozu der Dinge und Lebewesen. Diese Fragen führten 150 Jahre später zu einer erstaunlichen Antwort, die uns heute noch beschäftigt: der antiken Atomtheorie.

Anaximander

Anaximander geht davon aus, dass die Welt mit all ihren Dingen sich (ohne göttliche Eingriffe) aus einer vorab existenten unbelebten Unendlichkeit gebildet hat. Um diese Unendlichkeit sprachlich zu fixieren, prägte Anaximander aus der Umgangssprache heraus den ersten abstrakten wissenschaftlichen Terminus in der uns bekannten Geschichte des Denkens: *to apeiron*. Im Griechischen ist *to* (mit kurzem „o" wie in „Koch") der neutrale Artikel („das"), und *apeiron* bezog sich umgangssprachlich auf nicht umhegte Gebiete mit offenen Grenzen, so wie wir eine Wüste oder eine Heide als „grenzenlos" empfinden mögen. Anaximander gibt nun dem Wort *apeiron* eine besondere Bedeutung – es ist für ihn „das Unbegrenzte" oder „das Unbeschränkte", etwas räumlich und zeitlich nicht Fixiertes, aus dem die Dinge kommen und in das sie auch wieder eingehen „gemäß der Ordnung der Zeit". Dieses Zitat ist von Simplikios überliefert; es ist die erste schriftlich festgehaltene Äußerung der europäischen Wissenschaft, Anaximanders Versuch, das begrifflich zu fassen, was wir so leichthin als „Naturgesetze" bezeichnen – Gesetze, die zu jener Zeit noch gar nicht bekannt, und mithin auch sprachlich nicht formuliert waren – es gab den Begriff „Naturgesetz" schlichtweg nicht.

Aber wie kam es, dass die Welt aus dem *apeiron* entstand? Anaximanders Antwort enthebt ihn auch der Antwort des Thales auf die Frage, worauf denn die Erde ruhe. Für Anaximander ruht sie auf gar nichts. Sie entstand im *apeiron* aus einer Art von Wirbel. Wenn man in einem Topf eine Flüssigkeit mit festen Teilen darin umrührt, werden sich diese in der Mitte des Wirbels versammeln. Auf diese Weise bildete sich die Erde, die nicht flach ist und auf dem Wasser schwimmt wie ein Deckel, sondern zylindrisch geformt im Unbeschränkten ruht. Sie wird durch nichts gehalten oder gestützt, denn im Unendlichen, so erklärt es Aristoteles mit Bezug auf Anaximander, gibt es das „Gleichgewicht":

> „Denn wenn etwas in der Mitte errichtet werde und zu den Außenpunkten durchweg in derselben Beziehung stehe, dann könne es sich füglich um nichts mehr nach oben als nach unten oder als nach den Seiten hin bewegen [...] sodass es notwendigerweise ruhe." (Über den Himmel, 295b.)

Das alte Problem, die Unbeweglichkeit der Erde, entstand aus zwei offenbar widersprüchlichen Beobachtungen: die eine stellt fest, dass die Erde ruht und nicht fällt, die andere bemerkt, dass alles fällt, wenn es nicht gehalten wird. Anaximanders (oder Aristoteles') Vorstellung vom „Gleichgewicht" ist eine Art Vorläuferin der Idee der Schwerkraft, die damals noch außerhalb jeder Denkbarkeit lag.

Aber wenn die Erde aus dem *apeiron* hervorging, wie konnte dann Leben, vor allem tierisches und menschliches, entstehen? Anaximander gibt darauf, eine zweiteilige Antwort. Zunächst lässt er das Land entstehen, und zwar aus dem urzeitlichen Schlamm, der allmählich austrocknete – einen Vorgang, den er in unmittelbarer Nähe beobachten konnte: der Fluss Maiandros (oder Mäander) transportierte Schlamm an das Meeresufer bei Milet. Zudem dürften ihm Fossilien, die Anaximander wohl als vertrocknete Abdrücke von Dingen im Schlamm betrachtete, weitere Hinweise gegeben haben. Im zweiten Teil seiner Antwort geht er davon aus, dass die ersten Lebewesen im feuchten Schlamm entstanden, von „stachligen Rinden" umgeben. „Im weiteren Verlauf ihrer Lebenszeit" – so erfahren wir es von Aetios, der im späten 1. Jahrhundert n. Chr. lebte – „seien sie auf das Trockene gewandert und hätten, nachdem die die sie umgebende Rinde geplatzt sei, auf kurze Zeit eine andere Lebensweise durchgehalten." Das hat nichts mit Darwins Evolutionstheorie zu tun, und auch nicht mit Aristoteles' irrtümlicher Annahme, die Arten seien unwandelbar. Es ist der Versuch einer Antwort auf die Frage, wie das Leben entstand – eine falsche, aber zum Weiterdenken anregende Antwort.

Das milesische Denken war, bei aller Seltsamkeit vieler Vorstellungen, neu. Es markiert den Beginn dessen, was man „wissenschaftliche Methode" nennen könnte: Antworten, die auf rationalen Begründungen und Beweisen beruhten und der Berichtigung durch alternative Theorien zugänglich waren. Vor allem aber waren sie nicht in dogmatische Systeme einer als ultimativ ausgegebenen religiösen Wahrheit eingebunden. Thales, Anaximander und Anaximenes brachten den menschlichen Forschergeist auf einen Weg, von dem abzuweichen fürderhin nur unter Gefahren möglich war: auf den Weg ungehinderter Erforschung, den Sokrates schließlich mit den Worten beschrieb: „Wir müssen der Evidenz folgen, wohin sie uns führt."

Warum Milet?

Warum begannen diese Versuche, das Universum und die Natur der Dinge zu begreifen, in Milet und nicht z. B. in Babylon, wo man die Bewegungen der Himmelskörper – Sonne, Mond und Sterne (darunter die Planeten oder „Wandelsterne") – seit Langem schon mathematisch detailliert aufgezeichnet hatte und wo die algebraische Mathematik bemerkenswert weit entwickelt war?

Ein einleuchtender Grund liegt wohl darin, dass die Kartierung und also Vorhersage der Sternbewegungen in Babylon (und nicht nur dort) aus religiösen und astrologischen Motiven heraus vorgenommen wurde – um die genauen Zeiten für Feiern, Sä- und Erntezeiten festzulegen –, und auch, um politische Ereignisse vorhersagen zu können. Zudem wurden die beobachteten Daten von Priestern gesammelt, die andere Zwecke verfolgten als nach der Struktur dessen zu fragen, was da am Himmel beobachtet wurde. Die Sterne waren die Schöpfung der Götter oder eines Gottes, mehr musste man (oder sollte man?) nicht wissen. Warum gab es in Milet – und in Ionien allgemein – eine andere Entwicklung?

Im 6. Jahrhundert v. Chr. war Milet eine unabhängige, mächtige und erfolgreiche Hafenstadt, die mit Syrien und Ägypten über das Meer, und möglicherweise mit Persien und Mesopotamien über Land Handel trieb. Ihre Kaufleute und einflussreichen Bürger hatten somit Gelegenheit, die in Mesopotamien gesammelten astronomischen Daten wie auch die Einsichten der in Ägypten praktizierten Geometrie kennenzulernen. Sie hatten, kurz gesagt, Zugang zu wichtigen Informationsquellen.

Ferner war Milet reich (laut Herodot „das Schmuckstück Ioniens") und mächtig genug, um Männer mit der zum Denken notwendigen Muße zu beherbergen, die sich nicht um die nächste Mahlzeit sorgen oder um mögliche Feinde kümmern mussten. Zudem gab es dort die für solch forschende Tätigkeit geeigneten Leute – offene Geister, die gern spekulierten und argumentierten, ohne private Hass- und Rachegelüste oder Unruhen unter den Bürgern fürchten zu müssen.

Und schließlich war, worauf es vor allem ankam, Milet eine Stadt, in der die Religion – wie überhaupt in Ionien und dann für lange Zeit in der griechischen Welt, die darauf folgte – eine Angelegenheit der Bürger war. Fast alle religiösen Pflichten lagen in den Händen von Repräsentanten der Bürgerschicht, nicht aufgrund engerer Bindungen, sondern weil es sich eben so gehörte. Die Religion selbst bestand aus der Pflege von Bräuchen, Zeremonien, Festlichkeiten, Opfergaben, Wahrsagungen (aus Zeichen, denen man entnahm, ob die Götter einem bestimmten Vorhaben günstig gesonnen waren), Ehrfurcht vor den Göttern und ihren heiligen Stätten und zahlreichen kleineren Formen des Aberglaubens.

Aus Homers und Hesiods Werken geht klar hervor, dass die Götter zu dieser, der menschlichen Welt gehören. Eine „spirituelle" oder „geistige Welt" neben der physischen – das war eine Vorstellung, die im Ionien des 6. Jahrhunderts v. Chr. noch keine Wurzeln geschlagen hatte. Es gab die eine Welt, in der Bewohner existierten, die unsterblich, besonders mächtig und für gewöhnlich unsichtbar waren –

die Götter. Sie fühlten sich nicht beleidigt oder angegriffen, wenn man die Beschaffenheit des Universums untersuchte, das sie mit den Menschen zusammen bewohnten. Zwar gibt es Hinweise auf eine frühe Zwei-Welten-Theorie bei Xenophanes und sehr deutliche bei Pythagoras und den Anhängern des von ihm gestifteten Kults, aber erst bei Platon erhält die Zwei-Welten-Metaphysik eine stringente rationale und systematische Begründung – und Platons Lehre war von tiefgreifendem Einfluss auf die weitere Entwicklung des westlichen Denkens.

Die vorsokratische Philosophie

Was dann geschah, ist vielgestaltig und verwirrend. Die „vorsokratische Philosophie" umfasst ein recht unscharfes zeitliches Spektrum und enthält so viele Namen, einander widersprechende Ideen und nur bruchstückhaft überlieferte Argumente, dass eine kurzgefasste Darstellung unmöglich ist. In praxi gehört zu den Vorsokratikern jeder Denker (ausgenommen Platon), der vor Sokrates' Tod im Jahre 399 v. Chr. lebte oder zumindest geboren wurde.

Es gibt unter den Vorsokratikern drei oder vier prominente Namen, etwa dreißig, die einigermaßen bekannt sind, und weitere fünfzig, die nur noch ein Experte ins Spiel bringen würde. Zu den prominenten gehören auf jeden Fall die originären ionischen Denker Pythagoras, Xenophanes und Heraklit, deren Lebensdaten sich mit denen der Milesier überlappen. Ferner gibt es eine bedeutende Gruppe, die in Süditalien oder Sizilien lebte und lehrte – die Eleaten. Sie formulierten die ersten genuin philosophischen Fragen. Andere wohnten, zu etwas späterer Zeit, an den Küsten der nördlichen Ägäis und betrieben, wie schon die Milesier, naturtheoretische Spekulationen. Und schließlich gab es eine große Anzahl von Wanderlehrern – das waren die Sophisten, deren letzter und größter Vertreter Sokrates war.

Thema des nächsten Kapitels sind die ionischen Denker und die Eleaten. Die Naturforscher, hier vor allem Leukipp und Demokrit, leiten im 7. Kapitel über zu Epikur und der Atomtheorie. Die Sophisten bilden im 5. Kapitel das Vorspiel zur Philosophie Platons.

4. Ionien und Magna Greacia: Gesetze, Zahlen, Wirklichkeit

Wer die südlich von Neapel gelegenen Gegenden Italiens besucht, wird dort vielerorts auf Ruinen aus der griechischen und römischen Antike stoßen. Viele der italienischen Städte vor allem an der Küste waren in den ersten sechshundert Jahren ihrer Existenz ganz und gar griechisch. Das von den Römern *Magna Graecia* und von den Griechen *Megale Hellas* (beide Ausdrücke lauten übersetzt „Groß-Griechenland) genannte Gebiet besaß zu unterschiedlichen Zeiten unterschiedliche Ausdehnung, umfasste jedoch immer die Städte von Kyme (16 km nordwestlich von Neapel; bekannter unter dem lateinischen Namen Cumae) bis zu den Siedlungen in Spitze und Absatz des Stiefels. Bisweilen fiel auch Sizilien noch unter *Magna Graecia*.

Die Städte wurden zwischen dem 8. und 6. vorchristlichen Jahrhundert – also zu einem bemerkenswert frühen Zeitpunkt – vom griechischen Festland aus als Kolonien gegründet. Sie sollten Handel treiben und die überschüssige Bevölkerung der Mutterstädte aufnehmen. Cumae, eine der frühesten Kolonien, entstand um 740, Kroton etwa dreißig Jahre später, Paestum (griechisch Poseidonia) gegen 600 und Elea, 60 km südlich davon, um 540 v. Chr.

In der Geschichte der Ideen sind Kroton (das heutige Crotone) und Elea (jetzt Castellamare) auf ihre Weise fast so bedeutsam wie Milet. Als Pythagoras die Insel Samos verließ, wanderte er in das noch junge Kroton aus und stiftete dort den semi-religiösen Kult, der seinen Namen trägt. Und er entwickelte mit seinen Schülern die arithmetische

Geometrie und die mathematische Analyse der Musik. Auch Xenophanes wohnte lange Zeit in Kroton. Parmenides wurde in Elea geboren und etablierte zusammen mit Zenon eine philosophische „Schule".
Die Eleaten stellten zum ersten Mal Fragen, die über die von den
Milesiern diskutierten Probleme der Naturforschung hinausgingen:
Was ist Wirklichkeit? Was ist Bewegung? Kann, was wirklich ist, unendlich oft geteilt werden? Wie verhält sich unsere Sprache zur Wirklichkeit?
Das sind die ersten philosophischen oder metaphysischen (d. h.
über die Welt der natürlichen Erscheinungen hinausreichenden) Fragen. Sie beschäftigen uns auch heute noch. Diese Fragen gehen auf
Xenophanes und Pythagoras zurück, aber der Dritte im Bund der originären ionischen Denker – Heraklit – ist so eigenwillig und einflussreich, dass ich ihm einen eigenen Platz einräume, zwischen den Pythagoreern und den Eleaten.

Die Pythagoreer

Der „Satz des Pythagoras" über den Flächeninhalt des Hypothenusen-
quadrats hat den Namen des Denkers berühmt gemacht, während der
Mann selbst unbekannt blieb. Er und sein Kult wurden in der Antike
ebenso verehrt wie verachtet, doch schon damals wusste man kaum
etwas über die Person. Pythagoras wurde um 570 v. Chr. auf Samos
geboren. Der etwa dreißig Jahre jüngere Heraklit, der Kollegen gern
in Grund und Boden kritisierte, bemerkt abschätzig:

> „Pythagoras [...] hat am meisten von allen Menschen Forschung ge-
> trieben; und indem er eine Auswahl aus seinen diesbezüglichen
> Notizen vornahm, machte er sich daraus eine eigene Weisheit, Viel-
> wisserei, schlimmste Machenschaften." (DK 22 B 129) Ähnlich:
> „[...] viel Gelehrsamkeit lehrt noch nicht, sich einen Begriff zu ma-
> chen; sonst würde sie es Hesiod gelehrt haben und Pythagoras [...]"
> (DK 22 B 40).

Gelehrt jedenfalls war Pythagoras. Er blieb offensichtlich bis zum Jahr 530 v. Chr. auf Samos, bis ihn die Unzufriedenheit mit der herrschenden Elite ins Exil trieb. Er ging nach Kroton, zu jener Zeit noch eine junge Kolonie, und war dort, wie Diogenes Laertios siebenhundert Jahre später berichtet, höchst erfolgreich:

> „Er erwarb sich zusammen mit seinen Schülern großes Ansehen. Diese Schüler, etwa dreihundert, verwalteten die Staatsangelegenheiten in der bestmöglichen Weise, sodass die Stadt fast eine Aristokratie [also eine Herrschaft der Besten] war."

Dieser wertvollen Information folgen bei Diogenes viele Seiten Klatsch und Tratsch, daneben weitere Berichte, denen wir entnehmen können, dass Pythagoras in Kroton eine Art Sekte oder Schule errichtete, aus der zwei miteinander zusammenhängende Traditionen erwuchsen: Mathematik und Mystik. Was die mathematischen Forschungen der Pythagoreer angeht, so äußert sich Aristoteles in der *Metaphysik* (Erstes Buch) etwa 170 Jahre nach Pythagoras' Tod darüber ebenso kurz wie abfällig:

> „Während dieser Zeit und schon vorher legten sich die sogenannten Pythagoreer auf die Mathematik und brachten sie zuerst weiter, und darin eingelebt hielten sie die Prinzipien dieser Wissenschaft für die Prinzipien aller Dinge. [...] Und was sie nun in den Zahlen und den Harmonien als übereinstimmend mit den Zuständen und den Teilen des Himmels und der ganzen Weltbildung aufweisen konnten, das brachten sie zusammen und passten es an. Und wenn irgendwo eine Lücke blieb, so erbettelten sie sich noch etwas, um in ihre ganze Untersuchung Übereinstimmung zu bringen." (985b–986a)

Man muss nicht Aristoteles' ganze kritische Analyse aufarbeiten, um zu begreifen, dass er Pythagoras bestenfalls für ahnungslos und schlimmstenfalls für einen Scharlatan hielt.

Die Annahme, dass allen Dingen in der Welt Zahlenverhältnisse zugrunde lägen, ist vermutlich von einer bemerkenswerten Entdeckung abgeleitet, die Pythagoras zugeschrieben wird: Die grundlegenden melodischen Bezüge in der Oktave auf der siebensaitigen griechischen Lyra ließen sich als einfache numerische Verhältnisse zwischen den ersten vier ganzen Zahlen ausdrücken – das war die Tonleiter. Zwar wurde die Entdeckung mit Zahlenmystik vermengt, doch war sie die Zündschnur, die später zur Explosion des Wissens in der Anwendung mathematischer Beschreibungen auf die Physik führte. Andererseits ist Pythagoras' Theorem nicht voraussetzungslos. Als Bestandteil eines Systems arithmetischer Geometrie mag ihm das Verdienst der Entdeckung zukommen, doch die praktische Anwendung in der Architektur – besonders im Fall des Zahlenverhältnisses 3:4:5 beim rechtwinkligen Dreieck –war ägyptischen Landvermessern seit Jahrhunderten bekannt.

Die Mystik der Pythagoreer – die in Beziehung steht zur Zahlenmagie, zur „Sphärenharmonie", zu vollkommenen Proportionen usw. – hat Aspekte, die damals wie heute faszinieren und amüsieren. Ihre große philosophische (oder, je nach Perspektive, religiöse) These betraf die Trennung von Körper und Seele – eine Trennung, die dem homerischen Naturalismus von lebendem Wesen und postmortaler Geistererscheinung völlig fremd war. Die Pythagoreer glaubten nämlich an die Seelenwanderung, griechisch *metempsychosis*, also daran, dass die Seele eines Menschen sich nach dessen Tod einen anderen Körper sucht. Die Seele hat, so lehrten sie, als fortdauernde Identität der Person eine Präexistenz, d. h., sie hat bereits in einer Abfolge unterschiedlicher Wesen gelebt und wird auch in Zukunft in einer weiteren Abfolge von Lebewesen reinkarniert, die nicht notwendigerweise Menchen sein müssen. Diese Lehre führt zu interessanten, bisweilen auch sehr seltsamen Folgerungen. Von Xenophanes, einem Zeitgenossen des Pythagoras, stammt diese Geschichte:

„Es heißt, dass er einmal an einem Mann vorüberging, der seinen Hund schlug. Er bekam Mitleid mit dem Tier und sagte: ‚Halt ein! Es ist die Seele eines Freundes von mir. Ich erkannte ihn an der Stimme.' (Vgl. DK 21 B 7)

Einige Jahrhunderte später verspottete der Satiriker Lukian die Pythagoreer gnadenlos in einigen seiner Dialoge. So wird etwa in *Der Traum
oder der Haushahn* ein sprechender Hahn, die augenblickliche Verkör-
perung des Pythagoras, gefragt, warum er das Verbot aufgestellt habe, Bohnen oder Fleisch zu essen. Der Hahn antwortet leicht beschämt:

> „Es war allerdings nichts Kluges daran. Allein ich sah, dass ich,
> wenn ich nur ganz gewöhnliche Verordnungen, wie alle Welt sie gibt,
> geben würde, die Bewunderung der Leute keineswegs auf mich zie-
> hen könnte, dass ich hingegen, je seltsamer meine Aussprüche wä-
> ren, desto außerordentlicher in ihren Augen erscheinen würde. Aus
> diesem Grund zog ich es vor, dergleichen wunderliche Dinge aufzu-
> bringen, und machte natürlich aus der wahren Ursache ein großes
> Geheimnis, damit die Leute darüber hin- und herraten, und wie es
> bei dunkeln Orakelsprüchen geht, das Unbegreifliche anstaunen
> möchten.“

In einem anderen Dialog, betitelt *Die Versteigerung der philosophischen Orden*, fasst Lukian seine Kritik an Pythagoras kurz zusammen:

> „Was versteht er denn?“ fragt ein Käufer. Und Merkur antwortet:
> „Arithmetik, Astronomie, Geometrie, Musik, er versteht sich auf's
> Zaubern und Wundertun, und ist ein perfekter Wahrsager.“

Es ließe sich mutmaßen, dass das Verbot, Fleisch zu essen, vielleicht
auf der Befürchtung beruht, man könne eine Reinkarnation der eigenen Großmutter verzehren. Was den Einwand gegen das Bohnenessen
betrifft, so bewegen sich entsprechende Mutmaßungen zwischen dem
Frivolen und dem Obszönen.

Xenophanes von Kolophon

Xenophanes war Dichter und Philosoph zugleich – auch seine philosophischen Gedanken verfasste er in lyrisch gebundener Form (Aristoteles hielt allerdings nicht viel von ihm). Xenophanes wurde um 570 v. Chr. im ionischen Kolophon geboren, verließ jedoch im Alter von 25 Jahren seine Heimatstadt, vermutlich um der neuen persischen Herrschaft zu entgehen. Sein weiteres langes Leben (er wurde an die 92 Jahre alt) verbrachte er als „Wanderer" in Magna Graecia. Er lebte in verschiedenen Städten auf Sizilien sowie – sehr wahrscheinlich – im süditalienischen Elea und in Kroton. Er gilt als der Vater zweier wesentlicher Ideen.

Die bedeutendere ist die Vorstellung, dass es nur einen Gott gibt, der mit den Menschen weder in geistiger noch in körperlicher Hinsicht vergleichbar ist und vor allem nicht jene „schändlichen" Eigenschaften besitzt, die Homer und Hesiod den Göttern zuschrieben. In einem der von ihm überlieferten Fragmente heißt es, dass Pferde und Rinder, wenn sie malen könnten, die Götter gemäß ihrem eigenen Bilde darstellen würden. Aber es gilt: „Ein einziger Gott ist unter Göttern und Menschen der Größte, / weder dem Körper noch der Einsicht nach den sterblichen Menschen gleich." (DK 21 B 23) Dieser eine Gott (der immerhin „unter Göttern" der Größte ist) „sieht als Ganzer, versteht als Ganzer, hört als Ganzer" (DK 21 B 24) und lenkt „ohne Anstrengung des Geistes […] alles mit seinem Bewusstsein" (DK 21 B 25). Zudem verbleibt er immer „am selben Ort, ohne irgendwelche Bewegung" (DK 21 B 26). Diese Gedanken wurden von Parmenides fortgesponnen.

Mit Xenophanes beginnt gewissermaßen der Monotheismus der griechischen Philosophie, der in Aristoteles' Theorie vom „unbewegten Beweger" kulminiert. Doch diese gedanklichen Figuren sind zu weit vom Bild des Menschen entfernt, als dass sie mit dem Gott der Juden in Beziehung gesetzt oder als Vorwegnahme des christlichen und islamischen Gotts verstanden werden könnten. Denn diese sind ja den Menschen zumindest insoweit näher, als wir ihnen Prädikate und Vorstellungen wie Liebe, Gerechtigkeit, Vergebung usw. zuschreiben.

Xenophanes' zweite Idee hinterfragt den Anspruch der sinnlichen Wahrnehmung: Es gibt eine Kluft zwischen Erscheinung und Wirklichkeit. Am deutlichsten artikuliert sich diese Idee in folgendem Fragment:

> „Klares hat freilich kein Mensch gesehen, und es wird auch keinen geben, der es gesehen hat / hinsichtlich der Götter und aller Dinge, die ich erkläre. / Denn sogar wenn es einem in außerordentlichem Maße gelungen wäre, Vollkommenes zu sagen, / würde er sich dessen trotzdem nicht bewusst sein: bei allen Dingen gibt es nur Annahme." (DK 21 B 34)

Zwar sind sich die Gelehrten über den Status dieser Aussagen uneins, doch kann nicht bezweifelt werden, dass nach Aristoteles in der griechischen Philosophie Zweifel aufkamen, über das Verhältnis von Sprache und Wirklichkeit, sowie, noch radikaler, über das Verhältnis von Wirklichkeit und Sinneswahrnehmung nachzudenken. Solche Skepsis hält bis heute an, und Xenophanes gehört zu denen, die sie in Gang gesetzt haben. Sehr wahrscheinlich kannte er die gegensätzlichen Auffassungen von Heraklit („Alles ist im Fluss und verändert sich") und Parmenides („Alles Wirkliche ist Eins und unveränderlich"). Diese widersprüchlichen Ansichten laden geradezu ein, die Möglichkeit der Wahrheit infrage zu stellen. Und selbst wenn es Wahrheit gibt: Wie kann man sie als solche erkennen, wenn man auf sie stößt?

Bei Homer, in der *Ilias*, findet sich nur die resignative Einsicht in unseren Mangel an Wissen: „Denn ihr seid Göttinnen und wart bei allem und wisst es; / Unser Wissen ist nichts, wir horchen allein dem Gerüchte." (Zweiter Gesang, 484f.) Für Xenophanes und die späteren Skeptiker sind solche Zweifel eine rationale Reaktion auf bestimmte philosophische Fragen.

Heraklit von Ephesos

Heraklit, bisweilen auch „der Dunkle" genannt, ist der dritte aus jener Gruppe von Philosophen, die ich als „originäre ionische Denker" bezeichnen möchte. Er wurde um 540 v. Chr. in Ephesos geboren und starb dort im Alter von etwa sechzig Jahren. Von 546 an gehörte Ephesos zum persischen Reich, sodass Heraklit, einer der selbstständigsten Denker überhaupt, zeit seines Lebens Untertan des Königs von Persien war.

Es ist gut möglich, dass er kein systematisch argumentierendes Buch verfasste, aber von seinen Rätselsprüchen und provokativen Bemerkungen hat sich genug Unverbunden-Fragmentarisches erhalten, um in moderner Druckform an die zehn Seiten zu füllen. Eine größere Anzahl an Fragmenten ist bei den Vorsokratikern nur von Demokrit überliefert, aber der war, im Gegensatz zu Heraklit, höchst produktiv, und, wie die folgenden Beispiele zeigen, ein gut zitierbarer Aphoristiker:

„Seelengröße besitzt, wer Taktlosigkeit milden Sinnes erträgt."

„Narren werden nur durch Schaden klug."

„Feind ist nicht, wer Unrecht tut, sondern wer solches zu tun bereit ist."

„Unser Freund ist nur, wer mit uns hinsichtlich des Nützlichen übereinstimmt."

„Gutes findet man, wenn überhaupt, nach langwieriger Suche; Schlechtes kommt von selbst."

Viel ist über Heraklit geschrieben worden, und die von ihm erhaltenen Fragmente werden auch weiterhin Auseinandersetzungen provozieren. Im Folgenden stelle ich seine zentralen Gedanken kurz vor.

Sollte Heraklit tatsächlich ein Buch geschrieben haben, ließen sich diese Sätze als eine Art Einleitung verstehen:

„(So sagt Heraklit aus Ephesos): Gegenüber dem hier gegebenen, unabänderlich gültigen logos erweisen sich die Menschen als verständnislos, sowohl bevor sie als auch wenn sie ihn einmal gehört haben.

Denn obwohl alles in Übereinstimmung mit dem hier gegebenen logos geschieht, gleichen sie Unerfahrenen, sobald sie sich überhaupt an solchen Aussagen und Tatsachen versuchen, wie ich sie darlege, indem ich jedes Einzelne seiner Natur gemäß zerlege und erkläre, wie es sich damit verhält."

(DK 22 B 1; Übers. leicht verändert.)

Übersetzte man den Beginn wörtlich, so lautete er: „Dieser *logos*, der da ist, immer den Menschen unverständlich bleibt er [...]" – denn im griechischen Text steht „immer" (*aiei*) syntaktisch so, dass es auf die Präsenz des *logos* ebenso bezogen werden kann wie auf das Unverständnis der Menschen, eine Zweideutigkeit, die gewollt und für Heraklits Stil mit seinen Ambiguitäten und Dunkelheiten typisch ist.

Zudem hat *logos* in der klassischen Philosophie viele Bedeutungen, die sich nach Maßgabe der Zeit und der Absichten des Autors verändern können. Als Heraklit schrieb, hatte die Geschichte der abendländischen Philosophie gerade erst begonnen, und bei ihm steht *logos* noch der ursprünglichen Bedeutung von „Erzählung" oder „Darstellung" nahe, allerdings mit der umfassenderen Vorstellung, dass die Darstellung das Wesen eines Dings erkläre oder ein Gesetz zum Ausdruck bringe, das die Funktionsweise aller Dinge erklärt. Was aber lässt sich über eine solche Darstellung sagen, gesetzt, dass Heraklit sie gar nicht vollständig ausgearbeitet hat oder dass seine Ausarbeitung nicht überliefert ist?

Wir können zumindest sagen, dass das Gesetz objektiv ist. Es bezieht sich auf Dinge außerhalb von uns, schließt uns aber in seinen Horizont ein. Es kann durch Beobachtung der Welt erfasst werden: „Dingen, die zu sehen und zu hören Belehrung bringt, gebe ich den Vorzug." (DK 22 B 55) Das Gesetz hat etwas mit dem Streit von Gegensätzen zu tun. In einem trivialen Sinn sind „oben" und „unten" oder „hinauf" und „hinab" Gegensätze, aber die Wörter gewinnen ihre Bedeutung erst in Beziehung zueinander, und das gilt auch für „warm" und „kalt", „feucht" und „trocken" und andere gegensätzliche Eigenschaften. In der Natur, so scheint Heraklit uns lehren zu wollen, gibt es etwas Ähnliches: den in steter Veränderung begriffenen Gegensatz zwischen dem Feuer und den Dingen, die hinsichtlich einiger Eigenschaften einige Zeit stabil sind. Dieses Feuer ist, so Heraklit, „nach Maßen entflammend und nach [denselben] Maßen verlöschend" (DK 22 B 30). Alles verändert sich gemäß einem vernünftigen wahren *logos* und in einem Prozess, der „Widerstreit" oder „Zwist" genannt werden kann. Bei diesem Zwist ist die natürliche Quelle der Veränderung das Feuer, in menschlichen Angelegenheiten aber der Krieg. (Lenin hielt, notabene, große Stücke auf Heraklit!)

Stachelige, komplexe Gedanken. Aus ihnen folgen Heraklits berühmteste Äußerungen. Da das Gesetz der Natur, der *logos*, im fortgesetzt-dynamischen Widerstreit zwischen den Dingen und dem Feuer besteht, hat kein Ding dauerhafte Existenz. Die Wirklichkeit ist in beständiger Veränderung begriffen: „Es ist unmöglich, zweimal in denselben Fluss hineinzusteigen" (DK 22 B 91). Das ist offenkundig wahr in der Hinsicht, dass manche Dinge, denen wir dauerhafte Namen geben und die wir als zeitbedingt relativ gleichbleibend ansehen – z. B. „Elbe" oder „Rhein" – sich fortwährend verändern. Aber Heraklit meint etwas sehr viel Umfassenderes und weniger Offensichtliches: Er sagt in den Äußerungen zum „Flussthema" etwas über das Wesen der Wirklichkeit, das sich aus der Beobachtung ergibt, nämlich dass alles sich fortwährend *in mancherlei Hinsicht* verändert. Und dieser Herausforderung müssen sich die Naturwissenschaften immer noch stellen, indem sie dem *logos* des Heraklit durch ihr Forschen Tribut zollen.

Eine letzte Bemerkung. In einer Reihe von Heraklits Fragmenten taucht das griechische Wort für „Gott" auf. Auch darüber haben sich viele Gelehrte schon den Kopf zerbrochen. Aber was immer „Gott" für Heraklit sein mag, der Gott der Moderne ist es nicht. Heraklit meint damit eher die dem Universum zugrunde liegende Einheit und Kohärenz. So ließe sich dem Universum möglicherweise die Eigenschaft „vernünftig" zuschreiben, die sich jedenfalls nicht auf die Menschheit beschränken lässt: „Dem Gott ist alles schön, gut und gerecht […]" (DK 22 B 102). „Der Gott ist Tag-Nacht, Winter-Sommer,

Krieg-Frieden, Sättigung-Hunger [...]" (DK, 22 B 67). Mit „Gott" bezeichnet Heraklit die geordnete Struktur alles Seienden – eine Idee, die
bei den Stoikern Furore machen sollte. Sie verehrten Heraklit und
sprachen von Gott als dem ewig lebendigen Feuer – dem Grund aller
Ordnung in der Natur.

Die Eleaten

Parmenides (ca. 510 bis nach 450 v. Chr.) und der etwa 25 Jahre jüngere Zenon, beide Bürger von Elea, waren die ersten, die genuin philosophische Fragen stellten, auch wenn die Form noch nicht besonders
modern anmutet. Bei Parmenides kann der Versuch, die vielschichtige
Argumentation, die sich in den umfangreichen Fragmenten seines
Lehrgedichts findet, zu entwirren, dem Lehrenden immer noch Angst
und Schrecken einjagen, ohne den Lernenden weiterzubringen. Bei
Zenon, dessen Paradoxa über unendliche Teilbarkeit Aristoteles in seiner *Physik* behandelt, liegen die Dinge anders. Obwohl die von ihm
aufgeworfenen Probleme immer noch zu den vertraktesten in Mathematik und Philosophie gehören, lässt sich der Argumentationsgang relativ leicht nachvollziehen.

Ich will den geneigten Leser nicht mit einer ausführlichen Diskussion des parmenideischen Problems langweilen. Einige Abschnitte
aus dem Beginn des Gedichts mögen andeuten, wohin die Reise geht:

> „Wohlan, ich werde also vortragen [...], welche Wege der Untersu-
> chung einzig zu erkennen sind: die erste, dass es ist und dass nicht
> ist, dass es nicht ist, ist die Bahn der Überzeugung, denn sie richtet
> sich nach der Wahrheit; die zweite ist, dass es nicht ist und dass es
> sich gehört, dass es nicht ist. Dies jedoch ist, wie ich dir zeige, ein
> völlig unerfahrbarer Pfad: denn es ist ausgeschlossen, dass du etwas
> erkennst, was nicht ist, oder etwas darüber aussagst [...] denn dass
> man es erkennt, ist dasselbe, wie dass es ist. [...] Einzig also noch
> übrig bleibt die Beschreibung des Weges, dass es ist [...], dass
> Seiendes nicht hervorgebracht und unzerstörbar ist [...], da es jetzt

in seiner Ganzheit beisammen ist, eins, zusammengeschlossen." (DK 28 B 2,3,8)

Das klingt unverständlich, und das nicht nur nach der ersten Lektüre. Um etwas klarer zu sehen, unterscheiden wir drei Verwendungsweisen des Verbums „sein", die erst nach Parmenides deutlicher voneinander abgehoben wurden, während sie bei ihm noch – durchaus absichtsvoll – miteinander vermengt sind.

Da gibt es zum einen das „Sein" der Existenz: „Es ist (existiert) Wasser auf dem Mond"; ferner das „Sein" der Eigenschaftszuschreibung oder Prädikation: „Der Mond ist kalt (hat die Eigenschaft, kalt zu sein)"; und schließlich das „Sein" der Identität: „Der Morgenstern ist (derselbe Gegenstand wie) der Abendstern." Aber Parmenides will, indem er die unterschiedlichen Verwendungsweisen undifferenziert lässt, keine Verwirrung stiften. Für ihn ist die sprachliche Unterscheidung „ist/ist nicht" zugleich die Unterscheidung zwischen dem, was vernünftigerweise ausgesagt und dem, was nicht ausgesagt werden kann, und diese Unterscheidung wiederum bezeichnet auch den Unterschied zwischen dem, was existiert und wirklich ist, und dem, was nicht existiert und nicht wirklich ist. Zudem ist, was existiert und wirklich ist, genau das, was es ist und nichts anderes. Was also wirklich ist, ist unteilbar und bewegungslos eines.

Wer jetzt verwirrt ist, dem dürfte es so ähnlich gehen wie Diogenes Laertios um 210 n. Chr. Oft ist er noch um die Gedanken selbst schattenhafter Persönlichkeiten bemüht, aber zu Parmenides findet er offensichtlich keinen Zugang. Nach einigen Seiten voller alberner Anekdoten, die nichts mit Philosophie zu tun haben, lässt er die Sache einfach fallen. (Wer mehr wissen will, schaue in die Bibliographie.)

Zenon von Elea und seine Paradoxa

Parmenides' Argumentation zufolge – und wenn man den gesamten Text des Lehrgedichts berücksichtigt, ist es eine Argumentation, nicht die Verkündigung metaphysischer Mystizismen – ist die Wirklichkeit das unwandelbar Eine, d. h. sie ist bewegungslos. Zenons Paradoxa der Bewegung sollen zeigen, in welche Absurditäten sich die Annahme, Bewegung sei etwas Wirkliches, verstrickt. Aristoteles erörtert die vier Paradoxa in Buch VI der *Physik*. Unsere unmittelbare Reaktion dürfte so ausfallen wie die des Aristoteles, natürlich ohne die brillante Klarheit seines in diesem Falle nicht ganz stringenten Folgerns. So wie er werden wir sagen, dass die Paradoxa irreführend sein müssen, weil sie dem, was wir wissen und wahrnehmen, widersprechen. Aber hüten wir uns vor vorschnellen Urteilen, damit uns nicht der Tadel trifft, den einer der ganz großen, zudem mathematisch versierten Philosophen des 20. Jahrhunderts, Bertrand Russell, geäußert hat:

> „Nachdem er [Zenon] vier unermesslich subtile und tiefe Argumente entwickelt hatte, erklärten ihn die nachfolgenden Philosophen, geistig schwerfällig, zu einem einfallsreichen Schwindler und seine Argumente sämtlich zu Sophismen. "

Ich übergehe im Folgenden das vierte Paradox, weil es sich nur sehr umständlich beschreiben oder erörtern lässt.

1. Die Rennstrecke und ihre fortlaufende Teilung. Mit diesem Paradox verdeutlicht Zenon, dass Bewegung unmöglich ist. Denn egal, wie nahe ein sich bewegender Gegenstand (z. B. ein Läufer) irgend einem Punkt vor ihm kommt (z. B. der Ziellinie), immer muss er zuerst die Hälfte der Strecke, und davor die Hälfte der halben Strecke durchmessen usw. Die erste halbe Strecke wird also bis ins Unendliche halbiert. Folglich kann der sich bewegende Gegenstand (der Läufer = L) gar nicht mit der Bewegung beginnen. Als Diagramm hätte das Paradox folgende Form:

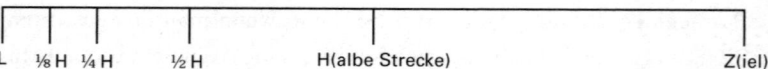

L   ⅛ H ¼ H   ½ H   H(albe Strecke)   Z(iel)

Damit L nach Z gelangt, muss er zuerst nach H kommen. Aber um nach H zu kommen, muss er zuerst ½ H erreichen. Aber um dorthin zu kommen, muss er zuvor ¼ H erreichen, und vorher ⅛ H und vorher 1/16 H usw. Der Läufer startet also gar nicht.

2. Achilles und die Schildkröte. Aristoteles stellt (*Physik* 239b) das Paradox folgendermaßen dar:

> „Das zweite [Argument] ist unter dem Namen „Achill" bekannt. Es lautet: Das Langsamste wird in seinem Lauf niemals vom Schnellsten eingeholt werden. Denn es ist notwendig, dass das Verfolgende vorher dort ankommt, wo das Fliehende eben weggegangen ist, sodass notwendig das Langsamste immer wieder einen gewissen Vorsprung hat."

Die Arithmetik des Arguments gilt unabhängig davon, welchen Vorsprung Achilles der Schildkröte einräumt; am einfachsten ist die Darstellung, wenn wir davon ausgehen, dass Achilles (offenkundig der sehr viel Schnellere) der Schildkröte (die offensichtlich sehr viel langsamer ist) großzügigerweise die Hälfte der zu laufenden Strecke als Vorsprung einräumt. Die Situation ist also folgende:

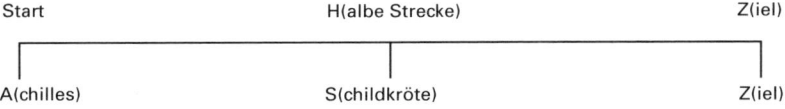

Nehmen wir nun, um eine einigermaßen realistische Darstellung zu erreichen, des Weiteren an, dass es sich um eine außerordentlich athletische Schildkröte handelt, die, wie schnell Achilles auch immer laufen mag, es schafft, in Bewegung zu bleiben und eine Strecke zu laufen, statt nur still dazustehen und auf das Universum zwischen ihren Füßen zu starren, wie es Schildkröten häufig tun. Nun läuft A los und ist nach einer gewissen Zeit dort, wo S gestartet ist (nennen wir den Punkt S1). Aber wenn A S1 erreicht hat, ist die Schildkröte schon bei S2 angelangt, also etwas weiter gekommen. Im Diagramm sieht das so aus:

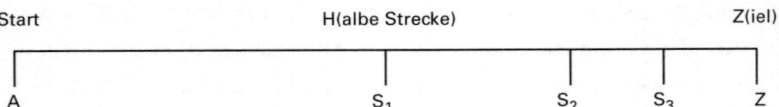

Wenn A bei S2 angekommen ist, hat sich die Schildkröte wieder etwas weiter bewegt, nach S3. Ist A dort angekommen, ist die Schildkröte noch ein kleines Stück weiter usf. In jedem Zeitintervall muss A erst einmal dorthin gelangen, wo S bereits war, während S ein bisschen weitergekommen ist, wie geringfügig die Strecke auch sein mag. A kann also S nicht einholen.

Anhand einer anderen Version des Achilles-Paradoxons wird deutlich, dass das logisch-mathematische Problem das Gegenstück zum Halbierungs-Paradoxon ist. Nimmt man die Schildkröte aus der Laufbahn und stellt man Achilles einfach vor die Aufgabe, vom Start zum Ziel zu gelangen, so muss er, will er nach Z kommen, zuerst zu dem Punkt gelangen, der die halbe Strecke markiert, vorher aber zu dem Punkt, der die Hälfte der halben Strecke markiert, usw. ad infinitum, wie oben dargestellt. Das Ziel erreicht er nie.

Kurz gefasst, besagt das Halbierungs-Paradox, dass der Läufer nicht starten kann, und das Schildkröten-Paradox, dass Achilles nicht ans Ziel gelangt. Entweder also ist Bewegung eine Illusion oder unsere Beschreibung von Bewegung ist falsch.

3. Der Pfeil. Hier argumentiert Zenon wie folgt: Zum jetzigen Zeitpunkt nimmt ein in Bewegung befindlicher Körper, sagen wir, ein Pfeil, einen bestimmten, seiner Größe entsprechenden Raum ein und ist daher in Ruhe – er ist, wo er *jetzt* gerade ist. Aber da sich der Pfeil in jedem Augenblick seiner scheinbaren Bewegung in einem „Jetzt" befindet und daher einen seiner Größe entsprechenden Raum einnimmt, ist er in Wirklichkeit immer im Zustand der Ruhe.

Aristoteles (*Physik* 239a–b) sieht das anders: „[...] die Zeit besteht nicht aus unteilbaren ‚Jetzten', wie auch sonst nichts Ausgedehntes [aus solchen atomaren Teilen besteht]." Ebenso kurz fertigt er das Schildkröten-Paradox ab:

„Die Feststellung, was einen Vorsprung habe, werde nicht eingeholt, ist falsch. Solange es einen Vorsprung hat, wird es gewiss nicht eingeholt; es wird aber dessen ungeachtet eingeholt, sobald man zugesteht, dass [Verfolger und Verfolgte] eine endliche Strecke bis zum Ende durchlaufen."

Die Mathematiker, die sich mit konvergenten Reihen beschäftigen, werden mit den Clarkes und Aristoteles dieser Welt darin übereinstimmen, dass die Paradoxa nicht das darstellen, was geschieht („was zu geschehen scheint", würde Zenon sagen). Es bleibt das Problem, dass in der von Zenon gegebenen Beschreibung Achilles nicht starten, den Lauf nicht beenden und schon gar nicht das Ziel erreichen kann, so wie Aristoteles es gerne hätte.

Und im Hinblick auf das Pfeil-Paradoxon stellt sich just die Frage, ob die Zeit aus einer Reihe von „Jetzten" besteht. Wenn aber nicht, was ist sie dann? Das Problem liegt nicht im Geschehen selbst, sondern in der Beschreibung dessen, was geschieht (wiederum Zenon: „was zu geschehen scheint"). Und diese Beschreibung impliziert beunruhigender Weise, dass Parmenides doch Recht hat – in Wirklichkeit gibt es keine Bewegung.

Noch ein letzter Punkt ist zu bedenken. Ich beziehe mich dabei auf die Version, in der Achilles nicht ans Ziel gelangt. Der Kern dieses Paradoxons lässt sich wie folgt formulieren: *entweder* ist die winzige Distanz, die zwischen dem Läufer und dem Ziel übrig zu bleiben scheint, eine wirkliche Distanz, *oder* es ist keine wirkliche Distanz.

Ist es eine wirkliche Distanz, dann kann sie auch wirklich halbiert werden, und das Problem, warum der Läufer das Ziel nicht erreicht, bleibt bestehen. Ist es keine wirkliche Distanz, gibt es zwei Alternativen. Zum einen: Warum ist es keine wirkliche Distanz, wenn die winzige Distanz davor wirklich war und halbiert werden konnte? Zum zweiten: Wenn wir bei der Halbierung von wirklichen Distanzen irgendwann zu einer Distanz gelangen, die nicht wirklich ist, wie kann dann die wirkliche Distanz aus der Summe aller nicht-wirklichen Distanzen bestehen?

5. Athen: Sokrates, Platon und die Welt der Ideen

Die Blütezeit von Athen als politischer und kultureller Macht liegt zwischen der Schlacht von Plataiai 479 v. Chr., als die Perser, die das griechische Festland bedrohten, zurückgeschlagen werden konnten, und der Niederlage Athens gegen Sparta 404 v. Chr., am Ende des langen Peloponnesischen Kriegs, der 431 v. Chr. begonnen hatte. Es ist die Ära des Perikles; in dieser Zeit wird der Parthenon gebaut, werden die Dramen und Komödien von Sophokles, Euripides und Aristophanes aufgeführt und nimmt, am Ende dieser Epoche, mit Anaxagoras, Protagoras und den Sophisten die athenische Philosophie ihren Anfang, die ihren ersten Höhepunkt mit Sokrates (469–399 v. Chr.) erlebt. Ihr wahrer Triumphzug, der Athen für die nächsten eintausend Jahre zum Zentrum philosophischen Denkens macht, beginnt allerdings erst nach der Niederlage von 404.

Zu dieser Zeit war Platon (427–347 v. Chr.) ein junger athenischer Aristokrat, der wegen einer Erkrankung den gegen Sokrates angestrengten Prozess und die Verurteilung zum Tode (399 v. Chr.) nicht miterlebte. Die Entstehung seines umfangreichen philosophischen Werks fällt in die Zeit, als sich Athen langsam und mühevoll von der Niederlage gegen Sparta erholt.

Aristoteles wiederum, der wohl bedeutendste Philosoph der Antike überhaupt, wurde erst 384 v. Chr. in Stageira geboren und kam nach Athen, um in Platons Akademie zu lernen. 335 v. Chr. kehrte er nach Athen zurück, um seine eigene Schule zu gründen, in der er bis 323 v. Chr. lehrte. Zu dieser Zeit zerstörte sein ehemaliger Schüler,

Alexander der Große, das Perserreich und damit den bedrohlichsten Feind der Griechen.

Sokrates: Die Sophisten und ihre Methoden

Trotz ihrer Rätselhaftigkeit fanden die Lehren der Eleaten zwischen 450 und 400 v. Chr. in der griechischen Welt weite Verbreitung. Auf Kritik stießen sie bei den Sophisten, aber auch bei jenen Naturforschern – insbesondere Demokrit im weit entfernten Abdera –, die die milesischen Ideen weiterentwickelten. Diese Reaktionen waren der Keim so unterschiedlicher Denkformen wie Skeptizismus, Humanismus, Mystizismus und Atomismus.

Die skeptische Reaktion fand ihren reinsten Ausdruck in Protagoras von Abdera, der die Überzeugung vertrat, Parmenides lasse sich nicht widerlegen. Wir könnten nicht zwischen unterschiedlichen Naturauffassungen gemäß dem Wahrheitsprinzip entscheiden, zum einen, weil uns dafür klare Beweise fehlten, zum anderen, weil wir, selbst wenn es sie gäbe, nichts davon wüssten; überdies würde alles von den Argumenten der Eleaten unterminiert. Wenn wir aber nichts Genaues wissen können, müssen wir uns, so Protagoras, auf die Sinneswahrnehmung verlassen. Dann können wir die von Parmenides aufgedeckten metaphysischen Fallgruben umgehen und weiterleben, so gut wir es vermögen.

Die eleatische Metaphysik rief also einen Skeptizismus hervor, der die Möglichkeit philosophischer Schlüsse und sicheren Wissens überhaupt in Zweifel zog. Zugleich rückten lebensweltliche Fragen in den Mittelpunkt der Betrachtung – Politik, Ethik, also das Zusammenleben in der Gesellschaft. Das waren die Themen der bezahlten „Weisheitsmanager", der Sophisten. Man könnte sagen, sie gaben sich als Trainer und Berater in Sachen Weltläufigkeit.

Es scheint, dass moralische Fragen nicht auf der Agenda der frühen milesischen Naturphilosophen standen. Sie spekulierten über die Beschaffenheit des Universums, nicht über Wohl und Wehe des Menschen in der Welt. Nach den Sophisten gab es unter denen, die sich als

Philosophen bezeichneten, freilich niemanden mehr, der solchen Fragen gegenüber eine gleichgültige Haltung eingenommen hätte. Sogar der größte unter den vorsokratischen Naturforschern, Demokrit, entwickelte das Atomkonzept parallel zu ethischen Ratschlägen und Aphorismen, deren Leitmotiv eine vage utilitaristische Auffassung der menschlichen Gesellschaft war. Aristoteles wiederum ist Naturwissenschaftler, Metaphysiker *und* Ethiker. Nach Aristoteles entwickelten die Epikureer und die Stoiker differenzierte Darstellungen der Natur. Sie sahen sie in Korrespondenz mit der menschlichen Lebensform. Ja, sie gingen noch weiter: sie glaubten an eine Harmonie mit dem natürlichen Universum und an die Möglichkeit, sich in diesem Universum mit Erfolg zu behaupten.

Auftraggeber der Sophisten waren vor allem jene, die Erfolg haben und in einer demokratischen *polis* wie Athen politisch vorankommen wollten. In der Praxis hieß das, man musste eine große Versammlung durch öffentliche Rede beeinflussen können. So waren die Sophisten vor allem versierte Lehrer der Redekunst und dessen, was damit zusammenhängt: Rhetorik, die Widerlegung gegnerischer Argumente (was häufig dazu führte, dass die Macht des gesprochenen Worts mit rationalem Argumentieren verwechselt wurde), Konzentration auf das zur Diskussion stehende Thema, schließlich Sprache, Grammatik und Logik. Die Sophisten hinterfragten aber auch die etablierte Religion und andere Traditionen wie etwa soziale und politische Konventionen, was im perikleischen Athen noch gefahrlos möglich war, nicht mehr jedoch in den dunkleren und verzweifelten Zeiten des Peloponnesischen Kriegs und danach.

In allen Kriegen, auch in unseren ideologischen Kämpfen gegen Rassismus, Sexismus und dergleichen, unterliegt die Freiheit der Rede bestimmten Beschränkungen. In Athen wurde Sokrates ihr bedeutendstes Opfer. Manche sahen in ihm ein Ärgernis, eine „Stechfliege", aber sein bohrendes Fragen ging viel tiefer als das seiner Vorgänger oder Zeitgenossen.

Sokrates schrieb nichts, aber er taucht in vielen Schriften anderer Athener auf. In Aristophanes' Komödie *Die Wolken* (423 v. Chr.)

wird über ihn als Vertreter absurd-überschlauer Argumente gelästert. (Dennoch sind sich Aristophanes und Sokrates in Platons *Symposion* durchaus wohlgesonnen.) Xenophon hat ihm gleich mehrere Denkmäler gesetzt – in den *Erinnerungen* ebenso wie im *Symposion* und in der *Apologie*. Letztere ist eine Version von Sokrates' Verteidigung vor dem Gericht. In fast allen frühen und den meisten mittleren Dialogen Platons spielt Sokrates die Hauptrolle, während er in den späten Werken – insbesondere im letzten und längsten, den *Gesetzen* – kaum noch erwähnt wird.

Platon macht es nahezu unmöglich, den tatsächlichen Sokrates von jener Persönlichkeit zu unterscheiden, die Platon konstruiert, um ihr seine Argumente in den Mund zu legen. Aber wir können in Platons Dialogen und, allerdings weniger deutlich, bei Xenophon eine Technik des philosophischen Fragens erkennen, die als „sokratische Methode" bekannt geworden ist und seitdem vielfache Anwendung gefunden hat.

Diese Methode zielt darauf ab, in vordergründig einfachen Fragen zu hinterfragen, was wir zu wissen glauben oder was etwas ist. Sokrates möchte dem Gesprächspartner eine Definition entlocken, er soll bestimmen, was z. B. Liebe ist oder Gerechtigkeit oder Wissen oder Fairness oder Frömmigkeit oder Schönheit. Die Diskussion kann mit einer Definition für den Hausgebrauch beginnen: „Gerechtigkeit ist das, was ich gerade ausübe", oder „Fairness ist das, was wir unserer Gesetzgebung immer zugrunde gelegt haben". Oder die Diskussion beginnt mit einem tatsächlichen Definitionsversuch: „Wissen ist Wahrnehmung." Am Ende gibt es keine Gewissheit, aber ein klareres Verständnis der Probleme und die Einsicht, dass all jene Dinge, die wir im Leben, in der Gesellschaft oder in der Sprache unreflektiert für gewiss halten, eben dies höchst selten sind. In Platons Dialog *Theätet* steht die berühmte Passage, in der sich Sokrates mit einer Hebamme vergleicht: Er gebiert selbst keine Wahrheit, verhilft jedoch anderen dazu:

„Der wichtigste Teil aber meiner Kunst ist die Fähigkeit, auf jede Weise zu prüfen, ob der Geist des Jünglings eine Schein- und Lügengeburt zutage bringt, oder etwas Echtes und Wahres." (150c)

Das ist die „Kunst", die in den dunklen Tagen der athenischen Niederlage dazu führte, dass Sokrates verhaftet wurde. Die gegen ihn erhobenen Anschuldigungen waren von politischen Führern unter spartanischem Einfluss frei erfunden worden. Weil er politisch unliebsam war, wurde er am Ende zum Tode verurteilt. Den Schierlingsbecher trank er aus Gehorsam den Gesetzen gegenüber, als loyaler Bürger der athenischen *polis*.

Sokrates: Das Ideal der Rechtschaffenheit

In vier Dialogen Platons geht es um die letzten Tage des Sokrates. In *Eutyphron* wartet Sokrates nach der Anklage wegen Asebie (Unfrömmigkeit) auf den Prozess. Im Dialog wird nach dem Wesen der „Frömmigkeit" (verstanden als schuldiger Respekt gegenüber den Göttern, also etwas anderes als die heutige Bedeutung) gefragt. Im Verlauf der Diskussion wird eine für Moral und Religion höchst grundlegende Frage gestellt: Ist das Gute das, was die Götter lieben (die dann also bestimmten, was gut ist) oder lieben alle Götter das Gute (das sie mithin als das von ihnen unabhängig Gute anerkennen)? Die Argumentation scheint auf die zweite Antwort hinzusteuern, aber Eutyphron muss schließlich ganz plötzlich aufbrechen, ohne dass das Problem, wie das Wesen der Frömmigkeit beschaffen sei, gelöst wurde. So sieht Sokrates einer Anklage ins Auge, die ihn einer nicht näher definierten Übertretung beschuldigt.

In der *Apologie* präsentiert uns Platon die Verteidigungsrede des Sokrates. Es darf wohl als sicher gelten, dass die Ankläger ihn aus dem Weg haben, nicht aber seinen Tod wollten. Sokrates jedoch machte sich über die Anklage lustig, und als er mit 280 gegen 220 Stimmen (die athenischen Jurys waren umfangreich!) verurteilt wurde, meinte er, man solle ihm als „Wohltäter der Stadt" das Privileg einräumen, im Prytaneion (Rathaus) gespeist zu werden. Die letzten Sätze der *Apologie* lauten: „Aber nun ist es Zeit, dass wir gehen, ich um zu sterben, ihr um weiter zu leben. Wer von uns beiden dem besseren Lose entgegengeht, das ist allen verborgen, nur der Gottheit nicht."

Im *Kriton* wartet Sokrates im Gefängnis auf die Hinrichtung. Kriton, ein alter Freund, besucht ihn. Er hat einen Fluchtplan ausgeheckt. (Es ist durchaus wahrscheinlich, dass die Behörden von Athen die Flucht wünschten, um späteren Anwürfen zu entgehen.) Aber Sokrates lehnt ab. Mit dem Staat, der seine Bürger ernährt und schützt, gibt es eine implizite Übereinkunft, dass seinen Gesetzen und Urteilen auch dann zu gehorchen ist, wenn sie am Ende schaden. Wichtig nämlich ist es, dass man nicht nur lebt, sondern dass man ehrenhaft lebt.

Möglicherweise hat Platon die drei Dialoge kurz nach Sokrates' Tod verfasst. Insbesondere die *Apologie* scheint den historischen Tatsachen zu entsprechen. Viele Menschen waren beim Prozess zugegen, und zumindest einige von ihnen dürften Platons Darstellung gelesen und, falls sie sie für falsch befanden, Einwände erhoben haben. Aber der Dialog *Phaidon*, der sich mit Sokrates' Hinrichtung befasst, ist erst zwanzig bis dreißig Jahre nach diesem Ereignis geschrieben worden. In diesem Sinne steht der *Phaidon* zum Tod des Sokrates im nämlichen Verhältnis wie die frühen Evangelien zum Tod Jesu. Platon selbst war kein Augenzeuge jener Ereignisse, aber er kannte Augenzeugen, die davon berichtet haben dürften.

Abgesehen von der Schilderung der Hinrichtung – Sokrates genoss das Privileg, den Schierlingsbecher freiwillig zu trinken –, ist der Dialog eine beeindruckende Darlegung einer Dichotomie. Es gibt diese Welt hier, und es gibt die jenseitige Welt der Ideen – die Welt des vollkommenen Wissens um das Gute, in die Sokrates einzugehen hofft. Seine letzten Worte in dieser Welt lauten: „Mein Kriton, wir müssen dem Asklepios einen Hahn opfern. Spendet ihn und verabsäumt es nicht." Damit bekundet er seine Frömmigkeit: Der Gott muss bekommen, was ihm gebührt. Als ehrenhafter Mann erfüllt Sokrates eine Verpflichtung, die ihm zum Guten gereichen soll: Asklepios, der Gott der Heilkunst, wird ihn von der Krankheit des Lebens heilen.

Sokrates' Gedanken über den Tod und seine Erwartungen an das Leben danach werden in *Phaidon* in aller Klarheit dargelegt, aber es gibt eine entsprechende Passage in der *Apologie*, die hier in ganzer Länge wiedergegeben sei. Sokrates zeigt zwei Alternativen auf:

„Eines von zweien nämlich ist das Totsein: entweder ist es eine Art Nichtsein, sodass der Tote keinerlei Empfindung hat von irgend etwas, oder es ist, wie der Volksmund sagt, eine Art Verpflanzung und Übersiedlung der Seele von hier nach einem anderen Ort. Im ersten Falle nun, wo von Empfindung nicht mehr die Rede ist, sondern von einer Art Schlaf, der so tief ist, dass dem Schlafenden nicht einmal irgendein Traumbild erscheint, wäre der Tod ein wunderbarer Gewinn. Denn ich glaube, wenn einer eine solche Nacht, die ihm einen völlig traumlosen Schlaf gebracht hat, auswählte und ihr die übrigen Nächte und Tage seines Lebens gegenüberstellen müsste, um zu entscheiden, wie viele Tage und Nächte er glücklicher verbracht habe als diese Nacht – ich glaube, dann wird nicht etwa bloß ein Mann gewöhnlichen Schlages sondern der Großkönig in eigener Person finden, dass diese sich sehr leicht zählen lassen im Vergleich zu den anderen Tagen und Nächten. [...] Ist aber der Tod gleichsam eine Auswanderung von hier nach einem anderen Ort [...], was gäbe es dann, ihr Richter, für ein größeres Glück als dieses?" (40c–e)

Im *Kriton* trifft das Gute mit dem Weisen und Ausgezeichneten zusammen. Im *Phaidon* geht es um die letzten Wirklichkeiten, die jenseits des schattenhaften und unvollkommenen Wissens dieser Welt liegen. Sokrates ist die erste und berühmteste Gestalt der Philosophie, in der sich unbedingte Aufrichtigkeit und eine Vernunft, die sich ihre Wege von niemandem diktieren lässt, aufopferungsbereit vereinen. Besseres ist bislang noch nicht aufgeboten worden.

Platon

Die Vorsokratiker sind uns nur durch Fragmente bekannt, die als Zitate in den Werken anderer Autoren überlebt haben. Sokrates ist uns gut bekannt, aber nur durch die Schriften seiner Zeitgenossen. Mit Platon haben wir plötzlich alles – alles, was er schrieb, und noch mehr, in Gestalt zweifelhafter Werke, dazu. Das Resultat ist ein höchst umfangreiches Opus, das sich jeder Zusammenfassung entzieht und an

dessen Studium man das Leben setzen kann. Ich greife hier nur zwei
Themen heraus, die für Platons Denken von großer Bedeutung sind.
Es geht um die Frage: „Was ist Wissen?" Eine der Antworten lautet:
Wissen bezieht sich auf die Ideen, die als Wirklichkeiten in einer anderen Welt existieren. Diese Welt ist dem Geist zugänglich, aber vielleicht in vollem Umfang erst, nachdem die Seele (die „geistige" Seele)
durch den Tod vom Körper befreit wird.

Was ist Wissen (*episteme*)? Auf diese Frage gibt Platon zwei Antworten. Die eine bezieht sich auf die Theorie der Ideen. Sie beherrscht
den *Staat*, *Phaidon* und andere Dialoge, die etwa zwanzig Jahre nach
Sokrates' Tod (399 v. Chr.) geschrieben wurden. Ich nenne sie die
„Zwei-Welten-Antwort". Die andere findet sich im Dialog *Theätet*,
der nach 369 v. Chr. verfasst wurde. Er ist die allererste philosophische Abhandlung über das Thema, das wir heute „Epistemologie"
oder „Erkenntnistheorie" nennen, und sie gehört immer noch zum
Besten, was darüber gesagt wurde. Die Theorie der Ideen wird dort
nicht erwähnt; ob Platon sie aufgegeben hatte (sein Schüler Aristoteles
hatte in der *Metaphysik* gravierende Einwände erhoben) oder ob er eine sprachtheoretische Fassung anstrebte, ist äußerst umstritten und
nicht zu entscheiden. Ich nenne die im *Theätet* vorgetragene Version
die „analytische Antwort".

Die analytische Antwort will nicht endgültig und umfassend
sein, sondern ist vielmehr Untersuchung und Widerlegung einer Reihe
von plausiblen Vorschlägen. Ergebnis ist, typisch sokratisch, ein besseres Verständnis der Probleme. Unsere Skizze muss all die wunderbar
einfallsreichen Metaphern, Beispiele und Argumente Platons beiseitelassen und auf den Kern kommen. Es geht um die Widerlegung zweier
Antworten auf die Frage, was Wissen sei und um die partielle Widerlegung einer dritten.

Zunächst aber verdeutlicht Platon, dass die entscheidende Frage
nicht lautet: „Was wissen wir?" sondern: „Was heißt es, etwas zu wissen?" oder „Was ist Wissen?". Es reicht also nicht aus, lediglich Beispiele für das, was wir wissen können, zu nennen; es bedarf einer allgemeinen Antwort.

Der erste Vorschlag lautet, Wissen sei Wahrnehmung. Aber mathematisches Wissen ist keine Wahrnehmung, auch wenn es ursprünglich durch Sehen oder Tasten in Gang gesetzt worden sein mag. Sicher werden die meisten Dinge durch Sinneswahrnehmung entdeckt. So kann ich z. B. durch Sehen oder Hören herausfinden, dass es heute Abend um 20 Uhr ein Konzert in der Stadthalle gibt. Speichern muss ich es jedoch im Gedächtnis. Die Wahrnehmung selbst ist noch kein Wissen. Sie ist die Quelle, nicht der Fluss selbst.

Der zweite Vorschlag besagt, Wissen sei wahre oder richtige Meinung. Anders gesagt: Wissen heißt, das Richtige zu glauben oder meinen. Im *Theätet* wird viel darüber diskutiert, was falsche Meinung oder falsches Urteil ist, aber die Argumentation läuft darauf hinaus, dass wahre Meinung und Wissen zwei verschiedene Paar Schuhe sind. Ein Redner oder Prediger kann mich davon überzeugen, an etwas zu glauben, was zudem auch noch wahr ist, aber meine Behauptung, ich wüsste das, wovon er mich überzeugt hat, lässt sich nicht rechtfertigen. Sicherlich ist es besser, eine richtige Meinung zu haben als eine falsche, aber eine falsche Meinung ist immer noch eine Meinung. Falsches Wissen dagegen wäre überhaupt kein Wissen.

Der dritte Vorschlag, den Theätet macht, ist eine Ergänzung des zweiten: Wissen ist wahre Meinung, verbunden mit einem *logos*. Wie schon gesagt, ist *logos* ein vieldeutiges Wort. Platon selbst klammert einige Bedeutungen aus, und die Übersetzungen variieren, aber für den *Theätet* wird [im Deutschen] *logos* zumeist mit „Erklärung" wiedergegeben. Der dritte Vorschlag lautet also: Wissen ist wahre Meinung, verbunden mit einer Erklärung.

Der Dialog endet damit, dass Platon – in der Figur des Sokrates – den Versuch unternimmt, zwischen Wörtern, Sätzen und Bedeutungen zu unterscheiden – ein Versuch, der bis dato noch nicht unternommen worden war. Er endet, kurz gesagt, mit der Frage, was eine Aussage ist. (Wie schwierig das war, kann man sich vielleicht vorstellen, wenn man bedenkt, dass das Altgriechische als fortlaufende Folge von Buchstaben ohne Absätze oder Zeichensetzung geschrieben wurde.) Am Ende behauptet Sokrates nicht mehr, als dass er ein paar „Windgeburten" (so nennt er es) zur Welt geholfen habe, um etwas Licht in die Sache zu bringen.

Wie der Leser bemerkt haben dürfte, verlangt Platons analytische Antwort auf die Frage, was Wissen sei, genaue Aufmerksamkeit und die Fähigkeit zur Differenzierung. Die „Zwei-Welten-Antwort" wird mit Begründungen und rhetorisch aufgemotzten Argumenten versehen, aber intuitiv wird sie uns durch die bekannteste Metapher der philosophischen Literatur überhaupt verdeutlicht, nämlich durch das Höhlengleichnis, mit dem das Siebte Buch des *Staates* (der *Politeia*) beginnt (die Passage ist leicht gekürzt, enthält aber den Originalton; Sokrates' Gesprächspartner ist Glaukon):

„Nächstdem [sagt Sokrates] mache dir nun an folgendem Gleichnis den Unterschied des Zustandes klar, in dem sich unsere Natur befindet, wenn sie im Besitze der vollen Bildung ist und andererseits wenn sie derselben ermangelt. Stelle dir Menschen vor in einer unterirdischen Wohnstätte mit lang nach aufwärts gestrecktem Eingang, entsprechend der Ausdehnung der Höhle; von Kind auf sind sie in dieser Höhle festgebannt mit Fesseln an Schenkeln und Hals; sie bleiben also immer an der nämlichen Stelle und sehen nur geradeaus vor sich hin, durch die Fesseln gehindert, ihren Kopf herumzubewegen; von oben her aber aus der Ferne von rückwärts leuchtet ihnen ein Feuerschein; zwischen dem Feuer aber und den Gefesselten läuft oben ein Weg hin, längs dessen eine niedrige Mauer errichtet ist [...] Längs dieser Mauer [...] tragen Menschen allerlei Gerätschaften vorbei, die über die Mauer hinausragen und Bildsäulen und andere steinerne und hölzerne Bilder und Menschenwerk verschiedenster Art [...]
– Ein sonderbares Bild [so Glaukon], das du da vorführst, und sonderbare Gestalten!
Nichts weiter als unseresgleichen. Denn können denn ernstlich solche Gefesselten von sich selbst sowohl wie gegenseitig voneinander etwas anderes gesehen haben als die Schatten, die durch die Wirkung des Feuers auf die ihnen gegenüberliegende Wand der Höhle geworfen werden?

– Wie wäre das möglich, wenn sie ihr Leben lang den Kopf unbeweglich halten müssen?
Und ferner: gilt von den vorübergetragenen Gegenständen nicht dasselbe?
– Auch von ihnen haben sie nur Schatten gesehen.
Wenn sie nun miteinander reden könnten, glaubst du nicht, dass sie der Meinung wären, die Benennungen, die sie dabei verwenden, kämen den Dingen zu, die sie unmittelbar vor sich sehen?
– Notwendig.
Ferner: wenn der Kerker auch einen Widerhall von der gegenüberliegenden Wand her ermöglichte, meinst du da, dass, wenn einer der Vorübergehenden gerade etwas sagte, sie dann die gehörten Worte einem anderen zulegen würden, als dem jeweilig vorüberziehenden Schatten?
– Nein, beim Zeus.
Durchweg also würden diese Gefangenen nichts anderes für wahr gelten lassen als die Schatten der künstlichen Gegenstände.
– Notwendig." (514–515)

Das von Sokrates gezeichnete Bild ist deutlich: Wir nehmen nur die Schatten des Wirklichen wahr. Erst durch Denken und Reflexion kommen wir zu dem Schluss, dass die Dinge nichts sind als Bilder, und dass die wahren Vor-Bilder der Dinge, die Ideen, eine andere Existenz haben. Platon (der immer mit der Stimme Sokrates' spricht, sodass die Vorstellung von einer Welt der Ideen möglicherweise von Sokrates herrührt) bemüht wiederholt das Bild von den zwei Welten, bildhaft und begründend. Am eindrucksvollsten ist dabei die Darstellung dessen, wie Allgemeinbegriffe ihre Bedeutung erlangen – eine Darstellung, die implizit seiner Suche nach Definitionen von Liebe, Fairness, Schönheit usw. zugrunde liegt.

Es ist nicht schwer zu verstehen, wie Eigennamen funktionieren. John Gaskin ist der Name des Mannes, dessen Äußerungen Sie jetzt gerade lesen. Der Name „meint" mich. Maria Muster ist der Name der Frau, die gestern aus der Straßenbahn fiel. Aber „Katze" ist (normalerweise) nicht der Name einer bestimmten Katze. Es ist eine Art allgemeiner Name, der auf zahllose Exemplare der Familie *Felidae* bezogen werden kann. Platon aber erklärt die Sache so: „Katze" ist für ihn der Eigenname einer wirklichen Entität – der Idee einer Katze –, und alle in unserer, der Schattenwelt, beheimateten tatsächlichen Katzen können „Katze" genannt werden, weil sie der Idee der Katze auf irgendeine Weise gleichen. Aber die Idee – und damit verlassen wir unsere Schattenwelt – gehört einer anderen Welt an: der Welt der wirklich existierenden Entitäten. Gut, manche Leute empfinden für Katzen kein gesteigertes geistiges Interesse. Diese Tiere können nicht bis fünf zählen, und ihre moralische Sensibilität ist sehr begrenzt. So sind es also mathematische Begriffe und moralische oder ästhetische Abstraktionen wie Schönheit, das Gute oder Gerechtigkeit, die sich für Platons Theorie der Ideen am besten eignen.

Nehmen wir ein Beispiel aus der Geometrie: Eine Linie ist definiert als ein Gegenstand, der Länge, aber keine Breite hat. Ein solches Ding kann man nicht zeichnen, nein, nicht einmal sehen. In diesem Fall ist das verschwommene Zeichen auf dem Papier sichtlich nur ein Schatten des definierten Gegenstands. In der Politik und im gesellschaftlichen Leben nennen wir manche Erscheinungen allzu oft „fair" oder „unfair". Aber die so bezeichneten Dinge sind vielgestaltig, bisweilen höchst unterschiedlich. Platon würde sagen, dass wir die beste Definition für Fairness finden müssen, und das gibt uns eine Beschreibung oder Vorstellung von der Idee der Fairness, die in der Ideenwelt existiert. Durch ihre Ähnlichkeit mit der Idee der Fairness können alle Dinge, die wir in dieser Welt „fair" nennen, mit Recht so bezeichnet werden.

Wenn wir also die Ideen der Dinge und ganz besonders die Idee des Guten kennen, dann verfügen wir über Wissen; und Platon (vielleicht auch Sokrates) hofft und erwartet, dass jene andere Welt, die Welt der Ideen, uns direkt zugänglich wird, wenn unsere Seele den Tod überlebt und die vollkommenen, wirklichen Dinge selbst erblickt.

Platons Zwei-Welten-Lehre war von immensem Einfluss. Sie ist der Kern jener Metaphysik, die der christlichen und islamischen

Auffassung von Gott und dem Leben nach dem Tod Rationalität verleiht, und noch wir setzen sie in vielem, was wir sagen und denken,
voraus. Sie wurde von Aristoteles einer vernichtenden Kritik unterzo-
gen und ist auch den Lehren der Epikureer und Stoiker, die von einer
einzigen Welt ausgehen, ganz entgegengesetzt. Ebenso ist der modernen Wissenschaft diese Theorie fremd. Aber sie währt fort.

6. Aristoteles und die diesseitige Welt: Natur, Leben, Ethik

„Sie haben Werke hinterlassen, die ganz durchzulesen niemand erträgt." Dieser Stoßseufzer des Dionysios von Halikarnassos (ca. 30 v. Chr. – 8 n. Chr.) galt zwar nicht Aristoteles, aber in den Augen ganzer Generationen von Schülern und Studenten könnte damit durchaus der Mann aus Stageira gemeint sein. Umfang und Tiefenschärfe seiner theoretischen und praktischen Bildung als Wissenschaftler wie als Philosoph sind ohne Beispiel. Er ist schlicht einer der klügsten Menschen, die je gelebt haben, und sein Denken ist so komplex und vielgestaltig, dass es sich kaum darstellen lässt, ohne dass die Leser glasige Augen bekommen und nach leichterer Lesekost verlangen. Ich kenne kein Buch über Aristoteles, das seiner Philosophie gerecht wird und zugleich leicht zu lesen ist. Dessen ungeachtet bleibt er für mich der bedeutendste Philosoph der Antike.

Leben und Werk

Aristoteles' frühe, noch unter dem Einfluss Platons verfasste Werke sind sämtlich verloren, ebenso alle, die er für die Veröffentlichung vorbereitet hatte (also die vermutlich leichter zu lesenden Sachen). Überliefert sind Vorlesungsnotizen, die von ihm selbst oder seinen Schülern stammen, Berichte über Reisen und das Sezieren von Tieren, dicht argumentierende Abhandlungen und kurze Aufsätze über Forschungen und Untersuchungen zu bestimmten Themen – insgesamt ergibt das in der Übersetzung zehn bis zwölf umfangreiche Bände.

Aristoteles war der erste systematisch forschende Meeresbiologe, und mehr als zweitausend Jahre lang der beste. Ihm verdanken wir die Logik, und er war in den meisten Fällen der Erste, der den Bereich des Wissbaren aufgliederte und grundlegende Werke über Ethik, Politik, Ästhetik, Physik, Metaphysik (oder „Erste Philosophie", wie er sie nannte), Kosmologie, Meteorologie, Rhetorik, Zoologie, Philosophie des Geistes und über die verzwickte Frage „Was ist Leben?" verfasste. Nicht überraschend, dass Platon einmal, als sein bester Schüler ihn besuchte, bemerkte: „Hier naht sich der Geist in Person."

Aristoteles wurde 384 v. Chr. in der Kleinstadt Stageira auf der Halbinsel Chalkidike geboren. Sein Vater war der Leibarzt des Großvaters von Alexander dem Großen, eine Verbindung von erheblicher Tragweite. Im Alter von 17 Jahren ging Aristoteles nach Athen, um sich dort der von Platon gegründeten „Akademie" anzuschließen. Nach Platons Tod 347 v. Chr. verließ Aristoteles Athen und lebte in Assos, danach in Mytilene auf der nahegelegenen Insel Lesbos. Dort gab es zwei stark von Tieren und Pflanzen besiedelte Lagunen, wo er, zusammen mit dem ebenfalls bedeutenden Philosophen und Wissenschaftler Theophrastos (der ein paar Jahre jünger war) biologische Forschungen durchführte.

343 v. Chr. rief Philipp II. von Makedonien Aristoteles an seinen Hof in der Hauptstadt Pella (nordwestlich von Thessaloniki), damit er dort den 13 Jahre alten Alexander unterrichtete. 340 v. Chr. wurde Alexander König, und Aristoteles konnte nach Athen zurückkehren. Dort eröffnete er um 335 v. Chr. seine eigene Schule, das „Lykeion" (oder Lyceum). War Platons Akademie zu Lebzeiten ihres Gründers bestenfalls eine Art Klub, in dem gebildete Herren miteinander diskutieren und junge Männer lernen konnten, so war das Lykeion ein Forschungsinstitut, das auf höchst anspruchsvolle Weise empirische Wissenschaft und theoretische Analyse betrieb. Die Vorlesungen standen jedem offen. Biologische Proben wurden gesammelt und Bücher angeschafft.

Nachdem Alexander, erst Schüler, dann Schutzpatron des Philosophen, die bekannte Welt von der Donau bis zum Indus erobert hatte, starb er im Jahr 323 v. Chr. Daraufhin kam es in Athen zu anti-makedonischen Gefühlsausbrüchen, sodass Aristoteles es für geraten hielt, mit seiner Familie die Stadt zu verlassen, damit die Athener, wie er sagte, sich nicht „zweimal gegen die Philosophie versündigen". Ein Jahr später starb er.

Der geschwätzige Diogenes Laertios informiert uns über Aristoteles' Testament – er war fair gegenüber seiner Familie und seinen Sklaven – und überliefert einen Werkkatalog, außerdem einige griffige Zitate wie etwa: „Auf die Frage, was man vom Lügen habe, antwortete er [Aristoteles]: ‚Dass einem auch dann nicht geglaubt wird, wenn man die Wahrheit spricht.'"

Biologie

Den Hauptteil seiner Arbeit auf dem Feld der Biologie leistete Aristoteles in Assos und auf Lesbos. Es ist solide Forschungsarbeit – das Sammeln, Beschreiben und Sezieren von Arten mit nachfolgender Klassifikation. Er identifizierte 495 Arten. Die Beschreibungen sind genau und erhellend, das Sezieren wurde sorgfältig und gründlich vorgenommen. In seinen Texten zur Biologie kommt er auch auf den menschlichen Körper zu sprechen, der für ihn nicht mehr ist als ein besonders interessantes Tier, denn dieser Körper weist beträchtliche Ähnlichkeiten mit anderen Lebewesen auf. Er meint: „Wir sollten die Untersuchung aller Arten von Tieren ohne Bedenken vornehmen, denn jedes Mal werden wir etwas Natürliches und etwas Schönes entdecken." (*Über die Teile der Tiere*, 645a.) Seine *Geschichte der Tiere* (das griechische Wort für Geschichte, *historia*, bedeutet so viel wie Information, erlangt durch Untersuchung) ist eine gewichtige Ansammlung von Daten samt Informationen über Insekten und Fische. Seine anderen biologischen Arbeiten entwickeln Theorien aus der Beobachtung und enthalten Studien über die „Teile der Tiere", ihre Bewegung und Vermehrung.

Es ist nicht Aristoteles' Schuld, dass die nächsten zweitausend Jahre niemand an seinem Ruf zu kratzen wagte und falsche Annahmen und Befunde darum fortgeschrieben wurden. Ein Irrtum, der erst im 20. Jahrhundert korrigiert wurde, bestand in der Annahme, der Aal habe keine Geschlechtsorgane und entstehe durch Spontanzeugung im Schlamm. Dass der europäische Aal seine Geschlechtsorgane auf dem Weg zum Westatlantik ausbildet und den Samen in der Sargassosee verstreut, konnte keine auch noch so genaue Beobachtung in der Ägäis herausfinden. Ein weiterer Irrtum, der sich lange hielt, war Aristoteles' Behauptung, Maden würden sich, begünstigt durch die Fäulnis von Flüssigkeiten, in diesen bilden. Erst 18 Jahrhunderte nach Aristoteles wusste die Wissenschaft es besser.

Aristoteles' wissenschaftliche Neugier ging über Beobachtung und Beschreibung hinaus. Immer wollte er so grundlegend wie möglich erklären, warum die Dinge so sind, wie sie sind. Das führte ihn zu zwei Fragen: Was ist Leben? und: Was darf eigentlich als Erklärung von etwas gelten?

Was darf als Erklärung gelten?

In dem Buch über Logik mit dem Titel *Analytica Posteriora* („Spätere", oder, wie die deutsche Übersetzung lautet „Zweite Analytiken") stellt Aristoteles das dar, was viele seiner Kommentatoren (nicht aber er selbst) als „wissenschaftliche Methode" bezeichnen. Die Analytiken entwickeln eine Struktur, innerhalb derer ein bestimmter Wissenstyp dargestellt werden kann – eine Struktur, deren bestes Beispiel in der Antike Euklids (kurz nach Aristoteles' Tod entstandene) Geometrie ist: ein deduktives System, in dem aus bestimmten Axiomen und Definitionen gemäß logischen Regeln gefolgert werden kann.

Besser lässt sich Aristoteles' Methode anhand seiner Ausführungen in der *Physik* verstehen. Zuerst muss gesichert sein, dass die eigentliche Quelle des Wissens die empirische Beobachtung ist. Denn ohne Wahrnehmung, meint Aristoteles, gibt es weder Lernen noch Begreifen. Aber die Beobachtung muss näher untersucht werden. Wenn wir aufrichtig behaupten, weiß zu sehen, dann sehen wir weiß. Aber wir könnten uns irren, wenn wir behaupten, etwas Weißes zu sehen. Die Sinneswahrnehmung ist so, wie sie ist, aber sie kann falsch interpretiert werden. Bei näherem Hinsehen nehmen wir vielleicht nicht etwas Weißes wahr, sondern hellen Sonnenschein, der von einer glatten schwarzen Oberfläche reflektiert wird. Eine sorgfältig geprüfte Beobachtung ist die Grundlage wissenschaftlicher Erkenntnis. Ist die Beobachtung gesichert, kann sie kategorisiert und in eine allgemeine Theorie eingepasst werden. Wo die Beobachtung als nicht ausreichend eingeschätzt wird, empfiehlt Aristoteles folgende Maßgabe: „Jedoch hat man darüber [es geht um Bienen] nicht ausreichende Beobachtungen, aber sollten diese gemacht werden, so muss man der Beobachtung mehr Glauben schenken, als der Theorie, und dieser mehr, wenn sie zu den gleichen Resultaten führt wie die Erscheinungen." (*Von der Zeugung und Entwicklung der Tiere.* Buch III, 760b) Was also heißt es, etwas zu erklären, wenn wir Tatsachen *und* angemessene Theorien haben?

Die vier „Ursachen"

Aristoteles zufolge lässt sich die Veränderung von Dingen anhand von vier *aitiai* erklären. Das Wort *aitia* wird gewöhnlich mit „Ursache" übersetzt, aber das weckt falsche Erwartungen. Ich würde hier eher von „Erklärungen" sprechen. Aristoteles erläutert sie im Buch II der *Physik*. Es sind die folgenden:

1. **Erklärung durch das Material.** Jedes Ding besteht aus einem bestimmten Material, eine Schale z. B. aus Silber, ein See aus Wasser. Das Wasser wiederum besteht aus Wasserstoff und Sauerstoff usf.

2. **Erklärung durch die Form.** Ein Ding kann es nur geben, wenn es eine bestimmte Form hat; es geht hier um „die *Form* und das *Modell*, d. i. die vernünftige Erklärung des ‚was es wirklich ist', und die Gattungen davon [...] und die Bestimmungsstücke, die in der Erklärung vorkommen, auch" (194b). Die Erklärung durch die Form zielt auf das Muster, die Gestalt oder das Schema, das erfüllt sein muss, damit ein Ding seiner Bezeichnung entspricht. Das Silber muss eine bestimmte Form haben, damit wir es als Krug oder Schale identifizie-

ren. Es ist mehr als nur ein Klumpen aus Metall. Der See muss von einem Ufer umschlossen werden, sonst wäre es letztlich nur eine endlose Wasserfläche.

3. Erklärung durch das Bewirken. Es muss etwas geben, sagt Aristoteles, was den Veränderungsprozess in Gang setzt oder sein Aufhören bewirkt, wenn er vollendet ist. Ein Beispiel wäre die Handlung eines aus eigenem Willen Handelnden, z. B. eines Kunstschmieds, der die Schale aus Silber herstellt (formt), oder der langsame Prozess geologischer Veränderung, durch den der See entstand. Hier kommt Aristoteles dem immer noch etwas unscharfen modernen Begriff der Verursachung am nächsten. Ihm zufolge entsteht etwas oder es wird etwas Neues, von dem Hervorbringenden selbst Verschiedenes hervorgebracht.

4. Erklärung durch den Endzweck. Veränderungen können einen Endzweck haben, ein „Weswegen; z. B. (Ziel) des Spazierengehens (ist) die Gesundheit". Ebenso hat der Silberschmied ein Ziel bei der Verfertigung der Schale. Diese Erklärungsart gefiel den mittalterlichen Theologen überaus gut, denn so konnten sie Gottes Ziele überall in der Schöpfung entdecken. Heute neigen wir mehr dazu, nicht allen Dingen Ziele oder Zwecke zuzuschreiben. Wir tun es bei menschlichen Handlungen und Artefakten, aber hat z. B. ein Meteorit einen Zweck? Wohl kaum. Allerdings ist es in der Biologie immer noch schwierig, diese Redeweise zu vermeiden; so sagen wir etwa: „Der Lachs schwimmt flussaufwärts, um zu laichen", auch wenn dieser, da von eher beschränkter Intelligenz, nicht weiß, was er tut.

Wenn wir also bei einem beliebigen Gegenstand der Untersuchung diese vier Erklärungsweisen (oder drei, falls die vierte nicht gefunden werden kann) bestimmt haben, kennen wir das „Weshalb" des Gegenstands. Aber wenn wir in der Erklärung durch das Bewirken den Prozess immer weiter zurückverfolgen, treffen wir auf ein Problem von wichtiger, aber höchst seltsamer Bedeutung.

Der „Gott" des Aristoteles

Aristoteles musste nicht den Ursprung des Universums erklären, weil er es, genau wie seine Vorläufer und Nachfolger in der Antike, für eine ewige Gegebenheit hielt. Wenn wir aber im Hinblick auf eine bestimmte Bewegung oder Veränderung (beide Begriffe wurden von den griechischen Philosophen häufig als austauschbar aufgefasst) auf die „Erklärung durch Bewirken" zurückgreifen, sehen wir uns bisweilen auf eine vorherige Bewegung oder Veränderung zurückverwiesen. Aristoteles argumentiert nun (und seine Argumentation ist sehr viel komplexer als meine Darstellung hier), dass wir, um eine unendliche Abfolge von Bewegungen oder Veränderungen zu vermeiden, etwas annehmen müssen, das selbst nicht wieder durch ein anderes Etwas bewegt wird. Eine solche Entität nun könnte nur außerhalb des bewegten Universums sein oder sich seiner Art nach von diesem unterscheiden. Wäre es nämlich ein Bestandteil des bewegten Universums, würde es sich bewegen und bewegt werden. Um aber nicht zum bewegten Universum zu gehören, muss ihm der Stoff, die Materie fehlen, denn was sich verändert oder bewegt wird, was wird oder vergeht, besteht aus Materie. Das von Aristoteles am Ende der Abfolge angenommene Ding ist also ewig und unbeweglich, und wir können von ihm behaupten (ohne es zu verstehen), dass ES selbst denkt oder über Wissen verfügt. Diese Entität (auf die sich Aristoteles häufig im Neutrum singularis bezieht) nennt er Gott. ES ist der bewirkende Grund oder die Erklärung dafür, dass das Universum sich bewegt, statt ewig in bewegungsloser Stille zu verharren.

Ein Einwand dürfte unmittelbar auf der Hand liegen: Wenn das aus Raum und Materie (welcher Materie auch immer) bestehende Universum eine ewig existierende unerklärbare Gegebenheit sein kann, warum sollte dann seine Bewegung nicht Bestandteil dieser Gegebenheit sein? Diese These vertraten, bald nach Aristoteles' Tod, die Epikureer, während die christlichen und islamischen Theologen das aristotelische Modell übernahmen und veränderten, um daraus ein Argument für die Existenz Gottes – ihres Gottes – zu schmieden. Aber damit

haben sie sich von Aristoteles ganz entscheidend entfernt. Zum einen
nämlich hat Aristoteles ES niemals benutzt, um den Monotheismus zu
verkünden. Für ihn ist ES das Ende einer geistigen Suche, während derer er all die üblichen Götter, auf die er sich ohne Zögern bezieht, an
ihrem Ort belässt. Und zum anderen wäre ES nicht daran interessiert,
einem Sünder zu vergeben oder für den Märtyrer ein Paradies bereit-
zuhalten. ES mag vielleicht ehrfurchtgebietend sein, aber um das irdische Leben und insbesondere um uns kümmert ES sich nicht. Wie wir
noch sehen werden, ist Leben für Aristoteles einfach ein Bestandteil
der Natur, und wir sind nur ein Teil jenes Teils.

Leben heißt, eine „Seele" haben

Die Frage, was das sei, aufgrund dessen wir begründetermaßen sagen
können, dass etwas lebe, beschäftigt Aristoteles in einem seiner tief-
sinnigsten und bis vor Kurzem am meisten unterschätzten Werke. Es
handelt sich um *De anima*, „Über die Seele" (im Allgemeinen wird der
lateinische Titel benutzt), eine Schrift, die er einige Zeit nach seinem
Aufenthalt auf Lesbos verfasste. Allerdings dürfte die Fragestellung
sich bereits dort angesichts der seltsamen Objekte, die er untersuchte
und beschrieb, gebildet haben. Seine Antwort lautet, verräterisch kurz,
Leben bedeute, eine Seele, eine *psyche*, zu haben, und zwar nicht als
unabhängigen oder ablösbaren Bestandteil des Lebewesens, sondern
als dessen inneres organisierendes und funktionales Prinzip.

An dieser Stelle ist ein warnender Hinweis angebracht: Das griechische Wort *psyche* (lat. *anima*) wird für gewöhnlich mit „Seele"
übersetzt. Aber „Seele" ist mit zweitausend Jahren Christentum behaf-
tet, und diese akkumulierte Bedeutung tendiert dazu, die von Aristoteles gestellte Frage bereits für entschieden zu halten. Für uns – ob wir
nun gläubig sind oder nicht – ist „Seele" jene nicht-körperliche Entität,
die nach dem Tod weiterzuleben vermag und also unabhängig vom
Körper, der sterblichen Hülle, existiert. In manchen griechischen Darstellungen – vor allem bei den Pythagoreern und Platon – hat *psyche*
tatsächlich diese Bedeutung, in anderen – besonders bei Epikur – nicht.

Aristoteles möchte auf die Frage eine klare Antwort finden. Trotz aller Beschädigungen des Textes ist seine Analyse (vor allem in Buch II und III von *De anima*) ein hervorragendes Beispiel für seine Methode, über die Worte hinaus und hinter sie zum Kern der Sache vorzudringen. Kurz gefasst besagt seine Darstellung Folgendes: Grundlegend ist für Aristoteles, dass alles Lebendige eine Seele hat – mithin besitzen Austern, Pilze, Fliegen, Menschen, Bäume, etc. eine Art von Seele besitzen.

Wenn wir nun sagen, dass ein Ding lebt, weil es eine Seele hat, meinen wir dann, dass das Ding und seine Seele zwei unterschiedliche Entitäten sind? Nein. Man sollte nicht fragen, ob Seele und Körper eins sind, denn „wie die Pupille und die Sehkraft zusammen das Auge sind, so sind der Körper und die Seele zusammen das Lebewesen. Dass nun die Seele nicht abtrennbar ist vom Körper [...] ist offensichtlich [...]" (413a). Und diese dem Körper zugehörige Entität namens „Seele" ist die Form und Funktion, die ein Ding besitzen muss, wenn es als lebend bezeichnet werden soll.

Den philosophischen Hintergrund, vor dem Aristoteles argumentiert, habe ich weitgehend unberücksichtigt gelassen, denn es geht mir um das Ergebnis. Aristoteles hat freilich, vielleicht im Gedanken an seinen Lehrer Platon, doch einen Vorbehalt: denn das höchste Seelenvermögen, die geistige Fähigkeit zur Theorie, scheint eine Seele vorauszusetzen, die unabhängig vom Körper existiert.

Was heißt es, eine Seele zu haben?

Alles Lebendige hat also eine Seele, und sie ist die Form und Funktion dessen, das uns zu der Behauptung berechtigt, dieses oder jenes Ding lebe. Worin aber bestehen die Form und die Funktion? Aristoteles meint, dass dazu alle oder zumindest einige der folgenden Vermögen gehören: Überlegung, Wahrnehmung, Bewegung und Ruhe sowie Bewegung, die mit Ernährung, Wachstum oder Schwund verbunden ist. Diese Antwort führt ihn zu einer Analyse der Sinneswahrnehmung, wobei er den Tastsinn für den grundlegendsten aller Sinne hält (die niedrigste Lebensform: selbst Pflanzen reagieren in irgendeiner Weise auf Berührung), und die allgemein-abstrakte philosophische Frage, was Wahrnehmung sei, so beantwortet: Sie ist „das, was fähig ist, die wahrnehmbaren Formen ohne Materie aufzunehmen, wie das Wachs das Zeichen des Ringes ohne das Eisen und das Gold aufnimmt" (424a).

Im Hinblick auf die Frage, ob der Geist ein abtrennbarer Teil der höchst komplexen Seele ist, die die Menschen zum Leben brauchen, ist Aristoteles unsicher. Aber mit einer Bemerkung, die die moderne Philosophie des Geistes vorwegnimmt, tritt er doch noch aus Platons Schatten heraus: „Der sogenannte Geist der Seele – ich nenne Geist das, womit die Seele nachdenkt und vermutet – ist der Wirklichkeit nach, bevor er denkt, nichts von den Dingen." (429a) Das Denken gehört anders gesagt zu den Funktionen, die die menschliche Seele ausmachen und wird, wie die anderen Funktionen, nur insoweit existieren, als es tatsächlich funktioniert – nicht also, bevor es sich entwickelt, und nicht nach dem Tode. Der Geist ist in diesem Sinne kein abtrennbares *Ding*.

Auf ähnliche Weise sieht Aristoteles in der Schrift über die Seele den Geist – ganz im Gegensatz zu Descartes' Idee vom „Gespenst in der Maschine" nicht als Ding, das im Körper irgendwelche Hebel bewegt. Denken ist eine Tätigkeit, die nur hochentwickelten Lebewesen zukommt. Es ist „unklar, ob die Seele [...] Erfüllung für den Körper ist wie der Matrose für das Schiff" (413a).

Diese Argumente laufen letztlich alle darauf hinaus, dass für Aristoteles (wie wohl auch für viele heutige Zeitgenossen) die persönliche Unsterblichkeit keine von der Vernunft in Erwägung zu ziehende Möglichkeit ist. Kein Teil der Seele, nicht einmal der Geist, ist offenkundig etwas anderes als eine Funktion oder ein Potenzial des lebenden Körpers. Für die Menschen also – und Homers Helden wussten davon – ist das Leben alles, was wir haben, weshalb es von größter Wichtigkeit ist, auf die bestmögliche Art zu leben. Welche Lebensweise aber ist das? Auch hier ist die aristotelische Denklandschaft ein sehr weites Feld, und uns bleibt nichts als den Parthenon aus einiger Entfernung zu betrachten.

Ethik und Lebensweise

Beim Thema Moral denken wir häufig an Gebote, Verpflichtungen, Pflichten, den Willen Gottes, Verbote und Vergebung (göttlicher oder menschlicher Provenienz). In Aristoteles' zwei Hauptschriften zum Thema – der *Nikomachischen Ethik* (benannt nach seinem Sohn Nikomachos) und der *Eudemischen Ethik* – geht es vor allem um Fragen des Charakters, und die Untersuchungen unterscheiden sich auf erfrischende Weise von dem, was wir vielleicht erwarten. Aristoteles erörtert Fragen wie: Welche Lebensweise ist die beste? Was führt zur Glückseligkeit? Welche Freiheit benötigen wir, um für unsere Handlungen verantwortlich sein zu können? Wie können wir unseren Charakter so bilden, dass uns ein richtiges, ein glückseliges Leben gelingt? In seinen Antworten ist fast nie von Regeln, Pflichten oder moralischen Gesetzen die Rede.

Aristoteles stellt zunächst die grundlegende Frage, was der Mensch denn um seiner selbst willen erstrebt, und nicht als Mittel zu einem Zweck. Zwar, so meint er, herrsche allgemeine Übereinstimmung darüber, dass die Menschen mit Glückseligkeit gutes Leben und Handeln verbinden, doch seien sie uneins darüber, was unter Glückseligkeit zu verstehen sei. Stellen wir also die Frage nach der Glückseligkeit etwas zurück, und fragen, was es heißt, ein gelingendes Leben zu führen.

Die Antwort darauf beginnt in der *Nikomachischen Ethik* mit der Feststellung, dass das gute, das glückselige Leben das tugendhafte ist, was nicht besonders aufregend klingt. Aber was wir gewöhnlich mit „Tugend" übersetzen (wieder muss ich darauf hinweisen, wie sehr Übersetzungen den Sinn verändern können), heißt im Griechischen *arete* und bedeutet, eine besondere Fähigkeit für etwas Bestimmtes zu besitzen. So gibt es z. B. die *arete* zur Lösung von Kreuzworträtseln oder die *arete* zum Fangen von Wespen. Aristoteles nun fragt nach der für ein gelingendes Leben nötigen *arete*. Diesmal ist seine Argumentation sogar relativ einfach zu erläutern.

Die Fähigkeit, richtig zu leben, besteht darin, einen Charakter zu entwickeln, der gewohnheitsmäßig das Richtige tut. Das ist, so Aristoteles, in vielen Fällen das Mittlere zwischen zwei Extremen, die beide charakterliche Fehler sind. Einige Beispiele: Wenn das eine Extrem Leichtsinn und das andere Feigheit ist, so ist das Mittlere dazu der Mut, der zum richtigen Handeln gemäß den Umständen und den je persönlichen Grenzen befähigt. Ähnlich bilden Eitelkeit und Hochnäsigkeit das eine, Unterwürfigkeit und Selbstverachtung das andere Extrem, während das Mittlere die Selbstachtung und der angemessene Stolz ist. Und schließlich läge zwischen extremer Wohltätigkeit und extremem Geiz als Mittleres die den eigenen finanziellen Verhältnissen angemessene Gabe.

Wie aber finden wir das Mittlere? Teils durch Denken, teils durch Beobachten: Wie verhalten sich tugendhaft handelnde Menschen? Das Mittlere wird nicht immer das Selbe sein, sondern ist von den Umständen abhängig. Es ist ein praktisches Verhältnis. Die Fähigkeit, es zu entdecken, lässt sich lernen, und für die tugendhafte Person wird es zur Gewohnheit, zum Bestandteil ihres Charakters, das Mittlere herauszufinden und sich danach zu richten, so wie ein Maurer oder Autofahrer praktische Fähigkeiten besitzt, die er gewohnheitsmäßig, ohne sorgenvolles Nachdenken oder die Qual der Wahl in angemessener Weise für die anstehende Aufgabe einsetzt.

Man muss jedoch beachten, dass nicht jede Handlung oder Leidenschaft auf ein Mittleres bezogen werden kann. Manche lassen schon an ihrer Bezeichnung erkennen, dass sie schlecht sind, und ein Charakter, der solche Handlungen vollführt oder solchen Leidenschaften unterliegt, wird nicht das letzte Ziel des Lebens, die Glückseligkeit, erlangen. Zu solchen Handlungen rechnet Aristoteles Ehebruch, Diebstahl und Mord; zu den ethisch bedenklichen Leidenschaften Bosheit, Schamlosigkeit und Neid. All dies hat keinen Platz in einem gelingenden, besonnenen Leben.

Wie aber sind nun die Bedingungen für jene Glückseligkeit, die mit einem gelingenden Leben einhergeht, beschaffen? Eine Bedingung ist Tätigkeit. Glückseligkeit verbindet sich mit der erfolgreich abgeschlossenen Aufgabe, nicht mit der Trägheit des Lotusessers. Mag die

Tätigkeit großartig sein oder trivial – handle es sich um den Anbau von Kartoffeln oder das Schreiben eines Buchs, um das Hören eines Musikstücks oder einen Spaziergang oder Gastfreundschaft –, immer wird die erfolgreich durchgeführte Tätigkeit von Glückseligkeit begleitet. Eine weitere Bedingung liegt im Besitz zumindest eines Minimums an materiellen Gütern. Negativ ausgedrückt: Wahre Glückseligkeit stellt sich nicht ein, wenn man fortwährend krank oder bettelarm, entsetzlich hässlich oder aller Güter, Freunde, Verwandten beraubt ist. Der Weise vermag dergleichen zu ertragen, aber dem gewöhnlichen Leben und somit der Glückseligkeit sind solche Defiziten abträglich. Zusammengefasst lässt sich also sagen, dass derjenige glückselig ist, der tätig ist in Übereinstimmung mit vollständiger *arete* und hinreichend ausgestattet mit äußeren Gütern, und zwar nicht nur für einen zufälligen Zeitraum, sondern sein Leben lang.

Freiwillige Handlungen und verantwortliche Handlungen

Zu Beginn von Buch III der *Nikomachischen Ethik* bestimmt Aristoteles mit hinreichender Klarheit das Problem freiwilligen und unfreiwilligen Handelns:

„Da nun die Tugend sich auf Leidenschaften und Handlungen bezieht und da Lob und Tadel das Freiwillige treffen, das Unfreiwillige aber Verzeihung erlangt, gelegentlich sogar Mitleid, so muss derjenige, der nach der Tugend forscht, wohl auch das Freiwillige und Unfreiwillige bestimmen. Dies ist auch nützlich für die Gesetzgeber im Hinblick auf Ehrungen und Züchtigungen." (1109b)

Danach legt Aristoteles den Maßstab für das fest, was man die „rigide" Definition von „unfreiwillig" nennen könnte. Unfreiwillig sind für Aristoteles Handlungen, die unter Zwang und Gewalt oder aus Unwissenheit geschehen. Der Ursprung dieser Handlungen liegt „außerhalb" der Person, „und zwar so, dass der Handelnde oder Leidende keinen Einfluss darauf nehmen kann" (1110a); wenn man z. B. durch andere Menschen oder Naturgewalten oder auch durch die Beschaffenheit des eigenen Körpers physisch zu etwas gezwungen wird. Aristoteles ist scharfsinnig genug, um einzuräumen, dass es auch Fälle gibt, die nicht so eindeutig liegen, etwa wenn Kinder sich in der Gewalt eines Tyrannen befinden und nur durch eine „schändliche" Tat (heute: Zahlung von Lösegeld) freikommen. „Solche Handlungen sind also gemischt, gleichen aber eher den freiwilligen", weil man sich für sie entscheidet. Allgemein gesprochen sind diese Handlungen aber eher unfreiwillig, denn „keiner würde eine derartige Handlung als solche wählen". Aber wie ist die Wahl auf die Freiwilligkeit bezogen? (Man bemerke, dass Aristoteles niemals versucht, ein Problem mittels einer Idee zu lösen, die andere Probleme ungelöst lässt.) Wahl und Freiwilligkeit sind unterschiedliche Dinge.

> „Das Freiwillige ist der weitere Begriff. [...] Und plötzliche Handlungen nennen wir freiwillig, aber nicht, dass sie von einer Entscheidung ausgehen." (1111b) Ferner gilt: „[...] was im Zorn geschieht, scheint am allerwenigsten durch Entscheidung zu geschehen."

Denn Entscheidung oder Wahl erfordert vorherige Überlegung, was für freiwillige Handlungen nicht in jedem Fall gilt. Diese Definitionen sind vernünftig und deshalb verwendungsfähig. Die impulsive freiwillige Handlung ist weniger tadelns-, aber auch weniger lobenswert als die aufgrund von reiflicher Überlegung vollzogene Handlung. Die „gemischte Handlung" ist entschuldbar. Und die Person, die geistig beschädigt ist, sodass sie eine andere Person einfach angreifen muss, begeht eine unfreiwillige Handlung und verdient Entschuldigung und Mitleid.

Wie in vielen anderen Schriften verbindet Aristoteles auch in der Ethik den Sinn fürs Praktische mit einer außergewöhnlichen Fähigkeit, neue Unterscheidungen zu treffen, originelle Fragen zu stellen und Problemen bis in ihre Verästelungen zu folgen. Um davon einen Eindruck zu erhalten, schaue man sich die ersten Seiten der Bücher I und III der

Nikomachischen Ethik an. Ich wollte hier nur zeigen, wie erfrischend anders und nicht-moralisierend Aristoteles' Darstellung des glückseligen Lebens ist. Sie ist durch und durch der diesseitigen Welt verpflichtet, und ihr geht es um das glückselige Leben, das man um seiner selbst willen führt. Wenn andere uns dabei beobachten, umso besser, denn so gewinnen wir Anerkennung. Wenn wir ein wirklich glückseliges Leben führen, können wir sogar für andere ein Beispiel sein.

Dem Hellenismus entgegen

Der Tod Alexanders des Großen 323 v. Chr. markiert den Beginn jener Epoche, die Historiker als „Hellenismus" bezeichnen (während das „Hellenische" sich auf alles Griechische von Homer bis etwa zum 4. Jahrhundert n. Chr. bezieht). In dieser Zeit wurde Alexanders Reich nach der Teilung von seinen Generälen und deren Nachfolgern regiert, und griechische Sprache, Kultur, Philosophie, Architektur und soziale Lebensform breiteten sich im ganzen östlichen Mittelmeerraum aus. Das Ende dieser Epoche wird bisweilen in das Jahr 146 v. Chr. gesetzt, als Rom die Kontrolle über das griechische Festland gewann, häufiger jedoch in das Jahr 30 v. Chr., als mit Kleopatras Tod das Ende der Herrschaft der Ptolemäer, der Nachfolger von Alexanders General Ptolemäus Soter, gekommen war und Rom die Vormacht im gesamten Mittelmeerraum wurde. Das Zeitalter des Hellenismus währte also ungefähr von 323 bis 30 v. Chr.

Aristoteles starb 322 v- Chr., doch binnen drei Jahrzehnten gab es in Athen philosophische Ansätze in Hülle und Fülle. Und in der neuen Stadt Alexandria hatten Ptolemäus I. und sein Sohn die große Bibliothek und das Museion, ein gut ausgestattetes Forschungsinstitut, errichtet. In Athen wurde Platons Akademie von seinen Schülern weiterbetrieben, das Lykeion wurde von Theophrast, einem talentierten Schüler und Kollegen von Aristoteles, wieder eröffnet. Ganz neue philosophische Schulen bildeten sich, die schließlich für die römischen Eliten so anziehend wurden, dass sie hier ihrer Bildung und Ausbildung die Schlusspolitur verliehen.

Die größte und dauerhafteste dieser neuen Schulen war die der Stoiker. Sie wurde von Zenon aus Kition gegründet, der 313 v. Chr. nach Athen kam (und nicht mit Zenon aus Elea verwechselt werden sollte). Ebenfalls sehr einflussreich war die Schule der Epikureer, die um 306 von Epikur ins Leben gerufen wurde. Im 1. Jahrhundert v. Chr. waren beide Schulen im Römischen Reich bekannt und weitverbreitet. Beider Einfluss dauert bis auf den heutigen Tag an. Der Stoizismus lehrt Seelenstärke, und mit der Lehre Epikurs, verbindet man wählerische Hingabe an die Annehmlichkeiten des Lebens. Natürlich ist beider Vorstellungswelt noch umfangreicher, doch im Großen und Ganzen ist die moderne Sicht auf den Stoizismus unverzerrt, während der Epikureismus durch den Abscheu des frühen Christentums entstellt auf uns gekommen ist. Denn diese Philosophie stand im krassen Widerspruch zur neuen Religion – nicht nur im Hinblick auf die jeweilige Lebensform, sondern auch in der Auffassung von Natur und Universum.

7. Epikur:
Der Garten und die Wildnis

Das Atomkonzept ist eine wesentliche Grundlage der modernen Wissenschaft. Die meisten Menschen wissen gar nicht, wie alt die Vorstellung von den „kleinsten Teilchen" ist und wie weit entwickelt sie bereits war, bevor Theologen und Philosophen sie in Grund und Boden kritisierten, sodass sie erst im 17. Jahrhundert wieder auftauchte. Ihre Ursprünge können bis zu der schemenhaften Gestalt des Leukipp(os) zurückverfolgt werden. Leukipp stammte wahrscheinlich aus Milet, und die Atomkonzept könnte eine Weiterentwicklung der Spekulationen über die Natur sein, die dort im 6. Jahrhundert v. Chr. mit Thales begannen. Über Leukipp ist so gut wie nichts bekannt, aber Aristoteles wie auch Theophrast bezeichnen ihn als den Urheber des Atomismus. Ein einziger Satz aus seinen Schriften über die „Große Weltordnung" und „Über den Geist" hat sich erhalten: „Kein Ding entsteht aufs Geratewohl, sondern alles infolge eines Verhältnisses und durch Notwendigkeit." (DK 67 B 2) Das würden wir heute als Determinismus bezeichnen.

Sehr viel besser lässt sich der atomistische Determinismus der Antike auf Demokrit von Abdera zurückführen, der ungefähr von 460 bis 370 v. Chr. lebte. Wären seine Schriften erhalten, stünden sie denen Platons an Umfang in nichts nach. Aber es sind nur Fragmente und Zitate überliefert geblieben, aus denen wir auf einen klugen und witzigen Kopf schließen können, der sich für das menschliche Leben ebenso interessierte wie für die Natur. Demokrit hat eine deterministische Vorstellung, in der die Natur aus unsichtbaren, sich bewegenden und miteinander verbindenden Partikeln besteht. Epikur (341 bis ca. 270 v. Chr.) verbindet den Atomismus mit der *zufälligen* Bewegung der Partikel, darin folgt ihm der römische Dichter Lukretius (kurz Lukrez, ca. 98–ca. 55 v. Chr.). Sein großes Werk *De rerum natura* („Über das Wesen der Dinge") können wir heute noch lesen, weil zufällig ein einzelnes Manuskript erhalten geblieben ist.

Epikur wurde auf der griechischen Insel Samos als athenischer Bürger geboren. 323 ging er nach Athen, um seinen zweijährigen Militärdienst abzuleisten. Danach lebte er eine Zeit lang in Kolophon, in Mytilene auf Lesbos, dann in Lampsakos an der kleinasiatischen Küste kurz vor dem Eintritt des Hellespont in das Marmarameer. Um 306 v. Chr. kehrte er nach Athen zurück und blieb dort bis an sein Lebensende. Er lehrte, schrieb und gründete den „Garten" – die Gemeinschaft außerhalb der Stadtmauern, mit der sich sein Name und seine Lehre bis heute verbindet. Anders als Platons Akademie oder Aristoteles' Lykeion war der „Garten" keine Lehranstalt, kein Klub, auch kein Forschungsinstitut, sondern eine Gemeinschaft von Freunden, die halbwegs isoliert von der Bürgergesellschaft Athens, gemäß den Prinzipien Epikurs lebte. Dessen Lehre breitete sich allmählich aus, und im 1. Jahrhundert v. Chr. gab es solche Gemeinschaften in vielen Teilen der römischen Welt, von Gadara (südöstlich vom See Genezareth gelegen) bis nach Neapel und Gallien. Auch Julius Caesar sagt man Sympathien für die Lehren Epikurs nach.

Epikurs Hauptwerk mit dem Titel *Über die Natur* ist verloren. Allerdings hat man Teile davon in mühevoller Kleinarbeit aus verkohlten Papyrusrollen, die bei Herculaneum gefunden wurden, rekonstruiert. Erhalten sind drei Briefe, die kurze Schrift *Hauptlehren*, eine Sammlung von Sprüchen und sein Testament. Eine vollständige Darstellung seiner Philosophie und Naturlehre finden wir nur bei Lukrez, ferner partielle Weiterentwicklungen (ebenfalls in Herculaneum gefunden) durch Philodemos von Gadara und – weltweit einzigartig als philosophisches Dokument – in den erhaltenen Teilen der riesigen Steininschrift, die ein gewisser Diogenes um 130 n. Chr. in Oinoanda anfertigen ließ.

Epikureer, Stoiker und die eine Welt

Die Epikureer und ihre Konkurrenten, die Stoiker, hatten bei aller Gegensätzlichkeit eines gemeinsam, nämlich die Auffassung, es gebe nur eine einzige Welt. Dagegen nahmen die Pythagoreer, die Platoniker, die Christen und, im 3. Jahrhundert n. Chr., die Gnostiker und Neuplatoniker die Existenz von zwei (oder mehr!) Welten an. Sie unterschieden zwischen Körper und Seele, dieser Welt und der nächsten, dem vergänglichen und dem unvergänglichen Körper, Materie und Geist, dem Natürlichen und dem Übernatürlichen. Für die Epikureer und die Stoiker aber gehört alles Wirkliche einem einzigen Universum an, in dem der Gegensatz zwischen Geist und Materie ohne Bedeutung ist. Das soll nicht heißen, dass die Anhänger dieser Schulen die Existenz von Göttern oder Erfahrungen und Phänomenen, die wir als „spirituell" bezeichnen, verneinten. Sie behaupteten nur – in je unterschiedlicher Weise –, dass derlei Dinge, wenn sie existieren, Bestandteile oder Funktionen eines allumfassenden Universums sind.

Eine weitere Gemeinsamkeit der beiden Schulen bestand in einer bestimmten Methode, ihre Ideen zu organisieren und zu präsentieren. Beide entwickelten eine Logik, auf deren Grundlage eine Physik oder Naturlehre entworfen werden konnte, die ihrerseits Bedingung war für eine Lehre vom richtigen Leben, eine Ethik. Am Anfang stand die Beschäftigung mit Sprache, Logik und Erkenntnis. Grundiert werden die Lehren von einer Art naturwissenschaftlicher Methode, wobei die Epikureer der Chemie und der Teilchenphysik, die sie mit begründet haben, näherstehen, während die Stoiker, wie wir noch sehen werden, Vorläufer einer Kosmologie des Big Bang und eines sich dynamisch entwickelnden Universums sind. Da nun beide Schulen beanspruchen, eine richtige Theorie der einen Wirklichkeit zu liefern, stellt sich die Frage nach dem richtigen Leben. Die ethischen Vorstellungen der Stoiker sind dabei nicht weniger attraktiv als die der Epikureer. (Zur Logik kann hier aus Gründen des Umfangs leider nichts gesagt werden.)

Die Naturlehre der Epikureer

Grundlage dieser Lehre ist die Auffassung, dass sich das Universum aus zwei Bestandteilen zusammensetzt: aus dem Körperlichen und dem leeren Raum. Die Existenz des Ersteren ist durch die Wahrnehmung garantiert: durch sie wissen wir von körperlicher Existenz, anderenfalls wüssten wir nichts. Körper haben einen Ort im Raum, und sie bewegen sich. Anders gesagt: Das Universum ist nicht, wie es vielleicht einmal war: undurchdringlich und unbeweglich. Lukrez sagt: „Also kann außer dem Leeren an sich und außer den Körpern / Nicht eine dritte Natur in der Zahl der Dinge verbleiben" (*De rerum natura*, I, 445–446). Die Epikureer nehmen weiter an, dass sich die Existenz und Bewegung von Körpern im Raum – aller Körper, eingeschlossen der menschlichen – aus der Existenz und Bewegung einer unendlichen Zahl kleinster Partikel erklären lässt, wofür die Griechen den Ausdruck *atomoi* („Unteilbare", wörtlich „Unzerschneidbare") prägten. Im Lateinischen hießen diese Partikel *primordia*, „erste Dinge" oder „Ursprungsdinge".

Die *atomoi* können von unterschiedlicher Größe sein (die Anzahl der Größen ist begrenzt), aber aufgrund ihrer Winzigkeit kann man sie nicht sehen. Man kann jedoch vom Sichtbaren auf ihre Existenz schließen, und man kann mit ihrer Hilfe die Dinge erklären, die wir sehen. Die *atomoi* sind unvergänglich, in ihrer Struktur dicht (ohne Leere), können nicht geteilt werden und bewegen sich.

Warum sollte man sich vorstellen, dass die Materie aus Teilchen besteht, die niemand zu sehen vermag? Grundlegend für diese Annahme ist das Bestreben der antiken Denker, hinter den Erscheinungsformen der Dinge nach Erklärungen zu suchen; gerade die Atomkonzepte von Demokrit und Epikur verdanken ihre Entstehung auch der konsequenten Infragestellung der alltäglichen Wahrnehmung. Woher, um ein Beispiel zu nehmen, kommt es, dass zwei Dinge mit identischem Volumen, etwa ein Würfel aus Gold und einer aus Marmor, unterschiedlich viel wiegen? Vielleicht besteht der eine in seiner augenscheinlichen Solidität aus mehr oder größeren Teilchen als der andere. Oder: Wir beobachten im Sonnenlicht normalerweise unsichtbare Staubteilchen, woraus wir schließen, dass es vielleicht noch kleinere Körper gibt, die völlig unsichtbar bleiben. Ein weiterer Grund für die Teilchenhypothese liegt in ihrer Erklärungskraft. So könnten z. B. feste Körper aus aufgrund ihrer Formähnlichkeit eng zusammengefügten Teilchen bestehen, flüssige Körper aus glatteren oder weniger dicht gefügten Teilchen; während die Luft aus noch feineren Partikeln von großer Gleitfähigkeit bestünde. Die Abnutzung harter Gegenstände durch weiche – Münzen, gerieben von Fingerkuppen, Steinstufen, ausgetreten von Füßen – ohne sichtbares Verschwinden von Teilen könnte durch den Verlust unsichtbarer Partikel erklärt werden.

Warum aber gibt es überhaupt solche Teilchen? Einfach, *weil* es sie gibt, und zwar als eine Art ultimativer Wirklichkeit, so wie für manche Menschen Gott existiert. Epikur hielt diese Frage für unsinnig, weil sie versuche, für alles, was existiert, noch einen Grund für dessen Existenz zu finden, aber über dieses „alles" hinaus existiert eben nichts. Die Partikel indes existieren nicht nur, sie bewegen sich auch. Sie „wandern durch die Leere" und bewegen sich aus sich selbst heraus. Auf diese Weise wird das Problem von Aristoteles' unbewegtem Beweger gelöst. Aristoteles akzeptierte die Ewigkeit des Universums als keiner Erklärung bedürftig, suchte aber nach einem Grund für die Bewegung. Epikur geht davon aus, dass Materie und Bewegung nicht voneinander zu trennen, sondern gemeinsame Bestandteile des Gegebenen sind.

Nun bewegen sich die Teilchen nicht nur, sondern sie bewegen sich auf bestimmte Weise. Nicht gelenkt oder deterministisch, wie Demokrit annahm, sondern auf zufälligen Bahnen. Epikur zufolge sind die Abweichungen oder Richtungsänderungen der Teilchen unvorhersehbar, völlig indeterminiert. Warum aber kommt es dabei nicht zu einer unendlichen Anzahl an zufälligen Zusammenstößen, warum resultiert aus diesem Bewegungschaos der geordnete Kosmos?

Epikurs Antwort lautet folgendermaßen: Die Teilchen treten in einer großen, aber finiten Anzahl von Variationen hinsichtlich Größe und Form auf. (Vielleicht kann die moderne Theorie der Elemente helfen, Epikurs Vorstellung besser zu begreifen.) Die Form der unterschiedlichen Teilchenarten begrenzt die Möglichkeit des Zusammenschlusses mit anderen Teilchen, wenn Kollisionen stattfinden. Die Bewegungen und Kollisionen der Teilchen sind chaotisch, nicht aber die erfolgreichen und dauerhafteren Vereinigungen. Aus diesen entstehen alle Dinge, von Sonnen bis zu Sandkörnern und Menschen. Dinge, die wir wahrnehmen können, sind mithin das Ergebnis der unterschiedlichen Kombinationsfähigkeit der Teilchen, insofern sie aneinander haften bleiben.

In dieser Darstellung klafft erkennbar eine Lücke. Sobald sich aus dem Teilchenchaos Dinge und Kategorien von Dingen gebildet haben, unterliegen die Dinge bestimmten Regelmäßigkeiten, die wir „Naturgesetze" nennen. Die meisten dieser Gesetze sind nicht so einfach aufgrund der Bewegung und Kombination von Partikeln zu erklären. Jedenfalls behaupteten das die Stoiker, ein endgültiges Urteil steht noch aus.

Zusammengefasst: Das gesamte Universum besteht aus zwei natürlichen Gegebenheiten: dem leeren Raum und den Teilchen in ungesteuerter Bewegung. Das Universum existiert zeitlich unbegrenzt. Bewegung und Kombinationen der Teilchen sind Ursache allen Geschehens, aller wahrnehmbaren Körper und auch der Wahrnehmung selbst. (Epikur geht davon aus, dass Dinge von der Oberfläche Teilchen absondern, die unsere Sinnesorgane affizieren und so Sehen, Hören usw. verursachen.)

Epikurs Naturlehre und ihre Folgen für das menschliche Leben

Aus Epikurs Naturlehre ergeben sich drei Konsequenzen für das Leben und die Hoffnungen der Menschen. Erstens ist es sehr wahrscheinlich, dass die Erde mitsamt ihren Bewohnern kein Einzelfall im Universum ist. Wenn die Teilchen und der Raum unendlich sind, werden sie die gleichen Dinge mehr als einmal hervorbringen. Die Menschengattung ist weder einzigartig noch das Ergebnis einer zielgerichteten Evolution von Partikeln. Weder diese Welt noch irgendeine andere wurde von Gott oder Göttern zu unserer Bequemlichkeit erschaffen. Wir haben also keine Bedeutung außer der, die wir uns selbst geben – keinen Endzweck, kein metaphysisches oder religiöses Ziel. Wir sind, mitsamt unserer Welt, nicht anders als andere Dinge: Wir bilden uns heran, wir wachsen, wir sterben und zerfallen und kehren so in den ewigen Teilchenbestand des Universums zurück. Lukrez drückt es (im Buch II von *De rerum natura*) so aus:

> „[...] So erneut sich die Summe der Dinge
> immer, und alles, was sterblich, lebt so auf Borg miteinander.
> Aufwächst der eine Stamm, dieweil der andere schwindet,
> und in kurzer Zeit vertauscht sich ein Alter der Wesen,
> und wie Läufer wechseln sie aus die Fackel des Lebens." (75–79)

Die Ablehnung dieser Philosophie – und nicht nur durch die frühen Christen – ist verständlich, doch es kommt noch schlimmer. Zweitens nämlich folgt aus Epikurs Naturlehre, dass entweder nichts Göttliches (kein Gott, keine Götter) existiert oder aber dass das Göttliche Bestandteil des Universums aus leerem Raum und sich bewegenden Teilchen ist. Epikur schwor den Göttern nicht ab – vielleicht aus echter Frömmigkeit gegenüber der polytheistischen Kultur, die ihn umgab, vielleicht auch, weil er ihre Bedeutung für das öffentliche Leben (später das unter dem Kaisertum) erkannte, das Loyalität, Identität und Zeremonien brauchte. Allerdings konnten religiöse Menschen mit der Rolle, die er den Göttern zuwies, kaum zufrieden sein. Die Götter leben als körperliche Wesen aus unsichtbaren, feinsten Partikeln im Raum. Sie sind immerwährend glücklich, untätig, selbstgenügsam und, weil unwissend, unbekümmert um uns. Zu Beginn von Buch III von *De rerum natura* heißt es:

> „Klar tritt hervor der Götter Sinn, ihre ruhigen Sitze,
> die weder Winde erschüttern, noch trübes Gewölk mit Regen
> sprengt, noch Schnee, erstarrt in des Reifes schneidender Kälte,

farblos fallend verletzt und immer heiterer Äther
schirmt [...]" (18–22).

Ihr Wert für uns besteht nur darin, uns ein Beispiel für jenes glückselige Leben zu geben, das wir, wenngleich nicht in dieser Vollkommen-
heit, erstreben.

Und drittens weist Epikur – ebenso, mit zahlreichen Beispielen,
Lukrez – darauf hin, dass kein Mensch den eigenen Tod, das Ausein-
anderbrechen der Teilchenstruktur, die das Individuum ausmacht,
überleben kann. Geist (oder Bewusstsein) und Leben sind komplexe
Bestandteile oder Bewegungen dieser nur kurze Zeit existierenden
Teilchenstrukturen. Da der Geist den Körper bewegt – was wir aus
Erfahrung wissen –, muss er ihn auf irgendeine Weise berühren, mit
ihm als Bestandteil der selben Struktur verbunden sein. So kann der
Geist den Zerfall des Körpers ebenso wenig überleben wie der Duft einer Rose das Verblühen der Blüte. Noch einmal Lukrez (wiederum mit
einem Zitat aus Buch III):

„[...] Ist drum vergangen der Leib, ist vergangen die Seele
auch, das musst du gestehn, die verteilt ist im Ganzen des Körpers.
Ist doch, mit Ewigem Sterbliches fest zu verbinden und meinen,
spüren könnten sie und im Austausch handeln zusammen,
Unsinn. [...]" (798–802); oder:

„[...] so ist der Seele Natur und des Lebens zu ziehn aus dem ganzen Körper nicht leicht möglich, ohne dass alles zerfiele." (329–330)

Im Buch III von De rerum natura geht Lukrez weit über alle Argumente für die Sterblichkeit der Seele hinaus, die wir von Epikur kennen. In fast 1100 Versen gibt der römische Dichter eine konzentrier-
te Zusammenfassung aller Argumente und Beweise metaphysischer,
naturwissenschaftlicher, moralischer und psychologischer Provenienz
für die Sterblichkeit der Seele, die in ihrer Art einmalig ist. Lukrezens
begeisterte und Epikurs nüchternere Akzeptanz dient dem Ziel, den
Menschen die Furcht vor dem Tod als dem einzigen absolut sicheren

Merkmal ihrer Existenz zu nehmen und ihnen so ein glückseliges Leben zu ermöglichen.

Die Lebensweise

Grob umrissen sind Epikurs Maßgaben für ein gutes Leben recht einfach. Das gute ist das glückselige Leben, und Glückseligkeit heißt, in Frieden und Freundschaft mit anderen Menschen zu leben, in körperlicher Hinsicht möglichst schmerzfrei und in geistiger Hinsicht möglichst frei von Furcht zu sein.

Für Epikur war das Zusammenleben mit Freunden ein zentraler Punkt in der Frage des glücklichen Lebens – eben deshalb gründete er den „Garten", eine Gemeinschaft von Gleichgesinnten in freundschaftlicher Zusammenarbeit. Epikur kannte (wie später die ersten Christen) keine sozialen Vorurteile; wer immer gemäß seinen Lehren leben wollte, war willkommen, ob Mann oder Frau, Freier oder Sklave.

Die von Epikur gepriesene Freundschaft, griechisch *philía*, wird bisweilen mit „Liebe" übersetzt. Aber das Griechische kennt drei Begriffe für Liebe: *eros*, die geschlechtliche Liebe; *philía*, die Freundschaft zwischen Menschen gleichen oder verschiedenen Geschlechts; und *agape*, die „spirituelle Liebe". Dergleichen kann man vielleicht für einen Heiligen oder sogar für eine Sinfonie von Beethoven empfinden, aber ganz bestimmt ist *agape* nicht die Freundschaft, die Epikur für den Umgang mit anderen Menschen empfahl. Freundschaft ist das positive Element, das die Glückseligkeit eines Menschen und das erfolgreiche Zusammenleben einer Gemeinschaft fördert. Auf diese Weise hat es für den Epikureer eine ähnliche Funktion wie die Nächstenliebe für den Christen.

Das Negative ist für Epikur der körperliche Schmerz; er soll so weit wie möglich vermieden werden. Dazu gehören auch so widerwärtige Zustände wie Hunger, Lähmung, Ekel, Durst usw. Manchmal lässt sich dergleichen nicht vermeiden, und wenn diese Leiden sehr schwer sind, können sie zum Tod führen. Dann hat das Leiden überhaupt ein Ende, aber wenn die Schmerzen nicht zu stark sind, lassen sie sich ertragen. Epikur starb unter großen, aber geduldig ertragenen Schmerzen, in einem der letzten Briefe (an Idomeneus) schreibt er davon:

> „Den glückseligen Tag [...] begleiten Blasen- und Darmkoliken, die keine Steigerung der ihnen innewohnenden Heftigkeit zulassen."

Die Furcht, von der uns Epikur befreien will, betrifft nicht politische oder militärische Gewalt. Dagegen gibt es kaum ein Mittel; man kann nur versuchen, möglichst unauffällig zu leben. Und wenn wir ein dauerhaftes glückseliges Leben anstreben, sollten wir uns nicht von Luxusgütern abhängig machen, die leicht verloren gehen oder geraubt werden können. Die Freiheit, die in unserer Macht liegt, ist die Freiheit von abergläubischer Furcht, von der Furcht vor Göttern, von der Furcht vor dem Tod. Wie wir sahen, sind die Götter für Epikur, wenn es sie gibt, an uns vollkommen desinteressiert. Wir haben also die Freiheit, die Ursachen von Naturerscheinungen wie Erdbeben, Krankheiten, Gewittern und vieler anderer zu erforschen, ohne sie als göttliches Verhängnis betrachten zu müssen. („Kein göttlicher Wille hat jemals etwas aus nichts entstehen lassen.") Und wir besitzen die Freiheit, aus dem einzigen Leben, das wir haben, das Beste zu machen. Wenn der Tod kommt, ist er nicht furchtbarer als der Blick zurück auf die Ewigkeit des Nichtseins vor unserer Geburt.

Die Humanität und das freundliche Augenmaß, mit dem Epikur Mensch und Welt betrachtet, lässt sich aus dem, was er selbst sagt, besser begreifen als aus jeder noch so guten Zusammenfassung. Eine ganz kleine Auswahl mag das illustrieren:

> „Keine Lust ist an sich ein Übel. Aber das, was bestimmte Lustempfindungen verschafft, führt Störungen herbei, die um vieles stärker sind als die Lustempfindungen."

> „Ich erfahre von dir, dass deine körperliche Erregbarkeit ziemlich häufig nach Erfüllung im Liebesgenuss verlangt. Sooft du nun weder die Gesetze brichst noch konventionelle Anstandsgebote verlet-

zest, keinen der dir Nahestehenden kränkst, nicht deinen Körper zerrüttest und nicht unentbehrliche Mittel verschleuderst, geh so, wie du willst, deiner Neigung nach!"

„Nichts ist ausreichend für den, dem das Ausreichende zu wenig ist."

„Der Selbstgenügsamkeit größte Frucht: Freiheit."

„Armut, die bemessen ist nach dem Ziel unserer Veranlagung, ist großer Reichtum. Reichtum, der nicht begrenzt wird, ist große Armut."

„Lachen soll man und zugleich philosophieren, seinen Haushalt führen, seine übrigen Fähigkeiten anwenden und niemals aufhören, die aus der richtigen Philosophie stammenden Lehrsätze zu verkünden."

„Befreien muss man sich aus dem Gefängnis der Alltagsgeschäfte und der Politik."

„Tue nichts im Leben, was dir Angst bereitet, wenn es von deinem Mitmenschen entdeckt wird."

„Versuchen sollen wir, den nachfolgenden Tag vollkommener zu gestalten als den vorhergehenden, solange wir auf dem Wege sind; sooft wir aber an die Grenze kommen, gleichmäßig froh gestimmt zu sein."

„Der Tod ist nichts, was uns betrifft. Denn das Aufgelöste ist empfindungslos. Das Empfindungslose aber ist nichts, was uns betrifft."

Unschwer lässt sich erkennen, dass die Charakterisierung der Anhänger Epikurs als zügellose Lustgewinnler, die nur die raffinierte Befriedigung sinnlicher Begierden erstreben, die Wahrheit auf den Kopf stellt. Natürlich soll man sich vom Lärmen und Treiben der Welt so weit wie möglich fernhalten, aber ebenso die Glückseligkeit so wenig wie möglich abhängig machen von dem Besitz und ständigen Erwerb

von Gütern. Warum? Überflüssiger, nutzloser Reichtum führt zu rast-
loser Unzufriedenheit und stellt das glückliche Leben auf eine unsiche-
re Grundlage – ein Börsencrash, ein Krieg, ein zu hoher Kredit, ein
Feuer oder ein Einbruch, und alles ist dahin.

Warum aber werden die Epikureer im Gegensatz zu den Stoikern so falsch dargestellt? Ein Grund liegt schon in der Feindseligkeit
der Stoiker. Sie waren, als Philosophen wie auch als Personen des politischen Lebens, mit der Ausübung öffentlicher Pflichten und Ämter
beschäftigt. Insbesondere die römische Elite hielt nicht viel von
Gemeinschaften wie den Epikureern und später den Christen, die sich
vom Staat und seinen Verpflichtungen fernhielten. Die Verfälschung
der epikureischen Lehren fand ihre Fortsetzung ab dem 2. Jahrhundert
n. Chr. mit der so nachvollziehbaren wie unnachgiebigen Feindschaft
der Christen.

Epikureismus und Christentum waren einander in jedem Punkt
ihrer Lehren diametral entgegengesetzt – ob es das Universum betraf
oder das Leben oder die (Un-)Sterblichkeit der Seele. Aber sie waren
nicht nur philosophische Gegner, sondern auch in anderer Hinsicht
Konkurrenten. Beide warben um Anhänger, damit sie Gemeinschaften
gründen konnten, deren Lebensregeln wiederum, bemerkenswerter-
weise, nicht allzu unterschiedlich waren. Die Epikureer waren schließlich die Verlierer. Je ungemütlicher und unsicherer diese Welt wurde,
desto anziehender war das Versprechen ewiger Seligkeit in einer anderen Welt für die Armen, die Entrechteten, die Kranken und die Hoff-
nungslosen, die vom diesseitigen Leben nichts mehr erwarten konnten, während Epikurs Lehren gerade auf dieses einzige Leben setzten.

Der „Garten in der Wildnis" eines Universums ohne Sinn und
Ziel, eine Gemeinschaft von Freunden, die den Genuss der Ruhe ge-
lernt haben und Glückseligkeit in einfachen Dinge, deren Besitz nicht
anstrengt, finden, ist als Ideal so wenig verwirklicht worden wie die
Erwartungen der christlichen Gemeinschaften, die danach kamen.
Aber in mancher Hinsicht haben die Epikureer Triumphe gefeiert,
wenn auch nur heimliche. Ihre Vorstellung von einem unendlichen,
aus Materie und leerem Raum bestehenden Universum, das den

Hoffnungen und Sorgen der Menschen gleichgültig gegenübersteht und dessen Erscheinungsformen ohne Bezugnahme auf übernatürliche Mächte begriffen werden können, entspricht dem naturwissenschaftlichen Denkbild unserer Zeit.

Und mit Epikur empfinden wir die Bedeutung der Glückseligkeit für dieses irdische Leben, in dem es darum geht, Schmerzen zu mindern, irrationale Ängste zu überwinden und dem Tod gelassen entgegenzugehen, weil er, wie Lukrez so nachdrücklich vor Augen führte, nur das Tor ist, das ins Nichts führt.

Die große Inschrift

Im südwestlichen Kleinasien liegt eine Stadt, die einen Besuch wert ist. Sie heißt Oinoanda und ist relativ schwierig zu erreichen. Erdbeben haben von ihr nur Trümmer hinterlassen, und schon lange ist sie unbewohnt. Aber man hat dort Inschriften von ungeheurem Wert gefunden, so z. B. einen vollständigen und detaillierten Satz von Regeln, die Hadrian für die Veranstaltung eines Musikfestivals in jener Stadt erlassen hat. Das Dokument datiert vom 29. August 125 n. Chr. Ungefähr zu dieser Zeit oder etwas später entstand eine Inschrift, die ursprünglich wohl in eine den Marktplatz umgebende Mauer gemeißelt war. Sie umfasste an die 25 000 Wörter – bei Weitem die längste Steininschrift, die jemals in der Antike (oder zu einer anderen Zeit?) ausgeführt wurde.

Urheber und Autor war ein gewisser Diogenes. Er muss reich gewesen sein, war aber auf jeden Fall, dem eigenen Bekunden zufolge, alt und krank. Den Winter verbrachte er auf Rhodos, und der Nachwelt hinterließ er die letzte aus der Antike bekannte Darlegung der Philosophie Epikurs. Als die Nachwelt die Inschrift entdeckte, war die Mauer längst zerbrochen und nur noch Fragmente konnten geborgen werden – bis jetzt etwa 6500 Wörter (viele davon durch die Bemühungen von Prof. Martin Smith von der Universität Durham).

Was für Epikur gilt, gilt auch für Diogenes: man lässt ihn am besten selbst zu Wort kommen.

„Da sich infolge meines Alters mein Leben schon dem Ende zuneigt und bald der Augenblick kommen wird, wo ich aus ihm scheiden werde mit einem schönen Loblied auf die Fülle der genossenen Lust, fasste ich den Entschluss, damit mir nicht der Tod zuvorkommt, unverzüglich denen zu helfen, die eine gute Veranlagung haben. Wenn sich nun nur einer oder zwei, drei oder vier, fünf oder sechs oder wie viel mehr auch immer du, mein Freund, wünschst, doch jedenfalls nicht viele, sich in einer schlechten seelischen Verfassung befänden, würde ich [...] alles in meinen Kräften Stehende tun, um den besten Rat zu erteilen. Aber, wie ich schon sagte, kranken die meisten Menschen wie an einer Seuche gemeinsam an dieser falschen Auffassung von den Dingen, ja, es werden sogar immer noch mehr, denn in ihrer Sucht, es einer dem andern nachzutun, stecken sie einander mit der Krankheit an wie die Schafe. / Zudem ist es recht und billig, auch denen, die nach uns sein werden, zu helfen – denn auch sie gehören zu uns, auch wenn sie noch nicht geboren sind –, und schließlich ist es ein Gebot der Menschlichkeit, auch den Fremden Hilfe angedeihen zu lassen, die zu uns kommen."

Und etwas später:

„Nicht zuletzt taten wir dies alles [die Inschrift] auch im Interesse der sog. Fremden, die in Wirklichkeit keine solchen sind. Denn entsprechend dem jeweiligen Abschnitt der Erde hat jeder ein anderes Vaterland, jedoch im Hinblick auf den gesamten Umkreis dieser Welt ist das einzige Vaterland aller die ganze Erde und die einzige Wohnstatt der Welt."

Diogenes ist, wie manche alten Männer (und nicht wenige philosophische Autoren), recht wortreich, aber auch freundlich, und er sendet seine friedfertige Botschaft in den Vorabend einer Welt, in der falscher Glaube bereits seine ersten Schatten wirft. Diogenes' epikureischer Rat ist nicht neu, aber in neue Worte gefasst:

„Den Menschen nützt der unnatürliche Reichtum nicht mehr als Wasser einem vollen Gefäß. Man wird mit Notwendigkeit bemerken, dass beide außen überlaufen."

„Die Ausübung der Redekunst ist voll von Erregung und von der Beunruhigung, ob man auch zu überzeugen vermag."

„Wir sollten die Götterstatuen lächeln lassen, damit wir zurücklächeln können, statt Furcht zu empfinden."

Selbst in seinen kühnsten Träumen hätte Diogenes von Oinoanda sich wohl nicht vorstellen können, dass fast zweitausend Jahre später viele gebildete Menschen seine Worte in der von ihm erhofften „einzigen Wohnstatt der Welt" lesen können. Doch seine größte Hoffnung ist noch immer auch unsere:

„Nicht universell wird sich die Weisheit verbreiten, denn nicht alle sind zu ihr befähigt. Wenn wir es aber für möglich halten, Weisheit zu erlangen, dann wird das Leben der Menschen wahrhaft göttlich. Denn dann wird alles voller Gerechtigkeit und gegenseitiger Liebe sein, und es wird keine Notwendigkeit geben, Waffen zu tragen oder Gesetze zu erlassen; wir können auf all jene Dinge verzichten, die wir nur betreiben, weil wir einander fürchten."

8. Die Stoiker: Moralische Pflicht und natürliches Gesetz

Im Gegensatz zu anderen philosophischen Schulen der Antike haben die Stoiker den Namen ihres Gründers nicht durch Benennung verewigt. Ihre Lehre geht auf Zenon von Kition zurück, der um 335 v. Chr. auf Zypern geboren wurde und 313 v. Chr. nach Athen kam, wo er wohl bei verschiedenen sokratisch und platonisch ausgerichteten Philosophen studierte. Schon bald – wann genau, ist unbekannt – begann er selbst zu lehren, und zwar in der *stoa poikile*, dem „Buntbemalten Wandelgang", am Rande der Athener *agora*. Von dieser *stoa* hat die nachmals zu großer Beliebtheit aufgestiegene Philosophie, die später von den römischen Eliten verehrt und gepflegt wurde, ihren Namen. Zenon starb 263 v. Chr.

Das von ihm geschaffene Gedankensystem beruht, wie das der Epikureer, auf drei Säulen: einer Logik, die auch Reflexionen über Sprache und Erkenntnis mit einbezog, einer Naturlehre mit einer Kosmologie, die es mit moderneren Entwürfen durchaus aufzunehmen vermag; und einer Ethik, die bis heute in der Welt ist.

Ein schwieriges Gelände

Einem Denkwilligen die Grundzüge der stoischen Philosophie darzulegen, ist durchaus möglich, aber ihre Weiterentwicklung und Verteidigung durch Zenons Nachfolger plausibel zu machen, dürfte selbst hoch gebildeten Gelehrten schwerfallen. Dafür gibt es drei Gründe. Zum einen ist das System vielschichtig. Es bedient sich komplizierter

Ideen, von denen einige dem Alltagsverstand zuwiderlaufen. Es wollte auf grandiose Weise umfassend sein und bewährte sich über einen langen Zeitraum hinweg mit einer Vielzahl höchst geistreicher Argumente.

Zum zweiten war der Stoizismus kein statisches, sondern ein in fortwährender Entwicklung befindliches System. In den zwei Jahrhunderten nach Zenons Tod trat eine beeindruckende Generationenfolge von Befürwortern und Gegnern auf den Plan – Namen, die heute nur noch Stoa-Spezialisten etwas sagen – und stritt um die Vorteile und Verdienste des Systems. In diesem Prozess wurde die stoische Philosophie fortwährend verändert und verfeinert, etwa so, wie heute eine wissenschaftliche Theorie durch die Diskussion in speziellen Fachzeitschriften vorangebracht wird.

Der dritte Grund betrifft eine der großen geistigen Katastrophen der Antike – die zahlreichen Schriften der akademischen Stoiker, die in der fruchtbarsten Zeit dieser Philosophie, der hellenistischen Epoche, entstanden, sind sämtlich verloren. Von Zenon, Chrysippos, Panaitios und Poseidonios (um nur ein paar Namen zu nennen) besitzen wir nichts als kurze Zitate, Hinweise, Zusammenfassungen und die Übernahme des Systems als Lebenshilfe durch spätere römische Autoren, deren Arbeiten erhalten sind.

An erster Stelle ist hier Cicero (106–43 v. Chr.) zu nennen. Auch wenn er nicht mit allem, was seine Lehrer sagten, einverstanden ist, bringt er uns in seinen späteren Schriften, in denen er römischen Lesern die griechische Philosophie erläutert, den Poseidonios fast zum Greifen nahe. Seneca (ca. 4 v. Chr. – 65 n. Chr.) war während der ersten acht Jahre der Herrschaft Neros (und da war der Kaiser noch durchaus normal) ein fähiger politischer Verwalter des Reichs. Senecas *Dialoge*, die *Briefe an Lucilius* und auch seine Satire auf den verstorbenen Kaiser Claudius in der Unterwelt sind keine schwierige Lektüre, im Gegensatz zu Epiktet, dem dritten der römischen Autoren (ca. 50–120 n. Chr.). Am Ende steht Marc Aurel (121–180 n. Chr.), der von 161 bis zu seinem Tod römischer Kaiser war. Seine Notizen und moralischen Reflexionen (die so viel demütiger sind als die des Ex-Sklaven Epiktet), bekannt unter dem Titel *Selbstbetrachtungen*, haben durch einen glücklichen Zufall die Zeitumstände überdauert. Was ist nun mit diesem großen und langlebigen System der stoischen Philosophie? Wie schon bei den Epikureern muss ich auch hier auf eine Darstellung der Logik verzichten. Die Naturlehre ist faszinierend, doch braucht man, um sie zu begreifen, ein gerüttelt Maß Vorstellungskraft und Zeit. Die Ethik ist leicht verständlich, aber mit der Naturlehre eng verbunden.

Das intelligible Universum

Weil die Quellen weitgehend verschüttet sind, können wir die Grundlagen der stoischen Naturlehre nicht angemessen rekonstruieren, sondern bestenfalls skizzieren:

- Das Universum, das All, ist unendliche Leere, in der ein endliches Kontinuum von Materie existiert, das den Kosmos, ein geordnetes Ganzes, repräsentiert (*kosmos* heißt übersetzt u. a. „Ordnung"). Ganz anders bestand das Universum für die Epikureer aus unendlich vielen Teilchen, die sich auf Zufallsbahnen durch den unendlichen Raum bewegen.
- Materie – also all das, was im leeren Raum existiert – ist unbeweglicher Stoff. Er ist durchwirkt von einer Art geistiger Bewegung, die die Stoiker als feurige Luft oder *pneuma* bezeichneten. Auch hier ein Gegensatz zu den Epikureern, für die Stoff – die Teilchen – und Bewegung (der Teilchen) untrennbar miteinander verbunden waren. Für uns wird der Kontrast zwischen Stoff und *pneuma* vielleicht etwas deutlicher, wenn wir den Stoff als Draht und das *pneuma* als den hindurchfließenden elektrischen Strom verstehen.
- Das *pneuma* zeigt sich als Muster, als Ordnung, als die Intelligibilität des Kosmos. Letztlich steht es für die Naturgesetze – es ist der *logos*, der Grund aller Dinge. Diesen Grund nannten die Stoiker häufig (und verwirrenderweise) Gott, meinten damit jedoch nicht jenes Wesen mit halb-menschlichen Zügen, das uns mittlerweile vertraut ist, sondern die geordneten, kosmischen, begreifbaren Naturvorgänge.

Die Gesetze der Natur

Innerhalb des *logos* unterschieden die Stoiker drei allgemeine Prinzipien der Naturgesetze, die wiederum in viele wissenschaftliche Gesetze und Theorien resultieren: kausaler Determinismus, Schwerkraft oder *hexis* (wörtlich: „Zusammenhalt") und die Idee eines sich ausdehnenden, dynamischen Universums.

1. Kausaler Determinismus. Cicero schildert dieses Prinzip sehr lebhaft in seiner Schrift *De divinatione*. Womöglich bezieht er sich hier auf seinen Lehrer Poseidonios:

> „Schicksal (*fatum*) nenne ich das, was bei den Griechen *heimarmene* heißt, eine geordnete Folge von Ursachen, in der jede Ursache mit einer anderen zusammenhängt und eine Wirkung hervorbringt. [...] Infolgedessen ist nichts geschehen, was nicht geschehen sollte, und ebenso wird nichts geschehen, was nicht seine Ursache in der Natur findet. Folgerichtig wird Schicksal das genannt, was man, nicht abergläubisch, sondern im Hinblick auf die Natur, als ewige Ursache der Dinge, das Weshalb der vergangenen, der gegenwärtigen und der zukünftigen Dinge bezeichnet. [...] Denn wer die Ursachen künftiger Ereignisse kennt, weiß notwendig, wie jedes zukünftige Ereignis beschaffen sein wird. [...] Zukünftige Dinge treten nicht plötzlich in die Existenz, sondern die Zeit entwickelt sich wie ein Seil, das nichts Neues mit sich bringt, sondern nur die Ereignisse gemäß ihrer vorgesehenen Ordnung entrollt." (Buch I, 125–127)

Die Herausforderung, nach bestimmten Kausalketten zu suchen – also wissenschaftlich tätig zu sein –, ist greifbar. Ebenso deutlich treten die unangenehmen deterministischen Konsequenzen für menschliche Handlungsfreiheit und -verantwortung hervor – ein Problem, dessen sich die Stoiker mit nur mäßigem Erfolg annahmen.

2. Hexis. Die Stoiker nahmen an, dass es eine Kraft des Zusammenhalts gebe (vergleichbar vielleicht unserer modernen Auffassung der Schwerkraft), mittels derer die einzelnen Dinge und sogar der

Kosmos selbst daran gehindert würden, auseinanderzudriften und sich in der Weite des leeren Universums zu verlieren. In einem eher lokalen, erdnahen Maßstab könnte die *hexis* Ebbe und Flut „in Sympathie mit dem Mond" erklären.

3. Der expandierende Kosmos. Die Stoiker begriffen die Gesamtbewegung des Kosmos als zyklisch. In seinem gegenwärtigen Zustand sei er in Ausdehnung begriffen. Am Beginn dieses Prozesses war ein Feuerball aus mit *pneuma* durchsetzter Materie explodiert und zum Kosmos geworden – einem dynamischen, expandierenden System. Die Expansionskräfte werden irgendwann der *hexis*, der Kraft des Zusammenhalts, weichen, und alles stürzt ineinander und wird zerstört. Dann explodiert es erneut und wird zu einem pulsierenden Kosmos. Das klingt angesichts der Theorie des *Big Bang* nicht so phantastisch, wie es den Anschein hat. In seiner *Trostschrift an Marcia* verleiht Seneca dieser Idee Ausdruck:

> „Und ist die Zeit gekommen, wo die Welt, um sich zu erneuern, sich vertilgt, da wird sich dies alles durch seine eigenen Kräfte zunichtemachen; Gestirne werden gegen Gestirne prallen, und alles, was jetzt in bester Ordnung sein Licht ausstrahlt, wird bei dem allgemeinen Weltenbrande eine einzige Feuermasse bilden. [...] Auch wir seligen Geister, in die Ewigkeit entrückt, werden, wenn es der Gottheit gefällt, den ganzen Weltenbau von Neuem zu beginnen, auch unserseits nicht ausgeschlossen werden von dem allgemeinen Zusammenbruch und Untergang [...]." (Cap. 26)

Die Brücke der Natur

Ich komme nun zu einer der geistreichsten und außergewöhnlichsten Ideen, die jemals vorgetragen wurden. Sie mag nicht glaubhaft, vielleicht nicht einmal sinnvoll erscheinen, hat aber zumindest die Kraft, uns zum Nachdenken zu bringen.

Die Stoiker behaupteten nämlich, dass es zwischen uns und dem Kosmos eine Verbindung gebe, und zwar dergestalt, dass wir Bestandteile des kosmischen Kontinuums sind: eines Kontinuums, das von der unbewegten Materie bis zur aktiven Intelligenz oder Vernunft reicht. Anders ausgedrückt: Intelligenz – das, womit wir *handeln* – und die Intelligibilität oder Vernunft der Dinge im Kosmos – seine Ordnung, Regel- und Gesetzmäßigkeit, kurz, sein „Gott" – sind unterschiedliche Aspekte derselben Sache. Wir Menschen sind ein winziger Teil der Vernunft der Dinge – ein Teil, der handelt. Zugleich gehören wir auch zur kosmischen Materie und sind deren Gesetzen unterworfen. In uns wohnt das freie, aktive Feuer, das unser Wille ist, aber als Materie unterliegen wir sehr engen Beschränkungen. Wir können nicht ewig leben, und nur die wenigsten von uns sind befähigt, so etwas wie Haydns Streichquartette zu komponieren oder unverletzt durch ein brennendes Zimmer zu gehen. Auch sportliche Hochleistungen gelingen nicht sehr vielen. Aber wir können unsere Beschränkungen akzeptieren und an unseren Fähigkeiten arbeiten.

Das Problem, wie menschliche Freiheit und Verantwortung mit notwendig wirkenden Ursachen zu vereinbaren sind, bereitet nicht nur uns heute Kopfzerbrechen; auch die Stoiker versuchten sich an einer Lösung des Problems. Chrysipp z. B. argumentierte, dass unsere Zustimmung zu dem, was uns zustößt, nicht notwendig ist. Zwar gibt es äußere Ursachen – etwa unsere genetische Ausstattung und die Bedingungen, unter denen wir erzogen werden –, aber unsere Einstellung gegenüber den äußeren Geschehnissen hängt zumindest teilweise von der uns innewohnenden Freiheit ab, die unsere Vernunft ist. Aristoteles kommt mit seinem üblichen Scharfsinn Chrysipps Lösung sehr nahe, wenn er (im 3. Buch der *Nikomachischen Ethik*) meint, es gebe in der Entwicklung unseres Charakters einen Zeitpunkt, bevor unsere Anlagen sich zu Gewohnheiten verfestigen. Zu diesem Zeitpunkt könnten wir einen anderen Weg einschlagen, und in diesem Sinne seien wir verantwortlich für das, was wir sind und tun.

Diese Gedankengänge berühren einige der komplexesten und umstrittensten Bereiche der Philosophie. Die Griechen konnten es sich leisten, zu argumentieren und zu streiten, die Römer aber wollten ein „nützliches" Ergebnis: einen Sinn für Verantwortung, nicht nur für die

Männer unter ihrer Befehlsgewalt, sondern auch für das Reich unter ihrer Schirmherrschaft. Ein Beispiel für ihre Lösung findet sich in Ciceros kurzer Schrift *De fato* („Über das Schicksal"). Dort heißt es (vielleicht mit Beziehung auf einen der früheren griechischen Stoiker):

> „Wir räumen ein, dass es nicht in unserer Macht liegt, zu entscheiden, ob wir scharf- oder stumpfsinnig, stark oder schwach sind. Wer aber glaubt, daraus folge notwendig, dass wir nicht einmal frei wählen können, ob wir sitzen oder gehen, der verkennt den Zusammenhang zwischen Ursache und Wirkung. Denn wenn auch Klugheit und Dummheit, Stärke und Schwäche schon bei der Geburt gemäß vorangehenden Ursachen festliegen, so heißt das doch nicht, dass unser Sitzen und Gehen und Handeln gleichermaßen durch erste Ursachen bestimmt und festgelegt ist. [...] Nun mögen Fehler und Laster aus natürlichen Ursachen resultieren, aber ihre Bekämpfung und endgültige Beseitigung, mittels derer der Mensch von den Fehlern und Lastern, zu denen er neigte, abgebracht wird, hängen nicht von natürlichen Ursachen ab, sondern von Willen, Bemühung und Übung." (9–11)

Körperbau und Charakter sind mithin vorbestimmt, aber wir besitzen die Freiheit, das Beste daraus zu machen. Wir sind nicht die Sklaven unseres Charakters. Insbesondere kontrollieren wir unsere Reaktionen durch das Denken, und darin liegt unsere Freiheit, unsere Teilhabe an der Vernunft der Dinge. Wir können mit Geschrei und Gestrampel in die dunkle Nacht gehen oder mit Würde, vielleicht gar zu einem selbstgewählten Zeitpunkt, im Wissen, dass wir uns dazu in Übereinstimmung mit der Ordnung der Dinge und der Akzeptanz dessen, was sein muss, entschieden haben. (Die Stoiker hatten keine Probleme mit einer vernünftigen Entscheidung zur Selbsttötung.)

Integrität und Leiden

Ein seltsam anmutender Grundsatz des Stoizismus muss erklärt werden. Schmerz, so die Stoiker, ist kein Übel und die Lust kein Gut. Denn „übel" oder „böse" und „gut" beziehen sich nur auf die je eigene Geistesverfassung, nicht auf äußere Dinge, die uns berühren. Gesundheit, gutes Essen und eine ausreichende Menge an weltlichen Gütern sind uns als Menschen „angemessen", aber für unsere innere Integrität nicht notwendig. Ähnlich sind Krankheit, Schmerzen und Armut zwar „unangemessen", müssen aber nicht notwendigerweise die innere Person zerstören; es ist sogar möglich, dass die Erfahrung körperlicher Leiden die innere Person kräftigt. So schreibt Seneca in *De providentia* („Von der göttlichen Vorsehung"):

> „‚Nichts', sagt er [Demetrius], ‚kommt mir unglücklicher vor als ein Mensch, dem nie etwas Widerwärtiges begegnet ist.' Denn er hat keine Gelegenheit gehabt, sich selbst auf die Probe zu stellen." (Cap. 3)

Trotz aller moralischen und philosophischen Würde des Stoizismus waren seine akademischen Vertreter in Verfolgung streng rationaler Grundsätze zu Folgerungen fähig, die allem Common Sense hohnsprachen. Cicero und Plutarch (46–ca. 120 n. Chr.) kritisierten solche Absurditäten, und ihre Kritik ist die welterfahrener Männer. Doch im Kern blieb das System bestehen. Und es gab (und gibt) viele Menschen, die danach lebten (und leben), aber einer überragt sie alle.

Marc Aurel

Niemand hat je versucht, die Grundsätze des Stoizismus von einer höheren Position aus oder mit einem stärkeren Pflichtgefühl in die Praxis umzusetzen als der römische Kaiser Marcus Aurelius Antoninus. Seine *Selbstbetrachtungen* sind ein außergewöhnliches Dokument: Aphorismen und kurze Aufsätze, niedergeschrieben während eines harten, zumeist vom Krieg bestimmten Lebens, als Reflexion über das, was er zu tun und zu sein versuchte. Man muss diese Selbstbetrachtungen nicht wie ein gewöhnliches Buch von vorn nach hinten lesen. Man kann es an irgendeiner Stelle aufschlagen und wird alles Mögliche finden – das Lächerliche und Triviale, das Vielschichtige, das Abergläubische, das Gewöhnliche – und einige der tiefsten Gedanken, die je ein Mensch über sich und seinen Ort in der Welt niedergeschrieben hat. Einige Zitate mögen für sich selbst sprechen:

„Wenn du beim Morgengrauen verdrießlich aufwachst, dann denk daran: ‚Ich stehe auf zur Arbeit eines Menschen. Und da bin ich schlechter Laune, wo ich mich anschicke, das zu tun, wozu ich da bin und wozu ich auf die Welt gekommen bin? Oder bin ich dazu bestimmt, dass ich im Bette liege und mich wärme?‘ ‚Aber das ist behaglicher!‘ – Bist du etwa zum Behagen geboren? Überhaupt, bist du zum Genießen oder zum Handeln da? […]" (V, 1)

„Schärfe des Geistes können die Leute an dir nicht bewundern. Mag sein! Aber doch vieles andere, bei dem du nicht sagen kannst: ‚Ich bin dafür nicht begabt.‘ Leiste also das, was ganz in deiner Macht steht […]" (V, 5)

„Den Dingen, mit denen du durch das Schicksal verkettet bist, denen passe dich an. Und die Menschen, mit denen dich das Geschick zusammengestellt hat, die habe lieb, aber von Herzen!" (VI, 39)

„Nicht Ekel empfinden oder verzagen oder mutlos von deinem Vorhaben abstehen, wenn es dir nicht immer gelingt, gemäß den rechten Grundsätzen alles, was du tust, zu vollbringen! Nein! Wenn du einen Misserfolg gehabt hast, dann musst du zu ihnen zurückkehren und zufrieden sein, wenn die Mehrzahl deiner Handlungen menschenwürdig ist, und musst das lieben, zu dem du zurückkehrst." (V, 9)

„Wenn jemand gegen dich fehlt, dann bedenke alsbald, was er für gut oder böse hielt, als er gegen dich fehlte; denn wenn du das erkannt hast, wirst du Mitleid mit ihm haben und dich weder über ihn wundern noch ihm zürnen. Denn entweder hältst du auch selber noch dasselbe wie er für gut oder etwas anderes Ähnliches. Du musst ihm also verzeihen." (VII, 26)

„Ein finsterer Gesichtsausdruck ist durchaus wider die Natur, und wenn er zur Gewohnheit wird, schwindet allmählich das normale Aussehen oder erstirbt schließlich ganz, sodass es überhaupt nicht wieder erweckt werden kann. [...]" (VII, 24)

Nur ganz wenige Weltherrscher haben einen so untadeligen Ruf wie Marc Aurel. Zu Recht nannte Matthew Arnold ihn „einen der Besten unter den Menschen". Aber seine würdevolle Vornehmheit ist mit Traurigkeit unterlegt. Er liebte den Frieden und musste doch fortwährend Krieg führen, vor allem im Norden und Westen, um das Reich zu verteidigen. Seine traurige Bereitschaft dazu hat ihre eigenen Worte gefunden:

„Das Leben ein Kampf und die Wanderschaft eines Fremdlings; der Nachruhm Vergessenheit. [...] Wenn aber für die Elemente selbst nichts Schlimmes darin liegt, dass jedes einzelne von ihnen ständig in ein anderes übergeht, warum sollte es einem da vor der Umwandlung und Auflösung aller grauen? Geschieht sie doch nach dem Lauf der Natur; nach dem Lauf der Natur aber geschieht nichts Schlimmes." (II, 17)

Und schließlich:

„Die Menschen sind um einander willen da. Belehre sie also [eines Bessern] oder ertrage sie." (VIII, 59)

Obwohl er den Stoikern recht kritisch gegenüberstand, hat Cicero das von Marc Aurel zum Ausdruck gebrachte Ideal der Mitmenschlichkeit nicht nur geteilt, sondern ihm in Sätzen Ausdruck verliehen, die der späteren Theorie des Naturrechts in seiner Beziehung auf die Gesellschaft den Weg bahnen. In *De legibus* („Über die Gesetze") schreibt er: „Keine zwei Dinge sind einander so ähnlich wie wir Menschen es sind." Und in *De finibus bonorum et malorum* („Über das höchste Gut und das größte Übel"): „Allein die Tatsache ihres gemeinsamen Menschseins macht es notwendig, dass ein Mensch sich einem anderen als verwandt empfindet." Cicero und später der Kaiser entwickeln die Idee einer allumfassenden Gleichheit aller Menschen: In einem gewissen Maße sind wir, was unsere Bedürfnisse, unsere Hoffnungen, unsere gegenseitigen Verpflichtungen angeht, gleich. Cicero formuliert sogar, in einer berühmten Passage von *De re publica* („Vom Gemeinwesen"), die Vorstellung von einem universellen, für alle Menschen gültigen Gesetz:

> „Es ist aber das wahre Gesetz die richtige Vernunft, die mit der Natur in Einklang steht, sich in alle ergießt, in sich konsequent, ewig ist, die durch Befehle zur Pflicht ruft, durch Verbieten von Täuschung abschreckt, die indessen den Rechtschaffenen nicht vergebens befiehlt oder verbietet, Ruchlose aber durch Geheiß und Verbot nicht bewegt. [...] Wir können aber auch nicht durch den Senat oder das Volk von diesem Gesetz gelöst werden [...], noch wird in Rom ein anderes Gesetz sein, ein anderes in Athen, ein anderes jetzt, ein anderes später, sondern alle Völker und zu aller Zeit wird ein einziges, ewiges und unveränderliches Gesetz beherrschen, und einer wird der gemeinsame Meister gleichsam und Herrscher aller sein: Gott!"
> (III, 22)

Wenn wir Ciceros Gott als die „Vernunft der Dinge" des Stoizismus interpretieren, ist das Zitat eine Aussage über die Ordnung des Kosmos im Hinblick auf die menschliche Gemeinschaft: Wir sind alle Teil eines umfassenden Systems, wie es Marc Aurel zu sein trachtete.

Als von den Griechen gut durchdachtes und von den Römern übernommenes System sind, was folgt, die Grundsätze des Stoizismus als Lebensform:

• Die Versicherung, dass der einzelne Mensch Teil eines Ganzen ist, das Bedeutung hat.

• Ein Weg, Unglück und Enttäuschung durch die Stärkung der inneren Integrität zu ertragen.

• Eine Warnung, dass wir unsere jeweiligen Errungenschaften nicht zu hoch bewerten sollten; sie sind geringfügig und schnell vergessen.

• Ein Weg, den Willen, trotz aller Gebundenheit an die Naturgeset-ze, als Steuermann der Seele anzuerkennen.

• Ein Weg, uns mit den anderen als Teil der menschlichen Gemeinschaft zu verbinden. Und den Tod als natürlich und unvermeidbar zu akzeptieren, als Rückkehr zu dem Frieden, den wir schon vor unserer Geburt besaßen.

Der Stoizismus geriet nie ganz in Vergessenheit, aber etwa ab 200 n. Chr. traten mystische Philosophien und neue Religionen auf den Plan, die ihn allmählich verdrängten. Warum? Der Stoizismus war eine Lebensform für die starken und nachdenklichen Geister, für die Kräftigen und Mächtigen. Das Christentum wandte sich jedoch an die Schwachen und Entrechteten; es verlangte keine gedankenreichen und komplexen Argumente, sondern den Glauben, und der Glaube, tritt er erst kräftig hervor, kann Berge versetzen. Das Denken ist immer mühselig, und am Ende muss man vielleicht gar einsehen, dass Berge dort bleiben, wo sie stehen.

9. Neuplatonismus:
Der letzte Protest

D er Fortschritt – das ist vielleicht immer noch der angemessene Begriff – von Philosophie und Wissenschaft nach der Regierungszeit des ersten römischen Kaisers Augustus (31 v. – 14 n. Chr.) ist mehr als nur selbstverliebtes Produzieren einer geistigen Elite. Weiterhin war philosophischer Unterricht vielen Interessierten zugänglich, und es gab Gelehrte, die brillante wissenschaftliche Arbeit leisteten, wie der Arzt Galen aus Pergamon (129? – 199/216 n. Chr.) auf den Gebieten von Medizin und Anatomie, oder (in der zweiten Hälfte des 2. Jahrhunderts n. Chr.) der Astronom Ptolemäus aus Alexandria.

In der Philosophie wurden die berühmten Schulen – die platonische Akademie, das Lykeion des Aristoteles, die Stoa, der Garten des Epikur – in unterschiedlichen Ausprägungen nach wie vor betrieben und sämtlich durch Zuwendungen aus dem kaiserlichen Schatz von Marc Aurel unterstützt. Aber das schöpferisch-erregende Moment freier Diskussion über die Natur, den Kosmos und die menschliche Gemeinschaft, die das Denken von den Vorsokratikern bis zu den Stoikern und Epikureern gekennzeichnet hatte, verebbte allmählich und wich einer Periode, in der es nur noch um Bewahrung und Kommentierung des Bestehenden ging. Zudem bemühte man sich, oberflächlich gut aussehende Produkte aus miteinander unvereinbaren Zutaten herzustellen. Und schließlich war eine neue Kraft in die Welt getreten, deren Präsenz auf längere Sicht alles verändern würde.

Solche Vorgänge lassen sich nicht exakt datieren, aber nach dem Tod von Marc Aurel im Jahr 180 traten neue Religionen und Quasi-

Religionen immer stärker hervor – am prägnantesten das Christentum und die Gnosis – und übten auf das philosophische Denken zunehmenden Druck aus. Die Theologen (eine ganz neue Gruppe von Spezialisten) machten sich daran, ihre Glaubenssätze zu definieren und disputierten miteinander unter Verwendung von Argumenten, die von den Philosophen für andere Zwecke entwickelt worden waren. Ein Beispiel dafür ist das Glaubensbekenntnis von Nicäa (325), in dem Christus als „wesensgleich" mit dem Vater beschrieben wird. Das griechische Wort – *homoousios* – enthält *ousia*, den von Aristoteles geprägten Begriff für „Substanz". Am Ende des 4. Jahrhunderts schätzte man nur noch jene philosophischen Ansätze, die der Religion zuträglich waren, während man die als neutral oder gleichgültig eingeschätzten allenfalls aus gelehrtem Interesse bewahrte. Jene aber, die man, wie die Werke und Lehren Epikurs und Porphyrios', für schädlich hielt, wurden vernichtet. Die antike Welt ging auf zweifache Weise unter: in einer Flut von Eroberungen durch Barbaren im Westen und in den neuen jenseitsweltlichen Mystizismen und Religionen im Osten.

Der letzte nicht-christliche Kaiser, Julian, starb 363 und mit ihm die letzte Hoffnung auf eine friedliche Koexistenz zwischen Religion und säkularer Philosophie. Im Westen wurde Rom 410 von den Westgoten, 451 von den Wandalen geplündert, und 476 wurde der letzte Kaiser (Romulus) gestürzt. Im Osten, in Konstantinopel, bewährte sich das Reich zwar glänzend, aber in einem System, das man in ideologischer Hinsicht als religiösen Totalitarismus bezeichnen könnte. Der letzte vernichtende Schlag gegen die antike Philosophie war scheinbar unscheinbar: 529 wurden durch Anordnung von Justinian in Athen die letzten nicht-christlichen Schulen geschlossen und ihre Lehrer in den Osten vertrieben.

Dennoch hatte es im 3. Jahrhundert n. Chr. ein letztes Aufblühen der antiken Philosophie gegeben, ein System allerdings, in dem sich Rationalismus und Mystizismus auf extravagante Weise miteinander verbanden. Das war die Philosophie Plotins (204–270), erst viel später unter dem Etikett „Neuplatonismus" bekannt. Philosophie, nicht Religion, ist dieses Denken, weil es argumentiert und keine Offenbarungen dogmatisch verkündet, auch nicht als die Rationalisierung einer vorgängig bereits akzeptierten Glaubensform dargeboten wird. In gewisser Weise steht der Neuplatonismus immer noch in der sokratischen Tradition, den Gedanken zu folgen, wo immer sie einen hinführen – selbst wenn am Ende der Versuch steht, das Unsagbare sagbar, das Undenkbare denkbar zu machen.

Plotin

Das Erste, was wir von Plotin sicher wissen, ist, dass er im Alter von 27 Jahren nach Alexandria ging, um Philosophie zu studieren und dass er dort bis 243 blieb. Dann zog es ihn nach Rom, wo er zu lehren begann. Es ging ihm dabei um die wahre Bedeutung von Platons Denken. Bis zum Alter von fünfzig Jahren schrieb er nichts (in der modernen Universität hätte man ihm daraufhin wohl entweder den vorzeitigen Ruhestand nahegelegt oder ihn zum stellvertretenden Rektor gemacht). Seine Werke – 54 Essays, in denen er seine Version des Platonismus darlegt – wurden von seinem Schüler und Biographen Porphyrios um 300 zusammengestellt und herausgegeben und überdauerten die Zeiten, um der späteren europäischen Philosophie die Ideen eines halb mystischen Platonismus zu übermitteln.

Plotin wie auch Porphyrios (der selbst ein bedeutender Philosoph war) verwarfen das Christentum, weil es sich nicht auf die Vernunft, sondern auf den Glauben berief, und weil sein Supranaturalismus auf einer Person beruhte und sich an individuelle Menschen richtete. Aber die Beziehungen zwischen Plotins Platonismus und der Religion, deren Bestimmung von Orthodoxie in Konstantinopel zunächst umstritten, bisweilen auch umkämpft blieb, waren ambivalent. Einerseits wurde Porphyrios' Schrift *Gegen die Christen* verbrannt, keine Kopie ist davon erhalten geblieben. Die letzten 529 aus Athen vertriebenen Philosophen waren Neuplatoniker. Andererseits waren die neuplatonischen Schulen im 4. Jahrhundert n. Chr. weitverbreitet, und viele Elemente ihrer Lehre wurden Bestandteile christlicher Philosophie und Theologie. Der Einfluss des Neuplatonismus reicht bis zu den Cambridge-Platonikern des 17. Jahrhunderts, dem englischen Dichter William Blake (1757–1827) und dem französischen Philosophen Henri Bergson (1859–1941).

Neuplatonismus:
„Die große Kette der Wesen"

Dass die griechische Philosophie Selbstkontrolle und Mäßigung propagierte und Ruhmsucht und Reichtum verurteilte, würde heutzutage vermutlich weder TV-Gurus noch Profisportler oder Banker, die sich für die nächste Million abstrampeln, begeistern. Aber auch der Neuplatonismus ist, wiewohl auf andere Weise, unmodern. Er ist beängstigend metaphysisch und von unserer Alltagswelt undenkbar weit entfernt. Liest man sich tiefer ein, ist er aber auf merkwürdige Weise sehr überzeugend.

Wie bereits in Kapitel 5 erwähnt, lässt sich ein Element von Platons Philosophie als Zwei-Welten-Lehre begreifen. Da ist einmal die Welt der gewöhnlichen, fehlerhaften Wahrnehmung, und zum anderen die Welt der immateriellen Seelen, der dauerhaften Wesenheiten und rein geistigen Ideen. Plotin hielt diesen Dualismus für ein Missverständnis, das er nicht mit aristotelischem Realitätssinn beseitigen oder durch den Kosmos der Einen Welt von Stoizismus und Epikureismus ersetzen wollte. Vielmehr schuf er ein umfassendes, einheitliches System der Wirklichkeit, in dem alles, was existiert, letztlich von einer Realität abhängt, die Plotin das EINE nennt. Dieses EINE ist unkörperlich, selbstverursacht, absolut frei und gut. Es ist ein Sein ohne Anfang und Ende, aus dem alles andere hervorgeht in einer absteigenden Folge immer geringerer Wirklichkeiten, von denen jede stärker fragmentiert, zahlreicher und vom EINEN weiter entfernt ist als die vorhergehende.

Die erste Stufe unterhalb des absoluten Seins ist der *nous* oder Geist, der aus dem überströmenden Reservoir von Existenz und Leben hervorgeht wie das Licht von einer unerschöpflichen Sonne. Plotin nennt ihn „Schau, die noch nicht Sehkraft erlangt hat".

Die zweite Stufe ist die Weltseele, *psyche*, die aus dem *nous* emaniert. Die Weltseele ist das universelle Prinzip des Lebens, das in sich alle individuellen Seelen umfasst. Die dritte und niedrigste Stufe der Abhängigkeit von dem EINEN ist eine Emanation der *psyche*. Es ist das materielle, zeitlich und räumlich organisierte Universum. Alle körperlichen Formen sind im grenzenlosen Ozean der Weltseele enthalten. Darunter liegt noch die gestaltlose Materie, der passive Stoff der sinnlichen Dinge, der vom EINEN so weit entfernt ist, dass man ihn als „böse" bezeichnen muss.

Das klingt, ich weiß es, höchst seltsam. Aber durch diesen rationalisierten Mystizismus hat Plotin, mit Unterstützung von Porphyrios, eine Version von Platons Ideenlehre durch das Dunkle Zeitalter bis ins mittelalterliche Europa getragen. Zusammen mit Platons Werken haben Plotins Schriften den Untergang der Antike vollständig überlebt. Sind sie auch schwierig und fordernd, so ist Plotins Biographie, geschrieben von Porphyrios als Vorwort zur Ausgabe der Schriften, doch leicht zu lesen. So soll der Schüler das letzte, und der von ihm zitierte Homer das allerletzte Wort haben, und so steht Homer wie am Anfang, auch am Ende der klassischen Antike:

> „Denn wenn er schrieb, hätte er sich nie dazu verstanden, das Geschriebene ein zweites Mal zur Hand zu nehmen, er las es ja nicht einmal das erste Mal wieder durch, weil seine Sehkraft ein bequemes Lesen nicht erlaubte. Bei Schreiben gab er der Form der Buchstaben keinerlei Schönheit, er trennte die Silben nicht deutlich, er kümmerte sich nicht um die Rechtschreibung; er war einzig und allein auf den Sinn bedacht. Und worüber wir uns alle gewundert haben, er behielt seine Schreibweise bis zum Tode bei. Er machte nämlich bei sich die Untersuchung von Anfang bis Ende fertig, dann übergab er die Frucht seiner Untersuchung der Schrift und schrieb, was er in seiner Seele aufbewahrte, so fließend nieder, dass man glauben könnte, er entnehme es einem Buche. [...] In seinen Vorlesungen war er klar und packend und hatte eine besondere Fähigkeit, die passenden Gedanken zu finden. [...] ,So leuchtet dein Licht vor den Männern.'"

10. Das Ende der klassischen Antike

„Wandelt doch die Zeit das Wesen der Welt hier im Ganzen, / nacheinander muss Zustand nach Zustand aufnehmen alles, / keines bleibt ähnlich der Dinge sich selber: alles ist fließend, / alles tauscht die Natur und zwingt es, sich zu verwandeln." Wenn Lukrez in *De rerum natura* (das Zitat stammt aus Buch V, 828–831) vom ständigen Fließen und der Wandelbarkeit aller Dinge spricht, bezieht er sich auf das Wesen des Universums, aber er hätte ebenso gut über die raschen Veränderungen im Leben der Menschen und in ihren Institutionen schreiben können.

Vergleichen wir die Welt von Alexander dem Großen und Aristoteles um 325 v. Chr. mit der Welt von Kaiser Hadrian und dem Arzt Galen im 2. Jahrhundert n. Chr., so hat sich zwar viel verändert, doch ist vieles auch noch erkennbar: Die Welt ist größer und vielschichtiger geworden, umfasst mehr Völker und Kulturen, mehr Götter, zwischen denen man wählen kann. Die Grenzen sind weiter geworden, und innerhalb ihrer lebt man vergleichsweise sicher und wohlhabend. Die Welt wird allmählich grausamer, das stimmt, aber sie ist immer noch offen für spekulatives und ungehindertes Denken, so wie es das klassische Griechentum und der Hellenismus gekannt haben. Religionen, Bauwerke, das Leben der Bürger, die Tempel und ihre Funktionen, die Theater und ihre Aktivitäten, die Schulen, die öffentlichen Spiel- und Sportveranstaltungen – all das verweist auf eine Kontinuität, die das Neue mit dem Alten verbindet. Bildung ist, gerade im Osten, weitverbreitet, Bücher und Papyrusrollen werden bewahrt und mit Respekt behandelt. In Philosophie und Wissenschaft ist vorurteilsfreies Forschen und Fragen weiterhin möglich. Doch wenn wir diese Welt mit der des frühen 5. Jahrhunderts n. Chr. vergleichen – der Welt, die sich nach dem Tod des oströmischen Kaisers Theodosius (395) entwickelte und in der sich Augustinus zum Christentum bekehrte – sehen wir im Osten tiefgreifenden sozialen und geistigen Wandel und im Westen Zerstörungen militärischer, ethnischer und politischer Art (lebhaft beschrieben von J. B. Ward-Perkins in *Der Untergang des Römischen Reiches und das Ende der Zivilisation*, dt. 2007 erschienen). Der Wandel im Osten dagegen ist religiöser, kultureller und philosophischer Art. Er verändert oder verwirft fast alles, was der klassischen Antike wertvoll war oder noch von Kaiser Hadrian mit Beifall bedacht worden wäre. Auch die Struktur der Städte verändert sich und hinterlässt dort, wo die Orte verfallen oder verlassen werden, jene mächtigen Ruinen des vorherigen Zeitalters, die wir heute noch sehen.

Was war der Grund für diese Erschütterung der tradierten Welt, die nicht durch Krieg oder feindliche Invasion verfiel? Es gibt darauf eine Antwort, hinter deren augenscheinlicher Einfachheit sich viel verbirgt: Religion.

Wenn wir den göttlichen Willen, dessen Unergründlichkeit zu jener Konversion führte, die aus Saulus Paulus machte, beiseitelassen, bleibt die Frage, warum das Heidentum der klassischen Epoche und alle damit verbundenen Freiheiten untergehen mussten, während das Christentum mit all seiner augenscheinlichen Schwäche siegreich war. Die Frage ist zu umfassend, als dass sie sich kurz beantworten ließe, und zu bedeutsam für das, was man in und an den antiken Stätten wahrnimmt, als dass sie sich völlig ignorieren ließe.

Das Heidentum

Das Heidentum des klassischen Zeitalters war ein tolerantes Durcheinander, das man am besten ex negativo beschreibt, nämlich anhand jener Aspekte, die ihm im Vergleich zu modernen monotheistischen

Religionen fehlen. (Ein Mangel, der Wissenschaft und Philosophie indirekt förderte, was man vom Christentum nicht behaupten kann, das ja bis heute in einigen seiner Gestalten – man denke etwa an den Kampf gegen die Evolutionstheorie – wissenschaftsfeindlich ist.)

Heidnische Gottheiten sind nicht, wie wir, sterblich, doch ebenso wie wir ein Teil des Universums – ein ehrfurchtgebietender, überaus mächtiger, unsichtbarer Teil, dessen wir uns bewusst sein sollten, aber dennoch ein Teil. Sie sind nicht die Schöpfer und Erhalter alles Seienden, auch nicht der ferne und endgültige Grund für das So-Sein der Welt.

Die heidnischen Gottheiten sind keine Exklusivwesen. Kein Mensch noch Gott wäre begründetermaßen beleidigt, wenn jemand Athene in Athen und Artemis in Ephesos anbetet, darüber hinaus aber noch Mitglied einer Loge des Mithraskults an der nordbritischen Grenze des Römischen Reichs ist (daher das Sprichwort: „Tu es in Rom den Römern gleich"). In seinem Fragen nach dem Wesen der Frömmigkeit bietet Sokrates eine philosophisch interessantere Interpretation der selben Idee: Frömmigkeit, so sagt er im *Eutyphron*, sei „die Wissenschaft von einer Art gegenseitigen Handels zwischen Göttern und Menschen", letztlich so etwas wie eine grundlegende Übereinkunft.

Angesichts der Großzügigkeit der antiken Götterwelt, in der neue Kulte und Gottheiten auftauchen und alte bisweilen verschwinden, kann die Feststellung kaum überraschen, dass es weder Glaubensbekenntnisse noch systematische Theologien, weder national, noch international organisierte Priesterschaften, und schließlich auch kein durch göttliche Autorität sanktioniertes Buch gibt, dessen Interpretation streng geregelt ist und, falls notwendig, kämpferisch vertreten wird. Es gibt in der antiken Religion also auch kein Ketzertum und keine Ketzer. Ein Glaubender folgt der heidnischen Religion insofern, als er oder sie unziemliches Verhalten an einem Ort, den die Gottheit am meisten schätzt, vermeidet – also im Heiligtum selbst, im heiligen Hain oder an einem anderen Platz, der für die Götter bezeichnet ist. Die Gottheiten muss man mit Opferrauch, mit Weihspielen oder Hymnen und Zeremonien erfreuen, die vorschriftsmäßig ausgeführt werden. Das gilt auch für die zahlreichen kleineren Gottheiten des Herdes, des Waldes, der Felder und Gewässer, die indes mit weniger Aufwand bedacht und bedankt werden. Das Ergebnis ist eine Art von Pakt oder Handel zwischen Menschen und Göttern: Wir tun unser Bestes, um euch Anerkennung zukommen zu lassen, und ihr helft uns, wenn es euch so gefällt.

Die Idee der Sünde – dass, wer wissentlich gegen den Willen der Gottheit verstößt, ihrer Gnade verlustig geht – gibt es im antiken Polytheismus kaum. Vielleicht unterlaufen einem, durch Sorglosigkeit oder Zufall, zeremonielle Fehler, vielleicht übersieht man lokale Gepflogenheiten und verstimmt so den Gott des Ortes, der das übelnimmt; vielleicht verstößt man gar, wie Orest, gegen eine absolut gesetzte *praxis*, einen Verhaltenskodex, und wird bestraft, bis der Gott die Regeln ändert – aber das freie Denken bleibt davon unberührt. Man kann nicht sündigen, indem man durch reines Denken ungläubig ist oder das Verbotene begehrt oder etwelche Spekulationen über das Universum anstellt.

Und schließlich: Gute Beziehungen zwischen uns und einem Gott (oder mehreren Göttern) im Diesseits sind keine Garantie für die Ewigkeit – weder in positiver noch in negativer Hinsicht.

Zusammengefasst lässt sich sagen, dass der antike Polytheismus, im Gegensatz zum Christentum und zum Islam, seine Gottheiten als Wesen sah, die

• zum Universum gehörten;
• kein ewiges Leben als Vergütung für den Glauben an sie gewährten;
• keine Territorialkämpfe gegen andere Gottheiten führten, die ohnehin zumeist Verwandte von ihnen oder gar sie selbst unter anderen Namen waren (es gab also kein religiöses Toleranzproblem);
• eine Religion verkörperten, die keine nationale oder internationale Uniformität und keinen heiligen, göttlich autorisierten Text erforderte – es gab also keine Begriffe von Orthodoxie oder Häresie;
• in ihrem Pantheon keine böse Gottheit – keinen Satan oder dergleichen – kannten.

Dass ein so geartetes religiöses Klima – im Gegensatz zum Nachfolger – die Anfänge von Wissenschaft und Philosophie begünstigte, ist nicht schwer zu begreifen. Aber denken wir an den Kampf der katholischen Kirche gegen Galileo Galilei im 17. Jahrhundert oder an die fortgesetzten Einwände der Kreationisten gegen die Evolutionstheorie. Wären diese Theorien in der klassischen Antike entwickelt worden – und ihre Anfänge liegen tatsächlich dort –, hätte niemand die Frömmigkeit gegenüber den Göttern als Einwand dagegen erhoben. Die Götter wurden verehrt, waren aber nicht für die Beschaffenheit des Universums verantwortlich.

Das Christentum

Warum musste die religiös tolerante und unordentliche Welt der klassischen Antike am Ende so schnell einer Religion weichen, die einen Monopolanspruch erhob? Einer Religion, die im Oströmischen Reich von Anbeginn und in den Trümmern des Weströmischen Reichs nach langwierigen und schmerzhaften Bemühungen ihre Organisationsform in einem theokratischen Staat fand? Eine eher allgemeine Antwort lautet, dass der christliche Konvertit vom Sinn des Lebens, Leidens und Todes völlig andere Vorstellungen hatte als sein heidnischer Vorgänger oder Zeitgenosse. Und auch seine Glaubensfestigkeit war eine andere.

Die Christen verfügten über außerordentliche Stärke. Sie glaubten absolut und ohne geistige Vorbehalte, dass die Wahrheit, die sie besaßen, ihnen ein ewiges Leben gewähren würde, ungeachtet all dessen, was ihnen im Diesseits zustoßen könnte – Leiden, Armut, soziale Ächtung oder grauenvoller Tod. Das alles spielt nun keine Rolle mehr, ist nur das Vorspiel zur himmlischen Gnade, die der Auferstehung der Toten am Jüngsten Gericht folgt.

Das Christentum war offen auch und gerade für die Erniedrigten und Beleidigten, für die Ungebildeten und Armen. Es war die Religion für Außenseiter und Underdogs – für alle, denen das große Weltreich wenig anzubieten hatte außer Knechtschaft und Bedeutungslosigkeit; und das Christentum bot Vergebung für jene, die sich sündig fühlten.

Der Zusammenstoß mit den Institutionen des römischen Staats war unvermeidlich und wurde schließlich gewollt. Die frühchristlichen Gemeinden neigten – wie die Gemeinschaften der Epikureer, nur sehr viel offener – dazu, einen Staat im Staate zu bilden, der die Zusammenarbeit mit den offiziellen Institutionen verweigerte. Aber die Epikureer hatten keine Bedenken, einem vergöttlichten Kaiser oder einer der zahlreichen Gottheiten die erwartete Verehrung zu bekunden. Der religiöse Glaube war für sie kein Thema. Den Christen jedoch war dies verwehrt. Sie kannten nur den einen Gott, alles andere war Götzendienerei. Diese bis zum aktiven Ungehorsam reichende Abkehr von den religiösen Verbindlichkeiten des Reichs, nicht der Glaube als solcher, war der Grund für die gelegentliche, unberechenbare und großenteils lokale Verfolgung der christlichen Gemeinden. Als diese den Charakter der Dauerhaftigkeit annahm, wurde sie nur halbherzig betrieben und kam zu spät. Warum? Weil laut Verkündigung durch die Bischöfe der christliche Märtyrer nach seinem Tod direkt in das himmlische Paradies gelangen würde. Das Martyrium war, vor allem in Nordafrika und dem Westreich, grausam, aber das eigentlich Furchtbare daran war, dass die Christen es ersehnten. Der römische Staat konnte mit Menschen, die leiden *wollten*, ebenso wenig fertigwerden wie eine moderne Demokratie mit Leuten, die sie Terroristen nennt, die sich selbst aber als auf ewige Seligkeit aspirierende Märtyrer betrachten.

Die Haltung der frühen Christen zu Leiden und Tod stellte die Sichtweise der klassischen Antike auf den Kopf. Diese reichte bis zu Homer zurück und besagte, dass der Tod tunlichst zu vermeiden sei, weil er aus der Perspektive des lebendigen Menschen nichts Gutes in sich berge, und dass Leiden nicht begehrenswert sei. War das Leiden unerbittlich (so wie die Pest in Athen, von der Thukydides berichtet), konnte es ein Argument gegen das Gottvertrauen werden. Die Christen drehten diesen Denkansatz um. Je mehr Leiden, desto mehr Ähnlichkeit mit dem Glaubensgründer, und Leiden bis zum Tod war der Weg zum ewigen Leben. Diesem unerschütterlichen Glauben, der besonders diejenigen ansprach, die nicht viel an weltlichen Freuden zu verlieren hatten, stand die Macht des römischen Staats schließlich hilflos gegenüber. Zur Kooperation von Christentum und Staat kam es in zwei Schritten: Kaiser Konstantin akzeptierte die neue Religion, um die Einheit des Staats zu wahren; Theodosius I. setzte ihren Monopolanspruch durch.

Von der Toleranz zur Intoleranz

Der alles entscheidende Unterschied zwischen der Religion, die Paulus aus dem konstruierte, was er über Jesu Leben gehört hatte, und allen anderen Sekten, Kulten und Formen religiöser Verehrung in der klassischen Antike (mit Ausnahme der Juden, die aber weitgehend unter sich blieben) bestand darin, dass Paulus für die christliche Religion eine Einzigartigkeit und Universalität beanspruchte, die alles, was es an Glaubensideen und -gestalten noch geben mochte, ausschloss und schon bald für sündhaft erklärte. Hatte das Christentum erst die Macht, war das Ergebnis so zwingend wie der Schluss eines aristotelischen Syllogismus. Politisch fand die Entwicklung unter drei Kaisern statt.

Im so berühmten wie bewunderungswürdigen Edikt von Mailand (auch bekannt als Toleranzedikt oder Mailänder Vereinbarung) verfügten Konstantin und Licinius 313 n. Chr.:

„Und so glaubten wir in heilsamer und vernünftiger Erwägung den Entschluss fassen zu müssen, durchaus keinem die Erlaubnis zu versagen, der entweder der Religionsausübung der Christen oder jener Religion sich zuwenden wollte, die er für sich als die geeignetste erachtete, auf dass die höchste Gottheit, deren Verehrung wir aus freiem Herzen ergeben sind, uns in allem die gewohnte Huld und Gnade erweisen könne."

Keine fünfzig Jahre später machte Julian (von den Christen mit dem Beinamen *Apostata*, der „Abtrünnige", versehen), der zum Christentum gezwungen worden war und nun als Kaiser in Konstantinopel herrschte, den fast letzten Versuch, für friedliche Koexistenz zwischen den alten und neuen Religionen zu sorgen. Sein Freund Ammianus Marcellinus (ca. 325–395) schildert diese Bemühungen:

> „Als seine Furcht [sich zu Göttern zu bekennen] endete und er sah, dass die Zeit gekommen war, da er tun konnte, was er wollte, enthüllte er die Geheimnisse seines Herzens und ordnete durch klare und uneingeschränkte Dekrete an, dass die Tempel zu öffnen und die Verehrung der Götter in Kraft zu setzen sei. Und um die Wirksamkeit dieser Maßnahmen zu erhöhen, hieß er die Bischöfe der Christen, die unterschiedliche Meinungen vertraten, ebenso zum Palast kommen wie die widerstreitenden Menschen aus dem Volke. Und er wies sie höflich an, ihre Differenzen beizulegen. Jeder solle furchtlos und ohne Gegnerschaft seinen Glauben praktizieren können [...], denn er wusste aus Erfahrung, dass keine wilden Tiere sich so menschenfeindlich gebärden wie die meisten Christen in ihrem tödlichen Hass gegen einander." (*Res gestae*, XXII, 5)

Aber Julian verlor schon bald darauf sein Leben im Kampf gegen die Perser. Am Ende des Jahrhunderts sollte sich Theodosius I. für die Vorherrschaft des Christentums und damit gegen die Tolerierung der heidnischen Religionen wie auch jeglicher Abweichung von dem, was nun als christliche Orthodoxie galt, entscheiden. Seine 381 bekundete Bekräftigung des Nicäischen Glaubensbekenntnisses zeigt eine Haltung gegenüber „abweichlerischen" Christen, die, wiewohl unabsichtlich, Julians Vorwürfe bestätigt:

> „Die Heiligung des Nicäischen Bekenntnisses, auf uns gekommen durch unsere Vorfahren, bekräftigt durch die Zeugenschaft und Verkündung der göttlichen Religion, bestimmt für ewige Fortdauer, wird aufrechterhalten. Die Gifte des photinianischen Irrtums und des arianischen Sakrilegs, die Verbrechen der Eunomianischen Häresie und die unaussprechlichen Ungeheuerlichkeiten der Sekten werden keinen Einfluss mehr haben."

Und so sollte es für Hunderte von Jahren weitergehen. Die Freiheiten der antiken Welt waren, mitsamt ihren Torheiten, dahin.

Der Wandel der Philosophie

Es wäre müßig, die Veränderungen zu beschreiben und zu analysieren, die der Vernunftgebrauch auf seinem Weg von der griechischen zur mittelalterlichen Welt durchlief und durchlitt. Es reicht die Gegenüberstellung der Äußerungen zweier Männer von höchster Fähigkeit und größtem Ruhm, deren einer die Blütezeit der Antike repräsentiert, während der andere ihr Ende markiert.

Der eine ist Aristoteles. Das erste Buch der *Metaphysik* beginnt mit den vielzitierten Worten: „Alle Menschen streben von Natur nach Wissen"; später geht es um die Vermehrung des Wissens qua „Erforschung der Wahrheit", letztere kann niemand

> „in genügender Weise erreichen, aber auch nicht ganz verfehlen […], sondern ein jeder sagt etwas Richtiges über die Natur, und wenn sie einzeln genommen nichts oder nur wenig zu derselben beitragen, so ergibt sich aus der Zusammenfassung aller eine gewisse Größe." (993a–b)

So spricht der Informationen sammelnde Wissenschaftler oder die Forschungsgruppe, die ein Projekt verfolgt. In der *Physik* spricht Aristoteles über den Umgang mit Hypothesenbildung und -begründung, (und wendet sich dabei insbesondere gegen Anaxagoras):

> „Aber wer das sagt, darf das nicht einfach nur behaupten, sondern man muss auch den Grund dafür angeben, und nicht bloß etwas hinstellen oder einen unvernünftigen Grund-Satz fordern, sondern […] Erfahrungsbelege oder Vernunftbeweise anführen […]" (Buch VIII, 252a)

Der zweite Mann ist der Kirchenvater Augustinus (354–430), der in den *Bekenntnissen* über die Erkenntnis des Wesens der Dinge schreibt. Der Gegensatz zu Aristoteles' Entdeckerfreude ist bemerkenswert:

> „Noch eine andere Art Versuchung, weit gefährlicher als diese [die Augenlust] gibt es […], eine andere Gier […], was zur Befriedigung eitlen Vorwitzes dient und sich herausputzt mit dem Namen Erkenntnis und Wissenschaft." (X, 35)

Und das sagt er, in einer Schrift gegen die Donatisten, über den Umgang mit Gegnern:

> „Was also ist die Aufgabe brüderlicher Liebe? Wird sie, aus Angst vor kurzfristigen Feuerqualen für einige wenige, alle den ewigen Flammen der Hölle überantworten? Und wird sie jene in großer Zahl ewiger Verdammnis überlassen, denen die Häretiker es nicht erlauben, in Übereinstimmung mit den Lehren Christi zu leben?" (*De correctione Donatistarum*, ep. 185, cap. 3.)

Was immer man selbst glauben mag, so dürfte doch zweifelsfrei feststehen, dass die großen philosophischen Systeme, die den Gedanken freien Lauf ließen und die Tore zum Universum der Natur öffneten, nicht aufgeblüht wären, wenn die systematische Entwicklung einer Allwissenheit beanspruchenden Religion am Anfang der Antike gestanden hätte statt an ihrem Ende. Homer und die Klassik brachten hervor, was wir denken; Paulus und Mohammed sorgten für das, was wir glauben. Heute erleben wir die Einheit – oder Uneinheit – beider.

III.

STÄDTE UND STADTBEWOHNER:

EIN ÜBERBLICK

Abdera

Abdera liegt in Thrakien, an der Nordküste der Ägäis, etwa einhundert Kilometer westlich der Grenze zur Türkei. Die nächste moderne Hafenstadt ist Kavala. Abdera war einst eine bedeutende und ausgedehnte Stadt, aber davon ist leider kaum noch etwas zu sehen. Die Archäologen graben sich mühsam durch Schutt und Geröll von zweitausend Jahren, um die Umrisse von Straßen und Gebäuden freizulegen, sodass das Gesamtbild allmählich vollständiger und interessanter wird. Im nahegelegenen Avdira gibt es ein außerordentlich gut ausgestattetes Museum, das die Funde aus Abdera zeigt (übrigens mit Hinweisen in englischer Sprache).

Das antike Abdera wurde von der Stadt Klazomenai aus um 650 v. Chr. gegründet und erhielt beträchtlichen Zuwachs durch die Bevölkerung von Teos (bei Ephesos), die 544 vor den Persern floh, vielleicht mit dem Dichter Anakreon in ihren Reihen. Die Stadt war berühmt für die Qualität ihrer Münzprägung und gelangte durch Landwirtschaft (der Boden war gut) und als Handelsknotenpunkt zu Wohlstand. Auch wenn die Bewohner von Abdera schon im Altertum den Ruf genossen, eine Art Schildbürger zu sein (bei Cicero steht der Ausdruck „Abderit" für eine leicht dümmliche Person), war die Stadt doch vorwiegend wegen ihrer Philosophen berühmt (aber vielleicht dachte Cicero *gerade* an die Philosophen?). Deren bedeutendster war Demokrit (geb. um 460 v. Chr.). Sieht man einmal von dem kaum bekannten Leukipp ab, der vielleicht aus Milet stammte, ist Demokrit der Urheber der antiken Atomtheorie, mit der er die Phänomene der natürlichen Welt erklärte (s. Teil II, Kap. 7). Der andere abderitische Philosoph ist Protagoras (485–411 v. Chr.), einer der Sophisten, über den sehr viel bekannt ist. Sein Ausspruch „Der Mensch ist das Maß aller Dinge" ist so berühmt wie vieldeutig. In Platons Dialog *Theätet* beschäftigt sich Sokrates damit:

„*Sokrates.* Er [Protagoras] behauptet nämlich, der Mensch sei das
Maß aller Dinge, der seienden, dass sie sind, der nicht seienden, dass
sie nicht sind. Du hast es doch gelesen?

Theätet. Gewiss, und nicht bloß einmal.

Sokr. Meint er es also nicht so, dass für mich alles so ist, wie es mir
erscheint, und für dich hinwiederum so, wie es dir erscheint? Mensch
aber bin ich ebenso wie du?

Theät. Ja, so meint er es.

Sokr. Von einem weisen Mann aber darf man doch nicht annehmen,
dass er Albernheiten redet. Wir wollen also seinen Gedanken nach-
gehen. Kommt es nicht öfters vor, dass beim Wehen des nämlichen
Windes der eine von uns friert, der andere nicht? [...] Wollen wir nun
dann den Wind an und für sich kalt oder nicht kalt nennen, oder sollen wir mit Protagoras sagen, dass er für den Frierenden kalt, für
den anderen aber es nicht ist?" (152a–b)

Immerhin hat ein Abderit damit ein wunderbar provozierendes philosophisches Problem aufgeworfen.

Akragas

Diese Stadt – das römische Agrigentum, heute Agrigent(o) – war eine
in Südsizilien um 580 v. Chr. gegründete griechische Kolonie. Dass sie
früh zu Reichtum gelangte, sieht man an den herrlichen Tempeln, die
zu den beeindruckendsten Ruinen griechischer Bauwerke gehören. In
den Kriegen zwischen Rom und Karthago wurde die Stadt schwer beschädigt, konnte sich aber wieder erholen. Nach dem Ende des weströmischen Reichs (410, dann endgültig 476 n. Chr.) schrumpfte die
Stadt zu einer bloßen Siedlung auf der alten Akropolis.

Im 5. Jahrhundert v. Chr. hatte Akragas für einige Zeit eine be-
grenzt demokratische Regierung, an der auch der von Pythagoras,
Parmenides und Xenophanes beeinflusste vorsokratische Philosoph
Empedokles (um 492–432) führend beteiligt war.

Alexandria

Die Stadt wurde 331 v. Chr. von Alexander dem Großen gegründet und dann von seinen Nachfolgern in Ägypten, den Ptolemäern, zur Hauptstadt gemacht. Anfänglich und später immer wieder einmal wurde Alexandria nach griechischem Vorbild demokratisch regiert. Die Einwohnerzahl, die schließlich auf eine halbe Million oder mehr anwuchs, machte die Stadt vierhundert Jahre lang zur zweitwichtigsten Metropole des Römischen Reichs. Auch als christliches Zentrum blühte Alexandria, bis es 640 n. Chr. von den Arabern eingenommen wurde. Alexandrias Bedeutung für die Geistesgeschichte liegt nicht darin, dass dort philosophische Berühmtheiten beheimatet waren – ausgenommen Plotin (205–269 n. Chr.), der Begründer des Neuplatonismus (s. dazu Teil II, Kap. 9) –, sondern in zwei großen Institutionen: dem Museion und der Bibliothek, und folglich in den Gelehrten, Wissenschaftlern und Mathematikern, die es dort hinzog.

Das Museion, das in puncto Organisation und Arbeitsweise einer Universität oder einem Forschungsinstitut der Moderne schon recht nahekam, war von den unmittelbaren Nachfolgern Alexanders, Ptolemäos I. und II., gegründet worden und wurde von der Dynastie (deren letzte Vertreterin Kleopatra war) ebenso großzügig unterstützt wie von den römischen Kaisern, insbesondere von Hadrian. Das Museion hatte fest angestellte und bezahlte Gelehrte sowie einen Präsidenten. Es wurden symposia veranstaltet (gesellige Festmahle mit intellektuellen Diskussionen), die die Mächtigen und Gebildeten anzogen. Plutarch, Lukian, Galen und viele andere kamen aus diesem Grund nach Alexandria. Das Museion wurde wahrscheinlich von Theodosius I. um 391 n. Chr. im Zuge seiner Durchsetzung eines dogmatischen Christentums im oströmischen Reich geschlossen.

Die ebenfalls von den Ptolemäern gegründete Bibliothek war eine Institution für sich. Sie lag wahrscheinlich nahe dem Museion im Palastbezirk und genoss hohes Ansehen wegen ihrer umfangreichen Sammlung – wohl eine halbe Million Schriftrollen (was einigen 100 000 modernen Büchern entspricht). Die nächstgrößere Bibliothek war die von Pergamon; dort lagerten aber nur 200 000 Rollen. Allerdings waren diese griechischen Bibliotheken Vorläufer der privaten und öffentlichen Bibliotheken der Römer. Allesamt jedoch waren sie Gefahren ausgesetzt – Feuer, Schimmel, Würmer bedrohten die Bestände und später die zerstörerischen Aktivitäten der neuen Religion. Die Bibliothek von Alexandria geriet 48/47 v. Chr. eher versehentlich in Brand, als Julius Caesar den Palastbezirk belagerte, doch scheint man sie später teilweise wiederhergestellt zu haben.

Die antike Stadt liegt größtenteils unter dem modernen Alexandria, die griechischen und römischen Überreste, die heute zu sehen sind, befinden sich fünfeinhalb Meter oder mehr unter Straßenniveau. Bibliothek und Museion müssen noch rekonstruiert werden, aber es geht voran, wie Prof. Richard Sorabji in einem informellen Bericht anlässlich einer Vorlesung im August 2009 mitteilte:

„Alle zwanzig aus Stein errichteten Vorlesungsräume der alexandrinischen Schule, in der verschiedene Fächer unterrichtet wurden, und wo Philoponos [490–570 n. Chr.; ein bedeutender christlicher Neuplatoniker] lehrte, sind in den letzten Jahren ausgegraben worden. Sie sind so erstaunlich vollständig erhalten, dass wir uns ein Bild davon machen können, wie anders damals das Lehren für Fortgeschrittene aussah. Der Professor saß auf einem Thron vor einer hufeisenförmig angeordneten Reihe von Steinsitzen, in der wenigstens 30 Schüler Platz fanden. Die Kurve war so berechnet, dass alle einander sehen konnten. Aber an der Öffnung des Hufeisens stand die Person (vielleicht der Student während einer Prüfung?), die sich an das Seminar wandte, sehr exponiert an einem Lesepult. Die Vertiefung für das Pult ist noch in einem der Steinblöcke zu erkennen."

Aphrodisias

Die Stadt liegt östlich von Ephesos und etwa 230 km südöstlich von Izmir (dem früheren Smyrna). Abgesehen von der Akropolis bedeckt sie ein flaches Gelände, das von dem Flusssystem des Mäander entwässert wird. Die Ruinen sind prächtig und das fast vollständig erhaltene Stadion gehört zu den eindrucksvollsten Baudenkmälern seiner Art. Aphrodisias liegt in dem Gebiet von Kleinasien, das in der Antike Karien genannt wurde. Entstanden aus frühen kleinen Siedlungen entwickelte sich die Stadt im 2. Jahrhundert v. Chr. beträchtlich. 88 v. Chr. stand sie auf der Seite Roms gegen Mithridates von Pontos, und erhielt auf Grund dessen Privilegien und Freiheiten, die mehr als dreihundert Jahre lang währten.

Zu den berühmten Bewohnern von Aphrodisias gehört Chariton, der Autor von *Chaireas und Kallirhoe*, dem frühesten Roman, der aus der Antike überdauert hat. Entstanden ist er irgendwann zwischen 50 v. und 100 n. Chr. Die Handlung ist abenteuerlich – es geht um Reisen, scheinbare Todesfälle, Piraten, Schiffbruch, Versklavung, Liebesaffären und Happy Endings, also all das, was später für diese literarische Gattung typisch wurde. Im 2. Jahrhundert n. Chr. wurde dort auch Adrastos geboren, ein nicht sonderlich herausragender Aristoteliker, verglichen jedenfalls mit Alexander von Aphrodisias, dem bedeutenden Aristoteles-Kommentator, der um 210 n. Chr. lebte. Einige seiner Schriften sind in griechischer Sprache erhalten, andere wurden ins Arabische übersetzt und existieren nur in dieser Sprache.

ASSOS

Assos liegt am Westrand der heutigen Türkei, dort, wo die Küste der Ägäis südlich der Troas von Osten nach Westen sich erstreckt. Zum Norden hin erhebt sich die so lange wie legendäre Bergkette mit dem Gipfel des Ida. Südlich liegt, nur 11 km entfernt, die griechische Insel Lesbos. Tatsächlich wurde Assos von Kolonisten aus Methymna auf Lesbos im 7. Jahrhundert v. Chr. gegründet. Trotz seiner einst strategisch guten Lage beiderseits der Küstenstraße, seiner starken Verteidigungsposition und seiner kurzen Bedeutsamkeit für die Geschichte der Wissenschaften (um 340 v. Chr.) hat Assos historisch keine herausragende Rolle gespielt, sondern ist, wie fast alle ionischen Städte, dem Auf und Ab der Zeitläufte gefolgt: Freiheit, Perserherrschaft, Semi-

Autonomie unter einem Satrapen, „Befreiung" durch Alexander, Unterwerfung unter die Herrschaft von Alexanders häufig miteinander im Streit liegenden Nachfolgern, römische Herrschaft, die in byzantinische Oberhoheit überging, schließlich Verfall unter den Osmanen. Zu den eindrucksvollen Überresten gehören auch die Mauern aus dem 4. Jahrhundert v. Chr., aber die Krönung des Ganzen ist der ungewöhnlich frühe, nämlich aus dem 6. Jahrhundert v. Chr. stammende Tempel, geweiht der Athena Polias. Viele der dorischen Säulen sind wiedererrichtet worden. Von hier aus kann der heutige Tourist, sofern er oder sie noch in der Lage ist zu stehen (oder nach dem Aufstieg von einem Führer wieder aufgerichtet wurde) weit in die Landschaft und hinüber nach Lesbos blicken. Wer den Ort alleine aufsucht, spürt vielleicht noch die Kraft eines äolischen Heiligtums, eines *temenos*, wo früher die Menschen ihren Göttern begegneten.

In Assos wurde der stoische Philosoph Kleanthes (331–232 v. Chr.) geboren, ein Schüler des Zenon von Kition, des Begründers der stoischen Schule, und sein Nachfolger als Oberhaupt der Stoa in Athen (s. Teil II, Kap. 8). Wichtiger ist, dass etwas früher Hermeias – ehemals Schüler in Platons Akademie und dort ein Zeitgenosse des Aristoteles – unter nomineller persischer Oberhoheit Herrscher eines Gebiets wurde, zu dem auch Assos gehörte. Nach Platons Tod lud er Aristoteles und dessen zwölf Jahre jüngeren Freund und Mitschüler Theophrast ein, sich in Assos niederzulassen. Von 347 bis 345 waren die beiden mit ihren Schülern an der Meeresküste und in den zwei großen Buchten von Lesbos tätig. In den von Leben nur so wimmelnden Gewässern (die heute längst überfischt sind) sammelten sie Hunderte von Exemplaren der verschiedensten Arten, die sie dann sezierten, um die anatomischen Funktionen zu untersuchen. Zum Schluss wurden die Arten kategorisiert.

Das waren die Anfänge der Meeresbiologie, der Zoologie und Botanik (s. Teil II, Kap. 6). Aristoteles und Theophrast betrieben ihre Forschungen mit so außergewöhnlicher Genauigkeit, dass es im Vergleich dazu fast zweitausend Jahre lang keine wesentlichen Fortschritte gab. (S. dazu auch *Lesbos*.)

Athen

In der klassischen Antike – sagen wir, von 547 v. Chr., als die Perser nach Kleinasien vordrangen, bis 529 n. Chr., dem Jahr, als die philosophischen Schulen in Athen geschlossen wurden –, gab es fast niemanden von kultureller, wissenschaftlicher oder philosophischer Bedeutung, der nicht zu irgendeiner Zeit in Rom, Alexandria oder Konstantinopel gelebt oder diese Städte besucht oder zumindest mit ihnen in Verbindung gestanden hätte. Aber das beständigste dieser antiken Kulturzentren war Athen. Doch von den großen Philosophen waren nur Sokrates, der aus einem zu Athen gehörenden *demos* (Gemeinde) stammte, und Platon, Angehöriger einer athenischen Aristokratenfamilie, Bürger Athens. Aristoteles studierte zwischen 367 und 347 in Platons Akademie und kehrte später nach Athen zurück, um seine eigene Schule, das Lykeion, zu gründen, er war aber kein athenischer Bürger.

Die intellektuelle Vorherrschaft Athens wurde durch die politische Bedeutung der Stadt ebenso gesichert wie durch die Lehreinrichtungen Platons und Aristoteles', und später, etwa 30 Jahre nach Aristoteles' Tod, durch die Stoa und den „Garten" der Epikureer. Die Akademie lebte in unterschiedlichen Formen bis 529 n. Chr. weiter. Erst kürzlich haben Archäologen zwei Fundamente von Häusern freigelegt, die mit ziemlicher Sicherheit die letzte Heimstätte der Schule des Damaskios waren, eines der sieben Philosophen und Freidenker, die 529 n. Chr. von Justinian vertrieben und am Hofe des persischen Königs aufgenommen wurden.

Wer Athen besucht, kommt oft zuerst zum Hafen von Piräus, der einst mit der Stadt durch lange, befestigte Mauern verbunden war, an deren Stelle heute eine missglückte Betonkonstruktion getreten ist. Die Akropolis ist immer noch, trotz jahrhundertelanger Vernachlässigung und Plünderung, ehrfurchtgebietend, und das Parthenon ist und bleibt weltweit das Säulengebäude mit den vollkommensten Proportionen. Das neue Museum unterhalb der Akropolis ist hervorragend ausgestattet, sollte jedoch mit einem guten Reiseführer besucht werden.

Geschichtsbücher und Reiseführer über Athen füllen ganze Bibliotheken. Das früheste Werk, dazu eines der faszinierendsten, ist das erste Buch von Pausanias' *Beschreibung Griechenlands* – eine Mischung aus Geschichte und genauer Ortsbeschreibung für römische Touristen, geschrieben auf dem Höhepunkt der Pax Romana im 2. Jahrhundert n. Chr.

Chalcedon s. Kalchedon

Chios

Nicht weniger als sieben griechische Städte beanspruchen für sich, Geburtsort des blinden Sängers Homer zu sein, aber die große Insel Chios erhebt den interessantesten und langwährendsten Anspruch auf eine Ehre, der niemals eingelöst werden kann. Die nächstgelegene Konkurrentin war Smyrna (heute Izmir), aber der Anspruch von Chios wird durch einen uralten „Hymnus auf den delischen Apollon" bekräftigt. Er stammt wohl aus dem Jahr 560 v. Chr. und wird von den Bewohnern der Insel für entscheidend gehalten:

„Mädchen, sagt mir, wer von den Sängern, die hier verkehren,
Ist euch der liebste Mann und wer entzückt euch am tiefsten?
Sagt dann von uns als Antwort ihr alle schön miteinander:
Ist ein blinder Mann, er wohnt im staubigen Chios,
All seinen Liedern gebührt der Hochruhm künftiger Zeiten."
(V. 169–173; nach: *Homerische Hymnen*, Gr./dt., hg. von Anton Weiner; München³1970).

Gesicherter ist Chios als Geburtsort von Ion (ca. 480–421 v. Chr.). Ion war ein produktiver Dichter und Dramatiker, dem nur die bedeutendsten athenischen Autoren überlegen waren. Allerdings blieb bis auf einige Fragmente nichts von seinen Werken erhalten. Abgesehen von ihren immer noch unberührten und wunderschönen Bergen gehören die beiden Dörfer Mesta und Pyrgi zu den Schmuckstücken der Insel. Mesta ist berühmt wegen seiner mittelalterlichen Mauer aus befestigten Häusern und seiner labyrinthischen Straßen, von denen viele überdacht sind. In Pyrgi wiederum stehen die Häuser dicht zusammengedrängt und sind mit einem speziellen *Sgraffito*-Dekor versehen, der aus grauen und weißen, semigeometrischen Mustern an der Außenwand besteht. Doch ist noch ein weiterer abgelegener Ort empfehlenswert: das Kloster Nea Moni. Es liegt fernab vom Getriebe der Welt und ist umgeben von einer Aura des Friedens und uralter Heiligkeit, die den Wanderer und Pilger gefangen nimmt. So müssen die heiligen Orte älterer, seit Langem vergangener Religionen zu ihrer Zeit den Bittsteller in Assos und Karthago, in Karnak und Avebury, in Babylon und Delphi in Bann geschlagen haben.

Elea

Elea wurde um 540 v. Chr. als Kolonie vom griechischen Festland aus an der italienischen Küste gegründet. Etwa 60 km nördlich davon liegen die berühmten Tempel von Paestum. Elea heißt heute Castellamare. Es gehört zu den zahlreichen griechischen Kolonien, die zwischen dem 7. und dem 5. Jahrhundert v. Chr. gegründet wurden. In ihrer Gesamtheit bildeten sie „Groß-Griechenland", griechisch *Megale Hellas*, lateinisch *Magna Graecia*. Dazu gehörten, neben Elea, noch Neapolis (Neapel), Tarentum (Tarent), Kroton (das heutige Crotone an der südöstlichen Küste der Stiefelspitze), Sybaris (nördlich von Kroton; daher kommt das Adjektiv „sybaritisch" für eine schwelgerische Lebensführung), sowie, auf Sizilien, Akragas und Syrakus, wo Athen 413 v. Chr. durch Sparta und seine Verbündeten im Peloponnesischen Krieg eine schreckliche Niederlage erlitt. Später lebte dort Archimedes, der bedeutendste Mathematiker der Antike.

In diesen Kolonien wirkten zwei nicht nur für das griechische Denken höchst einflussreiche Gruppen: die Pythagoreer und die Eleaten. Pythagoras, geboren auf Samos, kam um 530 v. Chr. nach Kroton (s. Teil II, Kap. 4); Parmenides von Elea war der erste Philosoph, der die tiefgreifenden (und vielleicht unlösbaren) Probleme von Wandel und Veränderung erörterte. Seine Fragen wurden noch verschärft durch Zenon, ebenfalls aus Elea, dessen Paradoxa noch heute Kopfzerbrechen bereiten (s. Teil II, Kap. 4).

Ephesos

Ephesos war zwar schon in der griechischen Antike eine bedeutende Stadt, und ebenso später als Sitz des römischen Statthalters von Kleinasien, Nie aber wurde es zum Mittelpunkt einer Schule philosophischer oder wissenschaftlicher Lehren. Immerhin beherbergte es einen vorsokratischen Philosophen von Ruf: Heraklit den Dunklen. Die von ihm überlieferten knapp 140 Fragmente sind rätselhaft, eigenwillig und provokant. Zu den bekanntesten, wenn auch nicht den besten, gehören die „Fluss-Fragmente", die besagen, dass niemand zweimal in denselben Fluss zu steigen vermag. Heraklit lebte von ca. 540 bis ca. 480 v. Chr. (s. Teil II, Kap. 4).

Die Ruinen stammen aus klassisch-griechischer, römischer und byzantinischer Zeit und werden alljährlich von Zehntausenden von Touristen besucht. Abgesehen von wenigen hässlichen Beispielen sind die Rekonstruktionen sehr gelungen, allen voran die Bibliothek des Celsus und eines der Theater. Die terrassenförmig an Hängen angelegten und zu ihrem Schutz überdachten Wohnhäuser sind denen von Pompeji ebenbürtig und lohnen unbedingt den (separat zu bezahlenden) Besuch. Enttäuschend dagegen das rechteckige Areal, wo einst das Artemision, der Tempel der Artemis, stand – eines der sieben Weltwunder der Antike. Es ist schlecht erhalten und vermittelt keine Vorstellung von den wunderbaren Proportionen des Bauwerks. Dass davon wenig mehr geblieben ist als eine unkrautüberwucherte Fläche, ist den Taten der Götter in Gestalt von Erdbeben zu verdanken, ebenso aber den Untaten von Menschen in Gestalt von Christen. Ein sonst nicht weiter bekannter früher Christ schrieb: „Dank der Gnade Christi und Johanni des Theologen ist es jetzt der verlassenste und elendeste [aller Orte]."

Das Ephesos-Museum in Selçuk enthält einige überragende Funde, darunter die „kleinere" Artemis, deren Gesicht von so eindrucksvoller Schönheit ist, dass man es nicht leicht wieder vergisst. Außerdem sieht man dort eine schöne, fast vollständig erhaltene Büste des stoischen Philosophen-Kaisers Marc Aurel.

Halikarnassos

Wer die südwestliche Türkei bereist, kommt nicht an Halikarnassos (dem heutigen Bodrum) vorbei. Während der letzten fünfzig Jahre hat die moderne Stadt ihre Betonfinger auch auf die umliegenden Hügel ausgestreckt, und das antike Halikarnassos bildet jetzt den kommerziellen Hintergrund für einen großen Jachthafen. Die ausgegrabenen Fundamente des großen Begräbnistempels für den persischen Satrapen Mausolos (das ursprüngliche Mausoleum) – die einzigen Teile, die von den Kreuzfahrern nicht für den Bau ihrer Burg zweckentfremdet werden konnten – sind noch zu sehen. Die Stadtmauern aus der Zeit, als Mausolos' Schwester Ada klugerweise Alexander dem Großen entgegenzog und ihn als ihren „Sohn" begrüßte, können von versierten Altertumsliebhabern noch aufgespürt werden. Das Theater jedoch gibt es nicht mehr, und der Ort, wo sich einst der Marktplatz erstreckte, ist unauffindbar. Erhalten aber hat sich der Ruhm der zwei großen Historiker, die hier geboren wurden. Der eine ist Herodot (um 490– 425 v. Chr.), der andere Dionysios von Halikarnassos, der von etwa 30 v. bis mindestens 8 n. Chr. in Rom lebte.

Herodot, der erste kritische Historiker, hat uns unschätzbare Informationen und Geschichten über die Perserkriege und die Lebensumstände im östlichen Mittelmeerraum des 5. Jahrhunderts v. Chr. überliefert. Von Dionysios wiederum erfahren wir, trotz des Verlusts der späteren Bücher seines umfangreichen Werks *Antiquitates Romanae* („Römische Archäologie") viel über die frühe römische Geschichte.

Das Kreuzfahrerkastell ist einen Besuch wert. Auf dem Weg dorthin kommt man an einem guten Fischrestaurant vorbei.

Herculaneum

Herculaneum liegt etwa 8 km südöstlich vom Zentrum Neapels an der Küste. Wahrscheinlich war es ein wohlhabender Vorort von Pompeji, dessen Schicksal es teilte, als 79 n. Chr. der Vesuv ausbrach, und beide Städte unter Schlamm und Lava begraben wurden. Die vulkanische Asche verhärtete sich zu Gestein, sodass einige Slums von Neapel darauf errichtet werden konnten. Der Besucher geht jetzt einen steilen Hang hinab zu der partiell ausgegrabenen römischen Stadt und dem alten Küstenufer. Verborgen bleibt dem Blick der literarische und kulturelle Schatz, der noch teilweise verschüttet ist: die große, unter dem Namen *Villa dei Papiri* bekannte Gebäudeanlage. Hier befindet sich die Bibliothek oder zumindest einige Bücher aus dem Besitz des epikureischen Philosophen und Dichters Philodemos von Gadara, der in der Villa zwischen 75 und 50 v. Chr. gearbeitet hat. Er wurde um 110 v. Chr. in der syrischen Stadt Gadara geboren und starb um 35 v. Chr. Unglücklicherweise waren die Hunderte von Papyrosrollen, die man in der Villa fand, in der heißen Vulkanasche verkohlt und sahen auch wie Kohle aus. Aber unendliche Geduld, akademisches Können und die Hilfestellung durch moderne Elektronik, die es Forschern erlaubt, Schriftreste zu entziffern, haben zur Entdeckung von Werken geführt, die als verloren galten: darunter Schriften von Philodemos selbst, von Epikur und vom Stoiker Chrysipp. Wer jetzt noch jung ist, lebt vielleicht lange genug, um irgendwann bedeutsame Teile verloren geglaubter Werke der Antike zu lesen, insbesondere Epikurs Meisterwerk *Über die Natur*. Den Älteren und Alten von uns bleibt nur das menschlich-allzumenschliche Bedauern, dass wir niemals sehen werden, was für immer zu vergessen uns das Schicksal schon bald auferlegt.

Kalchedon (Chalcedon)

Der Ort ist nur deshalb von Interesse, weil dort der Sophist Thrasymachos geboren wurde, der wohl um 430 bis 400 v. Chr. lehrte. In Platons Staat wird er wegen seiner machtpolitischen Auffassung, Gerechtigkeit sei, was im Interesse des Stärkeren liege, von Sokrates heftig kritisiert. Die Stadt selbst wurde um 685 v. Chr. auf der asiatischen Seite des Bosporus gegründet, als die landschaftlich geeignetere europäische Seite noch unbesiedelt war (Byzanz entstand dort 17 Jahre später). Die Lage war so schlecht gewählt, dass Herodot, der um 440 v. Chr. schrieb, bemerkt, die Kalchedonier müssten damals wohl blind gewesen sein. Was immer übrig sein mag, liegt jetzt unter den Vororten von Istanbul begraben.

Klazomenai

Klazomenai liegt an der Küste der Ägäis, etwa 37 km westlich von Izmir (dem antiken Smyrna). Byzantiner und Osmanen haben sich dort bedient, um eigene Bauwerke zu errichten, weshalb heute dem archäologisch ungeschulten Auge auf der Inselseite, die mit dem Festland einst durch einen Damm verbunden war, nur noch sehr spärliche Überreste sichtbar sind. Bekannt ist die Stadt als Geburtsort zweier Philosophen: Anaxagoras (ca. 500–426 v. Chr.), der erste Philosoph, der sich in Athen niederließ, und Skopelianos, ein unbedeutender Sophist des 2. Jahrhunderts n. Chr.

Knidos

Knidos zählte den hervorragenden Mathematiker und Astronomen Eudoxos (ca. 390–340 v. Chr.) ebenso zu seinen Bürgern wie Sostratos, der den Leuchtturm von Pharos bei Alexandria entwarf. Er wurde zwischen 300 und 280 v. Chr. gebaut, war einhundert Meter hoch und stürzte bei einem Erdbeben im Jahre 1326 ein. Das heutige Knidos entstand zwischen 350 und 310 v. Chr. durch Verlegung einer früheren Gründung („Alt-Knidos") von der Südküste des Golfs von Syme um 32 km nach Osten. Die neuere Stadt liegt auf der äußersten südwestlichen Spitze der langen Halbinsel, die das Mittelmeer von der Ägäis trennt. Ungestört von Neubauten liegen die Ruinen da, und keiner der

beiden alten Häfen nördlich und südlich der inselgleichen Spitze taugt
als Landeplatz für die schwimmenden Hotels, die in so vielen Häfen
des Mittelmeers anlegen. Knidos hat, wunderschön gelegen, viel an
Erhaltenem zu bieten. Moderne Archäologen haben das Fundament
jenes *tholos* (eines von Säulen eingefassten Rundtempels) entdeckt, der
die berühmteste Skulptur der Antike beherbergte: in großen Scharen
strömten griechische und römische Touristen nach Knidos, um die
Aphrodite des Praxiteles, der zwischen 375 und 330 v. Chr. lebte, zu
bewundern. Die Bürger von Knidos erwarben die Statue gleich nach
der Verlegung der Stadt an den jetzigen Ort, wo die Handelsroute ent-
lang der Küste von der Levante und Ägypten nach Griechenland ver-
lief. Lukians Dialog *Amores*, geschrieben um 200 n. Chr., wirft ein
amüsantes Schlaglicht auf die Homosexualität und ist ein faszinierender Bericht über die Statue und ihre Umgebung, von dem man heute
noch profitieren kann. Die Statue selbst ist verloren gegangen, aber
Kopien lassen erahnen, wie sie ausgesehen hat.

Kolophon

Bevor die Perser 545 v. Chr. kamen, erlebte Kolophon eine Blütezeit.
Die Stadt war der Geburtsort des Philosophen und Dichters Xenophanes (s. Teil II, Kap. 4), der als erster über einen kosmischen Gott ohne menschliche oder tierische Gestalt spekulierte und systematisch
über die Unterscheidung zwischen Meinung und Wissen nachdachte.
Sein Name wird bleiben, auch wenn von seinen Schriften nur Fragmente überliefert sind. Er wurde zwischen 580 und 560 v. Chr. geboren und verließ Kolophon noch vor der Ankunft der Perser.

Die Stadt selbst lag auf einem Hügel nördlich des Mäander,
nordwestlich von Ephesos. Sie war berüchtigt (und wurde wohl auch
beneidet) wegen der extravaganten Lebensweise ihrer Bewohner, doch
schwand ihre Bedeutung in den Jahrhunderten nach der persischen
Invasion. Schließlich wurde sie mit der unweit gelegenen Küstenstadt
Notion zu „Neu-Kolophon" vereinigt. Die Reisende und Schriftstel-
lerin Freya Stark bemerkte:

„Von der antiken Stadt ist nichts geblieben, nicht einmal der Name
– außer einigen nur schwach sichtbaren Erhebungen zerfallener
Mauern auf einem steilen Hügel voller dicht überwachsener
Ruinen." (*Ionia: A Quest*. London 1954.)

Aber ein nahegelegener, zu Kolophon gehörender Ort ist sehenswert
und wird immer noch von Archäologen untersucht. Es ist das Orakel
von Klaros mit einem dem Apollon geweihten Tempel, südlich von
Kolophon und knapp zwei Kilometer von Notion ins Landesinnere.
Wenn man diesen Ort besucht, sollte man der Worte des römischen Historikers Tacitus gedenken, der um 100 n. Chr. in den *Annales*
schrieb:

> „[...] hier hört ein Priester die Namen und Nummern der Ratsu-
> chenden, geht dann hinunter in eine Höhle, trinkt Wasser aus einer
> geheimen Quelle und gibt dann, obwohl er weder Schrift noch Dich-
> tung beherrscht, die Antwort in Versen zu jener Sache, die der jewei-
> lige Ratsuchende im Sinn hatte" (II, 54).

Man beachte, dass der Priester *hinuntergeht*.

Kos

Die ruhige und historisch unauffällige Insel Kos liegt im Westen des
Golfs von Gökova, dem längsten und am weitesten ins Land vorsto-
ßenden Meeresarm am südwestlichen Rand des türkischen Festlands.
Halikarnassos (das heutige Bodrum) lag ein paar Kilometer nördlich
davon. Auch wenn es keine wirkliche Bestätigung dafür gibt, erhebt
Kos den Anspruch, Geburtsort von Hippokrates ca. 460–370 v. Chr.)
zu sein, des „Vaters der Heilkunst", der auch in jener Gegend prakti-
ziert haben soll. Abgesehen von seinen medizinischen Praktiken (besser gesagt: von „ihren" Praktiken, denn seine Werke sind de facto eine spätere Zusammenstellung von Abhandlungen zur hippokratischen
Medizin), ist der Hippokrates zugeschriebene Eid immer noch Aus-

druck der Ethik des guten Arztes. Zwar wird er häufig erwähnt, doch ist er nicht eben einfach zu lokalisieren, weshalb ich ihn hier fast vollständig zitiere. Hippokrates beginnt mit einem an Apollon, Asklepios und weitere Götter gerichteten Schwur und dem Versprechen, seine Lehrer gleich seinen Eltern zu achten und ihre Nachkommenschaft in der Medizin zu unterrichten. Ferner heißt es dann:

„Diätetische Maßnahmen werde ich zum Nutzen der Kranken entsprechend meiner Kraft und meinem Urteilsvermögen anwenden; vor Schaden und Unrecht werde ich sie bewahren. Auch werde ich niemandem auf seine Bitte hin ein tödlich wirkendes Mittel geben [d. h. ein Gift; Hippokrates schwört nicht notwendigerweise der Euthanasie ab; JG], noch werde ich einen derartigen Rat erteilen; in gleicher Weise werde ich auch keiner Frau ein fruchtabtreibendes Zäpfchen geben. [...] Das Schneiden werde ich nicht anwenden, nicht einmal bei Steinleidenden, dies werde ich vielmehr den Männern überlassen, die diese Tätigkeit ausüben. In alle Häuser, die ich betrete, werde ich eintreten zum Nutzen der Kranken, frei von jedem absichtlichen Unrecht, von sonstigem verderblichen Tun und von sexuellen Handlungen an weiblichen und männlichen Personen, sowohl Freien als auch Sklaven. Was auch immer ich bei der Behandlung oder auch unabhängig von der Behandlung im Leben der Menschen sehe oder höre, werde ich, soweit es niemals nach außen verbreitet werden darf, verschweigen, in der Überzeugung, dass derartige Dinge unaussprechbar sind." (Zit. n. *Antike Heilkunst.* Hg. von J. Kollesch und D. Nickel, Stuttgart 1994.)

Ob nun Hippokrates aus Kos stammt oder nicht, sicher ist, dass dort eines der großen Heilzentren der Antike lag. Es war dies ein Areal mit Tempeln und Terrassen, geweiht dem freundlichen Gott der Heilkunst, Asklepios (lateinisch Aesculapius). Glaubt man den Inschriften auf Votivtäfelchen, dem allgemeinen Ruf und den Berichten des Aelius

Aristeides, einem von wohl vielfach eingebildeten Krankheiten heimgesuchten Schriftsteller des 2. Jahrhunderts n. Chr., waren Asklepios' Erfolge ähnlich hoch wie die von Lourdes. Vermutlich verdankten sie sich einer ähnlichen Kombination aus Glaube, Hoffnung und etwas medizinischer Betreuung. Das Asklepieion liegt einige Kilometer außerhalb der Stadt Kos. Die Terrassen steigen zu pinienbewachsenen Hügeln empor, und man kann von oben über das Meer nach Kleinasien hinüberschauen. Der Ort ist friedlich und man meint seine Heilkraft noch zu spüren. Beherrscht wird er von einem leider arg zerstörten Meisterwerk hellenistischer Architektur: Eine große Freitreppe führt empor zu einem dorischen Tempel aus dem 2. Jahrhundert v. Chr. (S. auch Pergamon.)

Kroton s. Elea

Kyrene

Kyrene, die bedeutende griechische Kolonie an der nordafrikanischen Küste (im heutigen Libyen) wurde um 630 v. Chr. gegründet und verlieh ihren Namen der umliegenden Gegend, der Kyrenaika. Obwohl die Stadt ihre Unabhängigkeit nacheinander an die Perser, die ägyptischen und die römischen Ptolemäer verlor, vom Meer aus (durch Piraten) und vom Binnenland aus Überfälle erleiden musste, war Kyrene doch während langer Perioden der klassischen und der hellenistischen Zeit eine blühende Stadt, die sogar die arabischen Invasionen des 7. Jahrhunderts n. Chr. überstand.

Die Stadt hat einige Berühmtheiten hervorgebracht, darunter eine von eher zweifelhaftem Ruf: Aristipp, einen Schüler des Sokrates, den Xenophon als zügellosen Lüstling darstellt. Zwei andere dagegen sind untadelig: Zum einen Kallimachos, der zwischen 285 und 240 v. Chr. wirkte, und der einer der besten und fruchtbarsten griechischen Dichter war. Er arbeitete zumeist in Alexandria, und von seinen Dichtungen sind nur Fragmente erhalten, darunter ein ergreifender Sechszeiler (drei elegische Distichen) auf den Tod eines Freundes namens Heraklit (gemeint ist natürlich nicht der Philosoph): „Jemand erzählte von deinem Tod, Heraklit [...]". Und die andere Persönlichkeit ist Karneades (um 214–129 v. Chr.), der Platons Akademie in Athen während derer „skeptischen" Periode leitete – d. h., als man stärker an der Entwicklung kritischer Techniken interessiert war (wie die Oxforder Philosophen in den 1950er Jahren) als an der Erörterung oder Propagierung der Ideen eines bestimmten Philosophen. Karneades setzte sich kenntnisreich und kritisch mit der epikureischen und stoischen Philosophie und überhaupt mit positiven Ansichten auseinander. Er genoss einen ausgezeichneten Ruf, hinterließ aber keine Schriften; seine Argumentationen wurden von seinen Schülern und Gegnern weitergegeben.

Lesbos

Lesbos ist, nach Kreta und Euböa, die drittgrößte griechische Insel. Sie liegt einige Kilometer vor dem türkischen Festland, westlich von Pergamon und südlich von Assos. Lesbos ist gebirgig, wobei einige Gipfel über neunhundert Meter erreichen, während das Unterland außerordentlich fruchtbar ist. Die zwei interessantesten Phänomene im Hinblick auf die Geographie und den Ursprung der biologischen Wissenschaften sind die großen Buchten von Kalloni und Gera, von denen die zweite fast eine Lagune bildet. Die Geschichte der Insel ist interessant: im Altertum war sie halb unabhängig und bekannt für ihren Seehandel, doch ihr eigentlicher Ruhm leitet sich davon her, dass sie Geburtsort zweier großer Persönlichkeiten war: zum einen der Dichterin Sappho (geb. um 612 v. Chr.), und zum anderen des bedeutenden Wissenschaftlers und Philosophen Theophrast (372–287 v. Chr.; s. Teil II, Kap. 6).

Was wir über Sappho wissen – sei es aus Berichten über sie oder anhand von Fragmenten ihrer Gedichte –, führt zu dem Schluss, dass sie eine so produktive wie herausragende Dichterin gewesen sein muss. Überliefert sind lediglich zwei vollständig erhaltene Gedichte und zahlreiche Fragmente, von denen die meisten im 20. Jahrhundert auf ägyptischen Papyri entdeckt wurden. Sappho schrieb Liebeslyrik von großer Intensität, häufig an Frauen gerichtet, doch ohne Andeutung physischer Beziehungen. Dass die Insel der Bezeichnung weiblicher Homosexualität ihren Namen lieh, geht vielleicht auf den Dichter Anakreon (geb. in Teos um 570 v. Chr.) zurück. Theophrast war Schüler Platons in der Akademie, wo er sich zur selben Zeit aufhielt wie Aristoteles. Die beiden erforschten gemeinsam Pflanzen und Tiere im Golf von Gera, und Theophrast wurde Nachfolger von Aristoteles als Leiter des Lykeions. Er trug als eigenständiger Forscher zur Entwicklung der Biologie bei und schuf die erste Typographie menschlicher Eigenschaften, die wir heute als psychologisch bezeichnen. Sein Pech war, dass viele seiner Schriften verloren gingen und er immer im Schatten des großen Aristoteles stand (s. Teil II, Kap. 5). Epikur lehrte um 318 v. Chr. eine Zeit lang in Mytilene, wahrscheinlich an einem Gymnasion.

Milet

In der Antike lag Milet am Meer, heute liegt es im Binnenland, etwa 50 km südlich von Ephesos. Der Mäander hat in den letzten dreitausend Jahren so viel Erde und Sand angespült, dass wir statt des einstigen großartigen Seehafens jetzt einen Hügel vorfinden, der 15 km vom Meer entfernt am Rand eines großen und flachen Marsch- und Landwirtschaftsgebiets mit unsicheren Grenzen liegt. Die moderne Straße läuft direkt durch das Flachland auf das Theater zu, das im römischen Stil – also mit nur halbkreisförmigem Auditorium – um 100 n. Chr. fertiggestellt wurde. Man muss schon die Fantasie bemühen, um sich vorzustellen, wie es damals aussah, als man direkt aufs Meer blickte und der Haupthafen von Milet links vom und hinter dem Theater an einem Meeresarm lag. Der durch die Versandung verursachte Niedergang setzte endgültig wohl im 3. Jahrhundert n. Chr. ein.

Die Anfänge von Milet reichen noch weit vor das angenommene Datum des Trojanischen Kriegs bis etwa 1250 v. Chr. zurück. Bei

Homer ist Milet mit Troja verbündet. Im 7. und 6. Jahrhundert v. Chr. bauten die Milesier eine schlagkräftige Flotte auf und errichteten Siedlungen und Handelsstützpunkte am Schwarzen Meer und am Marmarameer (Propontis), sodass Herodot sagen konnte, die Stadt sei „auf dem Höhepunkt ihres Glücks und das Schmuckstück Ioniens". Als Kroisos (auch „Krösus", bekannt durch seinen sagenhaften Reichtum), der letzte König von Lydien Mitte des 6. Jahrhunderts v. Chr. ganz Ionien mehr oder weniger gütig unter seine Herrschaft nahm, blieb Milet unabhängig. Und als der persische König Kyros um 546 Kroisos stürzte, konnte Milet weiterhin seine Angelegenheiten halbwegs selbständig regeln. Jedoch war die Stadt schlecht beraten, als sie 499 die Ionier zur Revolte gegen die Perser aufstachelte. Der Aufstand endete mit einer katastrophalen Niederlage 494 in der Seeschlacht von Lade. Lade, damals eine Insel, ist heute eine Erhebung im Flachland um Milet. Die Perser zerstörten Milet nach der Schlacht und brannten das Orakel von Didyma nieder. Das Heiligtum lag 16 km südlich der Stadt und war mit ihr durch eine heilige Straße verbunden. Die heute noch sichtbaren Ruinen von Didyma – einem der allerhöchste Ehrfurcht gebietenden Orte der antiken Welt – sind die des „neuen" Tempels, mit dessen Bau um 300 v. Chr. begonnen wurde.

Nach den persischen Vergeltungsaktionen wurde Milet wieder aufgebaut, erlangte die alte Stärke aber nicht mehr zurück. Es unterlag, wie die anderen ionischen Städte, dem Wechsel von persischer und athenischer Vorherrschaft, bis es von Alexander dem Großen zwangsweise „befreit" wurde, nachdem die Milesier lange geschwankt hatten, ob sie die Perser oder die makedonischen Griechen unterstützen sollten. 129 v. Chr. wurde Milet Teil der römischen Provinz Asia. Viele der Ruinen sind hellenistischer Provenienz – so etwa das Rathaus –, die meisten aber stammen aus römischer Zeit oder sind römische Überbauungen hellenistischer Originalbauten. Paulus besuchte die Stadt 51 n. Chr., und Apollon wirkte in Didyma ein Wunder, als die Goten in Kleinasien einfielen und Milet 263 n. Chr. angriffen. Später wurde hinter und zum Teil auf dem Theater ein byzantinisches Kastell errichtet. Moderne Bauten finden sich nicht.

Zur Blütezeit von Milet, zwischen 625 und 546 v. Chr., fragten dort Thales, Anaximander und Anaximenes nach den Ursprüngen der Dinge, und damit begann das wissenschaftliche Erforschen von Natur und Kosmos (s. Teil II, Kap. 3). Etwas später wurde in Milet Hekataios geboren, der um 500 v. Chr. wirkte. Er war einer der frühesten Geschichtsschreiber und Geographen, die sich mit der Küstenregion des Mittelmeers befassten. Überdies war er sehr vorsichtig: „Ich schreibe, was mir wahr zu sein scheint; denn die Griechen haben viele Geschichten, die mir närrisch vorkommen." Darüber hinaus beansprucht Milet, Geburtsort des Architekten Hippodamos zu sein (s. Teil I, Kap. 2). Er entwarf den Plan für Piräus, und sein quadratisches Straßensystem kann man in Priëne ebenso erkennen wie in New York und sogar noch (wenn auch nur schwach) in Milet selbst, hinter dem Theater. Vielleicht war Milet sogar die die Heimatstadt des jungen Leukipp, des legendären Begründers des Atomkonzepts.

Milet ist als Besuchsziel so interessant und zudem so sehr mit den Anfängen der europäischen Wissenschaft verbunden, dass es sich lohnt, eine antike Darstellung des Ortes zu zitieren. Sie stammt von dem griechisch-römischen Geographen Strabon (64 v. – 21 n. Chr.):

„Milet wurde zuerst oberhalb des Meers von den Kretern gegründet und befestigt, dort, wo das Milet der alten Zeit heute liegt […] aber später befestigten Neleus und seine Gefolgsleute die heutige Stadt […] Die Stadt heute hat vier Häfen, von denen einer groß genug ist, um eine Flotte aufzunehmen […] Das Euxinische Meer [das Schwarze Meer] war ebenso wie die Propontis [das Marmarameer] von diesen Leuten besiedelt worden […] In Milet wurden bemerkenswerte Männer geboren: Thales, einer der Sieben Weisen, der erste unter den Griechen, der mit der Untersuchung der Natur und der Mathematik begann, und sein Schüler Anaximander, und wiederum der Schüler des letzteren, Anaximenes, und ebenso Hekataios, der Verfasser der historischen Berichte […] Aber die Stadt hatte kein Glück, denn sie verschloss Alexander ihre Tore, und so wurde sie, wie Halikarnassos, mit Gewalt eingenommen, wie es zuvor schon die Perser getan hatten."

Das Zitat stammt aus Strabons *Geographika* (Buch XIV, 1.6–7). Die Bücher XIII und XIV enthalten faszinierende Beschreibungen vieler Orte von Troja bis Rhodos, die heute noch besichtigt werden können. Sehr zu empfehlen!

Oinoanda

Oinoanda ist nicht leicht zu finden – weder auf der Karte noch in der Realität. Und auch in antiken oder modernen Büchern wird man es zumeist vergeblich suchen. Es liegt etwa 20 km nordöstlich von Fethiye, oberhalb des Dorfes Incealiler. Nahebei überquert die von Fethiye nach Sogut führende Straße den Fluss Xanthos. Vor dem 2. Jahrhundert v. Chr. scheint Oinoanda keine Geschichte gehabt zu haben, und obwohl ein paar prächtige Abschnitte hellenistischer Mauern erhalten sind, wurden die hauptsächlichen Befestigungsanlagen später gebaut, als die Pax Romana schon brüchig geworden war und die Invasion der Goten bevorstand.

Der Aufstieg zur Stadt ist steil, steinig und langwierig. Die rechteckige Stätte auf der Hügelkuppe ist überwachsen, Erdbeben haben Trümmer hinterlassen, überall ist es abschüssig, aber wildromantisch. Wenn man sich auf dem Pfad linker Hand von Incealicer kommend der Kuppe nähert, lasse man sich nicht durch die erste Mauer, die man überklettern muss, irritieren. Es ist nicht die Stadtmauer, sondern das von Süden kommende Aquädukt. Weitere archäologische Untersuchungen stehen bevor, und bewaffnete Wachleute patrouillieren, um Plünderungen zu verhindern.

Oinoanda hat keine einzige große Persönlichkeit hervorgebracht, aber hier geschah etwas von größter philosophischer Bedeutung. Um 130 n. Chr. ließ ein gewisser Diogenes von Oinoanda eine Inschrift in eine wahrscheinlich am Marktplatz befindliche Mauer meißeln, die an die fünfundzwanzigtausend Wörter umfasste. Es handelt sich dabei um die letzte autoritative Äußerung der epikureischen Philosophie in der Antike. Die Inschrift überdauerte etwa 150 Jahre, dann wurden die Steine der Mauer für Befestigungsanlagen und andere Bauten verwendet. Nun liegen die Fragmente verstreut, zerbrochen und vergraben da: das schwerste und wichtigste Puzzle der Welt. Etwa sechstausend Wörter konnten bis jetzt aufgefunden werden, viele davon durch die Tätigkeit von Prof. Martin Smith von der Universität Durham (s. Teil II, Kap. 7).

Pergamon

In der hellenistischen und römischen Epoche war Pergamon eine Stadt von beträchtlichem Wohlstand, verfügte über Schulen, große öffentliche Gebäude und eine Bibliothek. Dennoch ging nur eine wirklich berühmte Persönlichkeit aus ihr hervor: Galen (129–199/216 n. Chr.), der bedeutende Anatom, Arzt und Universalgelehrte. Auf dem Höhepunkt seiner Karriere wirkte er am Hofe des Kaisers Marc Aurel. Nach 351 n. Chr. studierte Julian, der spätere Kaiser und letzte mächtige und gebildete Gegner des Christentums, eine Zeit lang in Pergamon Neuplatonismus.

Pergamon (heute Bergama) liegt östlich von Lesbos auf dem türkischen Festland ca. 17 km landeinwärts. Zuerst findet es in der griechischen Literatur in Verbindung mit dem Jahr 400 v. Chr. Erwähnung, am Ende von Xenophons *Anabasis*. Darin berichtet Xenophon sehr lebhaft, wie er zehntausend griechische Söldner auf einem gefahrvollen Marsch von Mesopotamien über Anatolien bis ans Schwarze Meer führte. Die Reiseschriftstellerin Freya Stark schildert kurz und bündig, wie es weiterging:

> „Als Xenophon in jener etwas derangierten Verfassung ankam, die jeder Asienreisende bemitleiden dürfte, weil er sie kennt, versuchte er, angestachelt von seiner Gastgeberin und ermutigt durch positive Omen, einen Perser gefangenzunehmen, der mit Familie und Habe in der Ebene wohnte." (*Ionia: A Quest*, S. 72ff.)

Doch ging der Plan schief und Xenophon kehrte unbereichert nach Athen zurück.

Eumenes II., der von 197 bis 159 v. Chr. regierte, hatte die Stadt
unter großem Kostenaufwand hellenisiert, und sie bildete eines der
kleinen, aber wohlhabenden Königreiche, die nach der Neuaufteilung
von Alexanders Reich entstanden waren. Obwohl Pergamon politisch
Ephesos untergeordnet war, wurden in der Stadt weiterhin prächtige
öffentliche Gebäude errichtet – Bäder, Tempel, Mauern und Märkte –,
von denen viele als immer noch beeindruckende Ruinen überlebten.
Doch das beste Stück – den großen Zeus-Altar – findet der Besucher
im Berliner Pergamon-Museum. Das Asklepieion (s. dazu unter *Kos*) liegt unterhalb der eigent-
lichen Stadt in einiger Entfernung. Es ist ein großes Gelände mit Kran-
kenhaus, Tempel, Säulengang, einem kleinen Theater und Stadion –
ein veritables Gesundheitszentrum der antiken Welt.

Priëne

Aus Priëne stammt keine Person, die in der Weltgeschichte Nennens-
wertes geleistet hat. Aber die Stadt ist einen Besuch wert, und zwar aus
zwei Gründen. Zum einen liegt der Ort oberhalb der versandeten
Mündung des Mäanders und vermittelt mit dem weiten Blick über die
Ebene zum südwestlich gelegenen Milet einen guten Eindruck davon,
wie es einst hier aussah, als sich anstelle der Felder das Meer breitete.
Zum anderen bietet Priëne eines der besten Beispiele für eine griechische Stadt (s. Teil I, Kap. 2). Die Römer überließen den Ort seinem
Schicksal, das isolierte Bedeutungslosigkeit hieß, aber die Archäologen
haben den byzantinischen Schutt von den ursprünglichen Straßen ge-
räumt und das hippodamische Muster freigelegt (s. dazu *Milet*). Die
Häuser sind einheitlich und von mittlerer Größe; auch ansonsten ist
alles, was man von einer griechischen Stadt erwarten kann, an seinem
Platz: Tempel, Theater, Stadion, Buleuterion, Agora, Stadtmauern und
eine nur schwer erreichbare Akropolis.
Warum gab es nach dem 2. Jahrhundert v. Chr. für Priëne keine
Weiterentwicklung? Der plausibelste Grund dürfte der Verlust des Ha-
fens sein, wodurch auch Handel und Kommunikation zurückgingen.

Damit schädigte der Schwemmsand des Mäanders die Stadt vierhundert Jahre früher als Milet, das ähnlich erstickt wurde. Der alte Hafen ist bislang nicht gefunden worden. Er liegt wohl irgendwo unter den Feldern, die den Hügel umgeben, auf dem Priëne heute liegt.

Rhodos .

Rhodos, die große griechische Insel vor dem südwestlichen Teil der heutigen Türkei, der im Altertum Karien hieß, hat eine lange Geschichte, deren Spuren sich bis zu minoischen Siedlungen aus dem 16. Jahrhundert v. Chr. zurückverfolgen lassen. Von da an folgte die Historie einem vertrauten Muster: mykenische Kolonisierung, während des Dunklen Zeitalters Besiedlung durch dorische Griechen (die selbst weiterzogen, um anderswo Kolonien zu errichten), Entwicklung unabhängiger Stadtstaaten (auf Rhodos ursprünglich drei), Unterwerfung durch die Perser 490 v. Chr., wechselnde Bündnisse mit und Gegnerschaften zu Athen und Sparta, zeitweilige Unabhängigkeit von den Nachfolgern Alexanders, anfängliche Zusammenarbeit mit Rom, später auf Augenhöhe, schließlich (164 v. Chr.) Bündnispartner der Großmacht, unter dessen Vorherrschaft Rhodos mit einer partiell demokratischen Regierung florierte.

408 v. Chr. war ein Bundesstaat mit Rhodos selbst als Hauptstadt errichtet worden, während sich auf der Insel Rhodos zuvor drei unterschiedliche Stadtstaaten – Lindos, Ialysos und Kameiros – entwickelt hatten. Die antike Stadt Rhodos liegt heute zum größten Teil unter den Massen der mittalterlichen Burg der Ritter des Johanniterordens, aber Teile der Mauern, der Akropolis und der Nekropole sind noch zu sehen.

Vielleicht ist der Dichter Apollonios Rhodios auf der Insel geboren, jedenfalls hat er längere Zeit dort gelebt, bevor er sich zwischen 270 und 245 v. Chr. als Bibliothekar in Alexandria niederließ. Er verfasste das berühmte Epos *Argonautika* mit der (übrigens auch von Hollywood verfilmten) Geschichte von Jason und der Suche nach dem Goldenen Vlies.

In der Geistesgeschichte sticht Rhodos als Heimat einer bedeutenden Schule der stoischen Philosophie hervor (s. Teil II, Kap. 8). Der
große Panaitios (ca. 185–109 v. Chr.) wurde auf Rhodos geboren, lebte aber zumeist in Rom und Athen. Ende des 2. Jahrhunderts v. Chr.
war die Stadt Rhodos zum Zentrum des Stoizismus geworden. Poseidonios (ca. 135–51 v. Chr.) lehrte hier; zu seinen Schülern gehörte Cicero, der viele Zitate von seinen Lehrern überliefert hat. (Übrigens ist
Cicero der erste Mensch, dessen genaues Geburts- und Todesdatum
wir kennen: er lebte vom 5. Januar 106 bis zum 7. Dezember 43 v.
Chr.) Neben Cicero kamen noch viele andere Römer nach Rhodos, um
ihre Bildung hier zu vervollständigen, so wie die Reichen und Fähigen
immer noch aus dem Ausland nach Harvard oder Oxford gehen – teils,
um Bildung zu erlangen, teils, um sagen zu können, dass sie dort gewesen seien.

Rom

Was den Ursprung und die Weitervermittlung weltverändernder philosophischer und wissenschaftlicher Ideen angeht, lassen sich mit Rom
fünf Namen in Verbindung bringen: Cicero (106–43 v. Chr.), Lukrez
(ca. 98–55 v. Chr.), Seneca (ca. 4 v.–65 n. Chr.), Epiktet (ca. 50–120
n. Chr.) und Marc Aurel (120–180 n. Chr.).

Marcus Tullius Cicero, dem Redner, Staatsmann, Politiker und
Schriftsteller, sind wir größten Dank schuldig, weil er – zum ersten
Mal in lateinischer Sprache – die philosophischen Ideen und Argumente der griechischen Philosophen des 2. Jahrhunderts v. Chr. aufgezeichnet hat, die sonst verloren gegangen wären. In den letzten drei Lebens-
jahren schrieb er, nur um die Zeit zu füllen (!), sieben Bücher: die
Academica, worin er sich hauptsächlich mit Karneades und der plato-
nischen Akademie in ihrer „skeptischen" Phase beschäftigt, *De finibus*: zu den verschiedenen Ansichten der Philosophen über das „größte Gut", die *Tusculanae disputationes* (Gespräche in Tusculum): über
das Wesen der Glückseligkeit, *De natura deorum*: über die Vorstellungen der Stoiker, Epikureer und Skeptiker betreffend das Wesen und

die Existenz von Gott oder Göttern, ferner noch *De fato*: über das Schicksal, *De divinatione*: über Weissagungen und *De officiis*:, über die Pflichten. Diese Bücher enthalten wertvolle Informationen über das antike Denken und sind erstaunlich leicht lesbar. Nehmen wir, nur als Beispiel, *De natura deorum*: eine so freimütige und ausgewogene Untersuchung gab es erst wieder mit David Humes *Dialogues Concerning Natural Religion*, die 1779 posthum veröffentlicht wurden. Hume hatte Ciceros Schrift zum Vorbild gewählt.

Lukrez ist der Autor des wohl einflussreichsten Gedichts, das jemals geschrieben wurde: in *De rerum natura* finden wir die vollständige und glänzend formulierte Darstellung des epikureischen Atomismus (s. Teil II, Kap. 7).

Seneca und Marc Aurel, zu unterschiedlichen Zeiten politisch tätig, ersterer als Hauptverwalter, letzterer als Kaiser des Römischen Reichs, vermitteln zum Teil recht intime Einsichten in die praktisch-individuelle Umsetzung der stoischen Gedankenwelt auch für Machtpositionen. Epiktet, ein freigelassener Sklave, hielt in Rom Vorlesungen über den Stoizismus.

Samos

Die Insel Samos hat zwei Männer hervorgebracht, deren Namen fast überall bekannt sind, und einen dritten, der berühmter hätte werden können als Kopernikus. Einer der beiden ersten ist Pythagoras (geb. ca. 570 v. Chr.), der sehr wahrscheinlich auf Samos geboren wurde, aber dann nach Elea in Magna Graecia ging, wo sein Einfluss offenkundig so tiefgehend wie langwährend war (s. Teil II, Kap. 4). Der andere ist Epikur (341 – ca. 270 v. Chr.), geboren auf Samos als Sohn eines Lehrers mit athenischer Stadtbürgerschaft. Epikur ließ sich 307 in Athen nieder (s. Teil II, Kap. 7). Der dritte Mann ist der Astronom Aristarch (320 – nach 280 v. Chr.). Dem bemerkenswerten Buch *Der Sandrechner* des Archimedes von Syrakus (gest. 212 v. Chr.) zufolge, hat Aristarch als erster die Behauptung aufgestellt, dass das Universum um ein Vielfaches größer sei, als das, was damals als Universum bezeichnet wurde. „Seine Hypothesen sind", bemerkt Archimedes, „dass die Fixsterne und die Sonne unbeweglich sind, dass die Erde sich um die Sonne auf der Umfangslinie eines Kreises bewegt, wobei sich die Sonne in der Mitte dieser Umlaufbahn befindet [...]." Das war eine revolutionäre wissenschaftliche Idee, doch fehlte ihr das geeignete Umfeld, Aristarch kam zu früh. Seine Hypothesen machten die Berechnung schwierig, zudem schien die Erdrotation mit der sinnlichen Erfahrung nicht vereinbar zu sein (es war nicht evident, dass die Atmosphäre ebenfalls rotierte).

Samos ist ungefähr 471 qkm groß und vom türkischen Festland nur durch eine Meerenge von knapp zwei Kilometern getrennt. Seine Nachbarn in der Antike waren Ephesos im Norden und Milet im Süden. Die Ursprünge der Stadt Samos gehen möglicherweise auf das 10. Jahrhundert v. Chr. zurück; später gab es die für diese Region übliche politische Entwicklung: persische Herrschaft, Bündnis mit Athen, Befreiung durch Alexander, schließlich Freiheit in Stadtangelegenheiten unter Rom. 129 wurde Samos Teil der römischen Provinz Asia. Samos besitzt zwei berühmte Altertümer: das Heraion – den Tempel der Hera, der Schutzgöttin der Stadt, und den Tunnel des Eupalinos.

Das Heraion wurde einige Male neu aufgebaut und erweitert, aber seine heutige Erscheinung ist eher enttäuschend: außer einigen Fundamenten und erratischen Steinen gibt es nur noch eine wieder aufgestellte Säule. Am besten sucht man sich einen kenntnisreichen Führer und geht den überaufmerksamen Wächtern aus dem Weg, die zu glauben scheinen, dass man alles Mögliche zerstört, wenn man sich irgendwo niederlässt.

Der Tunnel des Eupalinos ist eine ganz andere Sache. Er wurde durch einen Hügel getrieben, um eine Wasserleitung weiterzuführen. Sein Durchmesser entspricht der Körpergröße eines Menschen. An einer Seite wurde ein tiefer Kanal gegraben, durch den das Wasser für die Stadt in Röhren floss. Der Tunnel ist etwas über eintausend Meter lang, gerade, und wurde von beiden Seiten vorangetrieben. Die beiden Ende stoßen fast perfekt aufeinander, und die Archäologen rätseln immer noch, wie das mit den damaligen technischen Mitteln bewältigt

wurde. Der Tunnel wurde um 500 v. Chr. gebaut, und es gibt Mutmaßungen, denen zufolge Pythagoras die Konstruktion entworfen haben
soll, aber das ist völlig ungewiss.

Stageira

Die kleine Stadt Stageira erlangte Berühmtheit als Geburtsort von
Aristoteles (s. Teil II, Kap. 6). 348 v. Chr. wurde sie von Philipp II.
von Makedonien angegriffen und teilweise zerstört, später aber aus
Respekt vor Aristoteles, den er als Lehrer seines Sohns Alexander an
den Hof berufen hatte, wieder aufgebaut. Alexander sollte später die
persische Vorherrschaft in Griechenland beenden.

Stageira liegt auf der handähnlichen Halbinsel im Norden Griechenlands, die mit drei Fingern in die Ägäis vorstößt. Die Stadt befindet sich auf einem einsamen Vorgebirge, das auf drei Seiten vom Meer
umgeben ist. Sie war vollständig von im 5. Jahrhundert v. Chr. errichteten Mauern umgeben, die auf dem landeinwärts gelegenen Rücken
des Vorgebirges immer noch stellenweise mehr als dreieinhalb Meter
hoch und zwei Meter breit sind. Offenbar hat die Stadt Philipps An-
griff einigermaßen überstanden, erholte sich aber nicht wieder und
war zur Zeit von Kaiser Augustus verlassen. Der Ort ist ursprünglich,
entlegen und doch gut präsentiert.

Troja

Das Wenige, was ich zu diesem umfangreichen Thema mitzuteilen habe, findet sich in den ersten beiden Teilen dieses Buches. Vor Ort entdeckt der Kundige immer noch Spuren der Geschichte, die in der *Ilias*
erzählt wird, auch wenn die Grabungsstätte selbst sehr unübersicht-
lich ist. Am besten nimmt man einen guten Führer mit und übersieht
geflissentlich das hölzerne Pferd am Eingang – von dieser Kriegslist ist
in der *Ilias* gar nicht die Rede. Wenn der Reisende über die Ebene von
Troja schaut – vielleicht von der Plattform am Tempel der Athene

aus –, sollte er versuchen, die Ebene als Bucht zu sehen, die (wie heute noch) im Westen gegen die Ägäis durch das Sigeum-Gebirge abgeschirmt, im Norden aber zum Hellespont hin offen ist. Die griechische Flotte dürfte damals von Norden gekommen sein und die Schiffe im Westen vor dem Gebirge auf den Strand gezogen haben.

ANHANG

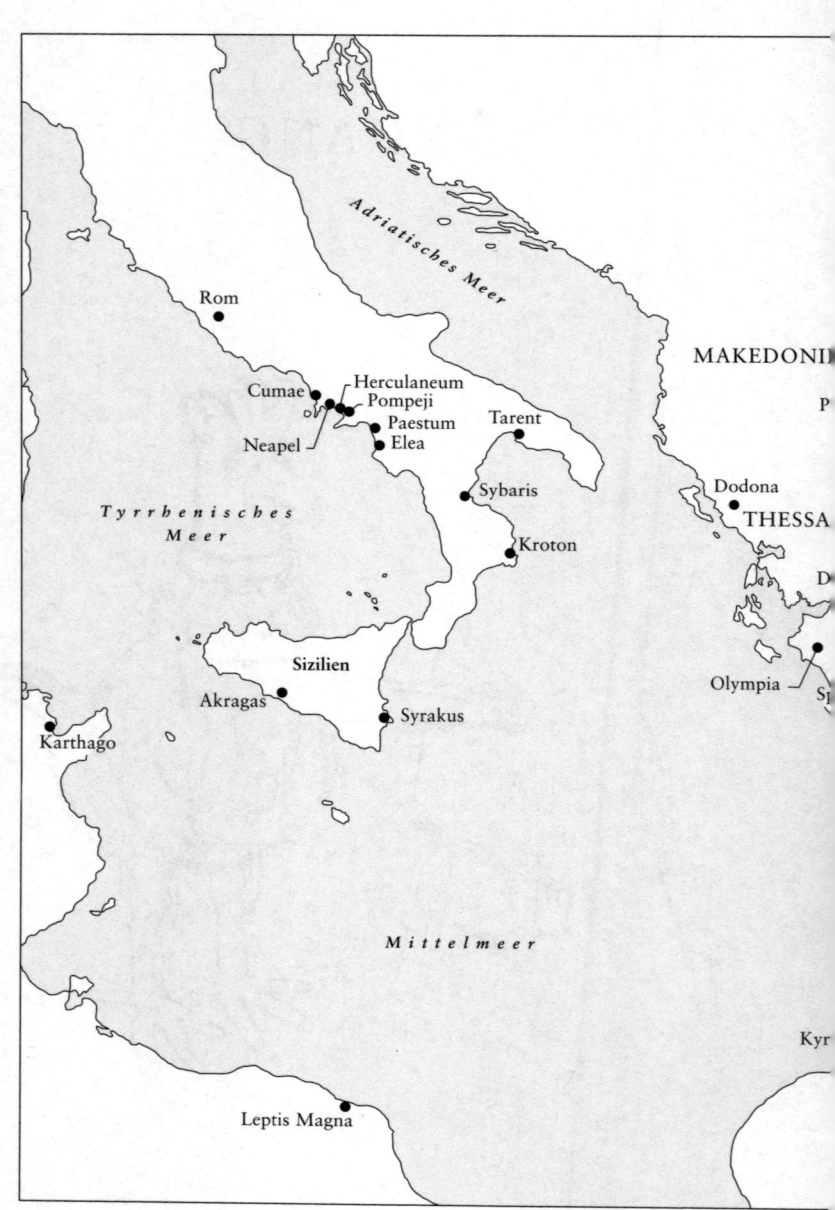

Schwarzes Meer

N

Konstantinopel

Marmara-
meer

Troja

ANATOLIEN

gäisches
Meer

Lesbos

Pergamon

IONIEN

Ephesos
Priëne
Milet
Halikarnassos

LYDIEN

then

Samos

Oinoanda

Kos

Knidos

Golf von Argos

Rhodos

Kition

Zypern

Knossos

Kreta

100   200 Meilen

0   100   200   300   400 km

Alexandria

ÄGYPTEN

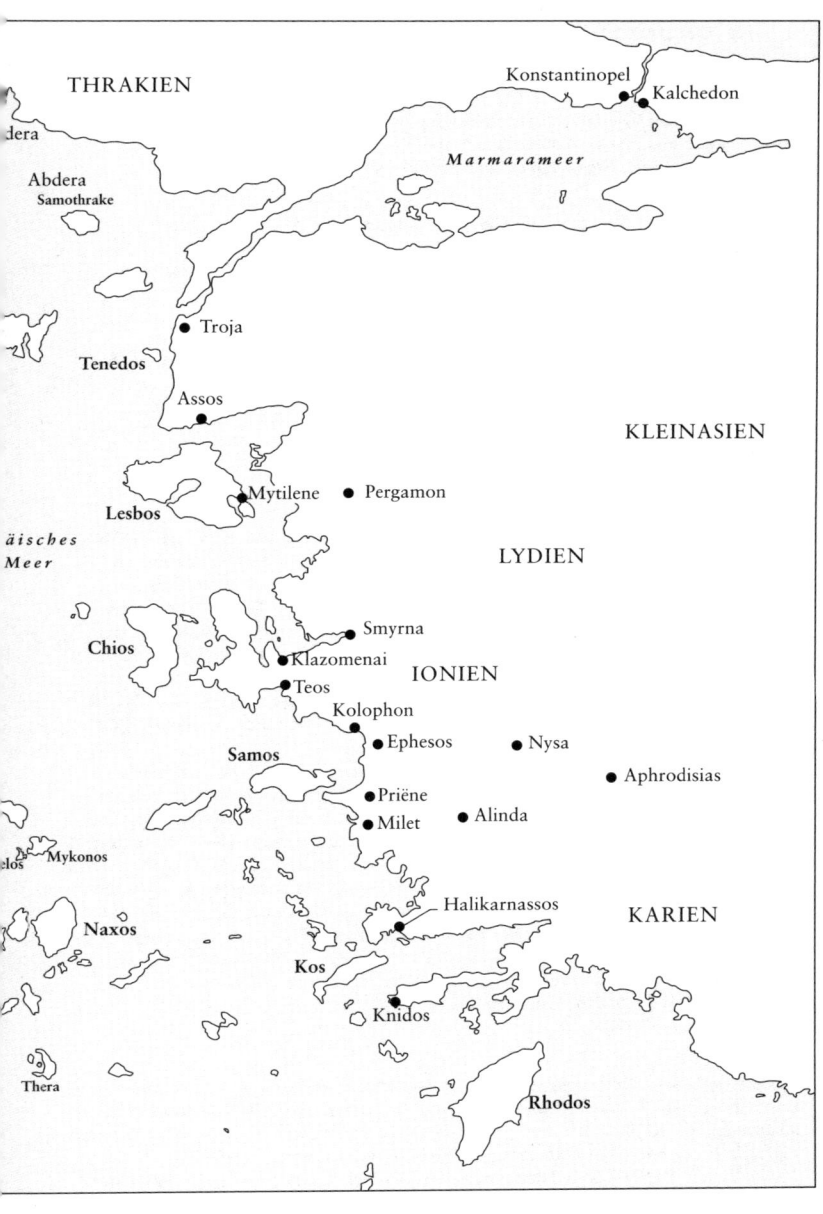

THRAKIEN

Konstantinopel

Kalchedon

dera

Abdera
Samothrake

Marmarameer

Troja

Tenedos

Assos

KLEINASIEN

Mytilene ● Pergamon

Lesbos

*äisches
Meer*

LYDIEN

Chios

Smyrna

Klazomenai

Teos

IONIEN

Kolophon

● Ephesos ● Nysa

Samos

● Aphrodisias

● Priëne

● Milet ● Alinda

Mykonos

los

Naxos

Halikarnassos KARIEN

Kos

Knidos

Thera

Rhodos

Bibliographie

Vorbemerkung des Übersetzers: Die bibliographischen Angaben des Autors zu den Teilen I und II sind hier zusammengefasst und durch Hinweise zu deutschsprachigen Werken ergänzt; diese Ergänzungen sind durch *Asterisken* markiert.

I Die Idee einer Kultur: Was die Griechen schufen

Die in diesem Teil angesprochenen Themen finden sich detaillierter und ergänzt um viele weitere Punkte in *The Oxford History of the Classical World* (Oxford 1986). Von Experten verfasst, aber für Laien verständlich.
*Älteren Datums, aber immer noch sehr gut lesbar: Egon Friedell, *Kulturgeschichte Griechenlands* (München 2002; EA 1950). Knapp und prägnant: Detlef Lotze, *Griechische Geschichte. Von den Anfängen bis zum Hellenismus* (München 82010). – Die Athenaios-Zitate aus: Athenaios, *Das Gelehrtenmahl*. Eingel. und übers. von Claus Friedrich. Komm. von Thomas Nothers. Hg. von Peter Wirth. Buch VII–X (Stuttgart 1999) und Buch XI–XIV, 1. Tl. (Stuttgart 2000).*

II Homerische Ideale und die Ideen der Philosophen

Kapitel 1 und 2

Die Lektüre der Epen Homers ist durch nichts zu ersetzen: Die *Ilias* in der Übersetzung von Robert Fitzgerald (Oxford 1998); die Odyssee vielleicht in der Übersetzung von T. E. Lawrence (New York 1932) oder in der von Robert Fagles (Penguin Classics, Harmondsworth, Neuausg. 1992). Die antike Topographie von Troja ist sehr schön beschrieben und illustriert in dem Buch von J. V. Luce, *Celebrating Homer's Landscapes* (New Haven, Conn, 1998; dt.: *Die Landschaften Homers*, Stuttgart 2000). Ursachen und Fortgang des Trojanischen Kriegs, soweit überhaupt rekonstruierbar, behandelt Barry Strauss, *The Trojan War: A New History* (New York 2006) und Michael Wood, *In Search of the Trojan War* (London, üb. Ausg. 2005). Beide Bücher sind reich illustriert und leicht zu lesen.
*Von den versifizierten Übersetzungen der Epen Homers ins Deutsche ist die vielleicht immer noch beste, auf jeden Fall traditionsreichste die von Johann Heinrich Voß aus dem 18. Jahrhundert, der auch die nachgewiesenen Zitate entnommen sind. Die Vergil-Verse stammen aus der von W. Plankl übersetzten *Aeneis* (Stuttgart 1989). Grundlegende neuere Werke über Trojas Geschichte und Archäologie: Manfred Korfmann (Hg.), *Troia. Archäologie eines Siedlungshügels und seiner Landschaft* (Mainz 2006); Joachim Latacz, *Troia und Homer. Der Weg zur Lösung eines alten Rätsels* (Leipzig, 6., erw. und akt. Aufl. 2010); so interessant wie in der Fachwelt umstritten: Raoul Schrott, *Homers Heimat. Der Kampf um Troia und seine realen Hintergründe* (München 2008). Zur Einführung in Homers Dichtung: Thomas A. Szlezák, *Homer oder Die Geburt der abendländischen Dichtung* (München 2012)*

Kapitel 3 und 4

Die vorsokratische Philosophie ist vielfältig und schwer überschaubar. Eine transparente Darstellung bietet J. V. Luce, *An Introduction to Greek Philosophy* (London 1992); inspirierend die Kapitel über die Vorsokratiker in Bertrand Russells *History of Western Philosophie* (London 1945; üb. Ausg. 2009; dt. *Philosophie des Abendlands*. Zürich 2012). Eine Fleißarbeit ist E. Husseys *The Presocratics* (London 1972). Erschöpfend (manchmal auch für den Leser) bearbeitet J. Barnes das Thema in *The Presocratic Philosophers* (London, überarb. Ausg. 1999).

Im Gegensatz zum angelsächsischen Bereich gibt es bei uns eine maßgebende Ausgabe der Fragmente der Vorsokratiker, nach der auch üblicherweise – „DK" – zitiert wird, nämlich Hermann Diels und Walter Kranz (Hg. und Übers.), Die Fragmente der Vorsokratiker (gr./dt., 3 Bde., Berlin 1912, Nachdr. Zürich 1996). Zugänglicher ist die (ebenfalls zweisprachige) von Jaap Mansfeld besorgte und mit Erläuterungen versehene einbändige Ausgabe Die Vorsokratiker (Stuttgart 1987 u. ö.), der auch die Zitate entnommen sind. Die Fragmente von Demokrit hat der Übersetzer unter Berücksichtigung der Originalfassung in ihrer Knappheit der englischen Übersetzung nachzubilden versucht, um den von Gaskin betonten gnomischen Charakter hervorzuheben. Empfehlenswert: Demokrit, Fragmente zur Ethik. (Gr./Dt., neu übers. und komm. von Gred Ibscher+; Stuttgart 1996). Darstellungen der vorsokratischen Philosophie sind Legion, u. a. Thomas Buchheim, Die Vorsokratiker. Ein philosophisches Porträt (München 1994); Wolfgang H. Pleger, Die Vorsokratiker (Stuttgart 1991).

Kapitel 5
Die Beschäftigung mit Platons Philosophie ist kein leichtes Unterfangen. Relativ einfach ist C. C. W. Taylor, Socrates. A Very Short Introduction (Oxford, üb. Ausg. 2000). Gut zu lesen sind auch einige der frühen Dialoge von Platon selbst, so etwa Charmides, Lysis und Laches. Die vier Dialoge, die um Sokrates' Verurteilung und Tod kreisen – Apologie, Eutyphron, Kriton und Phaidon – verlangen schon etwas mehr. Hilfestellung bieten manche Artikel in The Cambridge Companion to Plato (hg. von Richard Kraut; Cambridge 1992).
Am verbreitetsten ist immer noch die ab 1804 entstandene Übersetzung der Dialoge durch Friedrich Schleiermacher (als sechsbändige Taschenbuchausgabe: Reinbek b. Hamburg 1957ff.). Zugänglicher im Sprachduktus die Übersetzung (mit Erläuterungen) von Otto Apelt, Platon: Sämtliche Dialoge (7 Bde., Hamburg 2004; Nachdr. der Ausg. Leipzig 1922/23), der auch die Zitate entnommen sind. Als Einführungen für den Anfänger geeignet: Michael Bordt, Platon (Freiburg 1999); Barbara Zehnpfennig, Platon zur Einführung (Hamburg, ³2005).

Kapitel 6
Aristoteles ist nicht leicht zu lesen; Lektüre über ihn ebenfalls nicht. Es gibt zahlreiche Aristoteles-Übersetzungen und -Ausgaben; die Physik wurde zitiert nach der von Günter Zekl besorgten zweisprachigen Ausgabe (2 Bde., Hamburg 1987), die Nikomachische Ethik nach der Übersetzung von Olof Gigon (München 1991 u. ö.), die Schrift Von der Zeugung und Entwickelung der Thiere nach der Übersetzung von Hermann Aubert und Friedrich Wimmer (in Bd. 3 der Werke in 7 Bdn., Aalen 1978, Nachdr. der Ausg. Leipzig 1860); Über die Seele nach der von Willy Theiler besorgten und übersetzten Ausgabe (Reinbek 1968). Empfehlenswerte Einführungen in Aristoteles' Philosophie: Jonathan Barnes, Aristoteles. Eine Einführung (Stuttgart 1992); Otfried Höffe, Aristoteles. München ³2006), Christoph Rapp, Aristoteles zur Einführung (Hamburg ⁴2011).

Kapitel 7
Wer Griechisch kann, für den sind die Epikureer meistenteils relativ einfach zu lesen. Eine vollständige Ausgabe der Werke von Epikur und Lukrez in einem Band ist The Epicurean Philosophers, hg. von John Gaskin (London 1995). Zu Diogenes vgl. M. F. Smith, Diogenes of Oinoanda: The Epicurean Inscription (Neapel 1993).
*Zu Epikur: Briefe, Sprüche, Werkfragmente, Gr./dt. , übers. und hg. von Hans-Wolfgang Krautz (Stuttgart 1997); Malte Hossenfelder, Epikur (München, 2., akt. Aufl. 1998). Die Lukrez-Zitate aus: Lukrez, De rerum natura/Welt aus Atomen, Lat./Dt., übers. und mit einem Nachwort von Karl Büchner (Stuttgart 1986). Eine umfangreiche

Auswahl, darunter auch die Mehrzahl der Diogenes-Fragmente aus Oinoanda, bietet der Band *Griechische Atomisten. Texte und Kommentare zum materialistischen Denken in der Antike.* Übers. und hg. von Fritz Jürss, Reimar Müller und Ernst Günther Schmidt (Westberlin 1984, EA Leipzig 1973).*

Kapitel 8

Eine gute allgemeine Darstellung des Stoizismus findet sich in A. A. Long, *Hellenistic Philosophy* (London, rev. Ausg. 1986); speziell die Naturphilosophie behandelt S. Sambursky, *Physics of the Stoics* (London 1959). Will man das Denken von Marc Aurel kennenlernen, muss man nur die *Selbstbetrachtungen* an irgendeiner Stelle aufschlagen und zu lesen beginnen. Instruktiv sind auch Senecas *Briefe an Lucilius* sowie seine *Dialoge.*
*Die Zitate von Marc Aurel aus: *Selbstbetrachtungen.* Übertragen und mit Einleitung von Wilhelm Capelle (Stuttgart [10]1963); die Zitate von Seneca aus: *Philosophische Schriften in 4 Bänden.* Übers., mit Einleitungen und Anmerkungen versehen von Otto Apelt (Hamburg 1993, Nachdr. der Ausg. Leipzig 1923/24); das Zitat aus Ciceros Schrift über den Staat: *De re publica/Vom Gemeinwesen,* übers. und hg. von Karl Büchner (Stuttgart 1995). Zur stoischen Philosophie: Erhard Hobert, *Stoische Philosophie: Tradition und Aktualität.* (Frankfurt/M. 1992).*

Kapitel 9

Der Neuplatonismus ist sehr schwierig, auch in den Darstellungen. Empfehlenswert ist Richard T. Wallis, *Neoplatonism* (London 21995).
*Die maßgebliche Plotin-Ausgabe ist die von Richard Harder besorgte, von R. Beutler und W. Theiler neu bearbeitete Ausgabe in 6 Bänden (Neudruck Hamburg 2004); dem Band Vc wurde das Porphyrios-Zitat entnommen. Zu Plotin: Susanne Möbuß, *Plotin zur Einführung* (Hamburg 2000); zum Neuplatonismus: Jens Halfwassen, *Plotin und der Neuplatonismus* (München 2004). – Last not least: Immer noch lesenswert als kompakte Gesamteinführung: Walther Kranz, *Die griechische Philosophie* (Berlin 1992; Nachdr. Köln 2006; EA 1941).*

Kapitel 10

Die Verwandlung der unter Kaiser Hadrian immer noch klassischen Antike des 2. Jahrhunderts n. Chr. in die religiös beherrschte Welt des 4. und 5. Jahrhunderts ist eine faszinierende Geschichte. Die beste Quelle für das Verständnis dieser Transformation bietet Robin Lane Fox, *Pagans and Christians* (London 1986; rev. Ausg. Harmondsworth 1988). Der Kaiser Julian (Julian Apostata in der christlichen Dämonologie) ist für europäische Schriftsteller und Intellektuelle eine Gestalt von großer Anziehungskraft. Sehr empfehlenswert ist die Biographie von Adrian Murdoch, *The Last Pagan* (Stroud 2003). Die Werke des Kaisers sind in der Loeb Classical Library erschienen (3 Bde., Cambridge, Mass. 1913–23); seine Schrift „Gegen die Galiläer" wurde in großer Eile diktiert und in vielen Teilen von den Gegnern zerstört oder beschädigt, aber als „letzter Protest" ist sie immer noch eine interessante Lektüre. Wie Julians Welt schließlich in die byzantinischen Christentums überging, wird lebhaft dargestellt von Charles Freeman, *AD 381: Heretics, Pagans and the Christian State* (London 2008). Vergessen wir auch nicht Edward Gibbon: *The Decline and Fall of the Roman Empire* ist immer noch eine der besten Darstellungen in englischer Sprache. Die ersten drei Kapitel sind eine glänzende Schilderung des Römischen Reichs auf seinem Höhepunkt im 2. Jahrhundert n. Chr., während das 15. und 16. Kapitel bahnbrechend neue Erkenntnisse vermitteln. Zumeist wird die Geschichte von den Siegern geschrieben, und die Christen waren, allen tatsächlichen und angeblichen Leiden zum Trotz, im 4. Jahrhundert die Sieger. Gibbon aber ist seit vierzehnhundert Jahren der erste Gelehrte, der Ausmaß und Wesen der Christenverfolgung neu untersucht und dabei zu dem Ergebnis kommt, dass vieles anders aussieht als christliche Apologeten und Filmproduzenten in Hollywood es sich vorstellen. *Edward Gibbon gibt es auch auf Deutsch: *Verfall und Untergang des römischen Imperiums. Bis zum Ende des Reiches im Westen.* Übers. von Michael Waller und Walter Kumpmann, mit einer Einleitung von Wilfried Nippel. 6 Bde. (München 2003). Allgemein zur Epoche: Alexander Demandt: *Die Spätantike. Römische Geschichte von Diokletian bis Justinian 284–565 n. Chr.* (München 2007). Speziell zu Julian: Klaus Bringmann, *Kaiser Julian. Der letzte heidnische Herrscher* (Darmstadt 2004) und Klaus Rosen, *Julian. Kaiser, Gott und Christenhasser* (Stuttgart 2006). Die Übersetzung des Augustinus-Zitats stammt von W. Thimme: Aurelius Augustinus, *Bekenntnisse.* Eingeleitet und übertragen von Wilhelm Thimme (München 1982; EA Zürich 1950).*

Orts und Personenregister

Abdera 101, 129, 172
Achilles (Achill, Achilleus) 8, 46, 50, 54, 55, 56, 57, 58, 59, 60, 62, 63, 65, 68, 70, 71, 97, 98, 99
Ada 182
Adrastos 176
Ägäisches Meer 52, 72
Ägypten 12, 13, 14, 44, 66, 75, 82, 174, 185
Aelius Aristeides 187
Aeneas 46
Aischylos 37
Agamemnon 50, 54, 57, 58, 62, 63
Agathon 38
Ajax (Sohn des Telamon) 58, 68
Akragas (Agrigentum) 173, 180
Alexander der Große 10, 12, 13, 46, 48, 101, 114, 127, 161, 174, 176, 177, 182, 191, 193, 195, 196, 199, 200
Alexandria 17, 127, 156, 158, 174, 175, 178, 188, 196
– Bibliothek 54, 174, 175
– Leuchtturm von Pharos 184
Alexis 31, 32, 33
Alinda 17, 21
Ammianus Marcellinus 168
Amos 29, 30
Anakreon 31, 172, 190
Anatolien 48, 49, 194
Anaxagoras 100, 169, 184
Anaximander 73, 77, 78, 80, 81, 192
Anaximenes 72, 77, 78, 81, 192
Andromache 71
Antoninus, Kaiser 14, 151
Aphrodisias 24, 175, 176
Aphrodite (Venus) 33, 43, 70, 185
Apollon 43, 44, 70, 186, 187, 191
Apollonios Rhodios 196
Archimedes 180, 198, 199
Ares (Mars) 43, 61
Argos 66
– Golf von 49
Aristarch 198, 199
Aristophanes 37, 64
Aristoteles 8, 12, 13, 65, 70, 73, 74, 76, 77, 80, 81, 86, 89, 90, 94, 96, 97, 98, 99, 100, 102, 107, 112, 113, 114, 115, 116, 117, 118, 119, 120, 121, 122, 123, 124, 125, 126, 127, 129, 130, 133, 149, 156, 157, 161, 169, 170, 176, 177, 178, 190, 200

Artemis 43, 44, 163, 181, 182
Asklepios 24, 105, 187, 188
Aspendos 36
Assos 20, 114, 115, 176, 177, 180, 189
Athen 11, 12, 13, 16, 26, 28, 37, 44, 54, 73, 100, 102, 105, 114, 115, 127, 128, 130, 144, 154, 157, 158, 163, 166, 177, 178, 180, 184, 189, 194, 196, 197, 198, 199
Athenaios 28, 29, 30, 31, 32, 69
Athene (Göttin) 43, 44, 55, 57, 63, 163, 200
Atomismus 101, 129, 130, 198
Atomkonzept 102, 129, 132, 192
Attaliden 13
Attalos III. 13
Augustinus, Aurelius 162, 170
Augustus, Kaiser 14, 156, 200
Avdira 172
Avebury 180

Babylon 12, 81, 180
Bellerophontes 52, 70
Bodrum s. Halikarnassos
Boethius 69
Bosporus 184
Brutus 13
Byzanz s. Konstantinopel

Cassius 13
Chalcedon s. Kalchedon
Chalkis 12
Chariton 176
Chios 49, 179
– Kloster Nea Moni 180
Christentum 10, 15, 69, 73, 120, 128, 140, 155, 157, 158, 162, 163, 164, 165, 166, 167, 168, 174, 194
Chrysipp 149, 183, 145
Cicero 145, 147, 150, 151, 153, 154, 172, 197, 198
Claudius, Kaiser 145
Cumae 43, 84

Damaskios 178
Dareios I. 11
Dareios III. 12
David, König 30
Delphi 43, 180
Demokrit 65, 83, 91, 101, 102, 129, 132, 133, 172
Descartes, René 122
Didyma 43, 44, 191

Diokletian, Kaiser 15, 38
Diogenes Laertios 73, 74, 86, 95, 115
Diogenes von Oinoanda 130, 143, 193
Diomedes 70
Dionysios von Halikarnassos 113, 182
Dionysos 27, 44

Elea (Castellamare) 17, 84, 85, 89, 94,
180, 181, 188, 198
Eleaten 83, 84, 94, 101, 180, 213
Eleusinische Mysterien 66
Empedokles 173
Ephesos 21, 38, 39, 44, 91, 163, 172,
175, 181, 182, 185, 190, 199
Epiktet 145, 197, 198
Epikur, Epikureer 13, 65, 70, 77, 83,
102, 112, 119, 120, 128, 129, 130, 131,
132, 134, 135, 136, 137, 138, 140, 141,
142, 144, 146, 156, 157, 159, 166, 178,
183, 190, 197, 198
Epidauros 35, 36
Euböa 189
Eudoxos 184
Euklid 75, 116
Eumenes II. 195
Euripides 37, 100
Eurymedon, Fluss 12
Euxinisches Meer (Schwarzes Meer) 10,
191, 192, 194

Fethiye 193

Gadara 130, 183
Galen 156, 161, 174, 194
Gallien 130
Gallipoli 72
Gaugamela 12
Gera, Bucht von 189, 190
Gnostiker 131
Gökova, Golf von 186
Goten 15, 191, 193
Granikos 12

Hades 44, 67
Hadrian, Kaiser 14, 25, 28, 141, 161,
162, 174
Halikarnassos (Bodrum) 182, 186, 192
– Mausoleum 11
Hattusas 49
Hekataios 192
Hekatomniden, Dynastie der 11, 12
Hektor 51, 54, 55, 56, 58, 59, 60, 63,
65, 68, 70, 71, 72

Helena 62, 66
Hellespont 52, 72, 130, 201
Hephaistos 43
Hera 43, 57, 62, 199
Heraklit 93, 85, 90, 91, 92, 93, 94, 181,
189
Herculaneum 130, 183
– Villa dei Papiri 183
Hermes 43
Herodot 11, 17, 75, 82, 182, 184, 191
Hesiod 51, 78, 79, 82, 85, 89
Hethiter 48, 49, 50, 59
Hippokrates 186, 187
Hisarlik 46
Homer 7, 8, 11, 29, 32, 37, 46, 47, 51,
52, 53, 54, 57, 61, 62, 63, 64, 65, 66,
67, 68, 69, 70, 72, 78, 82, 89, 90, 122,
127, 160, 166, 170, 179, 191

Ida (Berg) 52, 62, 176
Ilion s. Troja
Ion 179
Ionien 11, 48, 82, 84, 191
Islam 69, 71, 164
Isokrates 17
Issos 12
Ithaka 55

Jason 196
Jesus Christus 105, 167
Juden 89, 167
Julian, Kaiser 15, 46, 69, 71, 157, 168,
194
Julius Caesar 13, 46, 130, 175
Justinian, Kaiser 16, 72, 157, 178

Kalchedon183, 184
Kalloni, Bucht von 189
Karien 11, 12, 19, 176, 196
Karneades 189, 197
Karthago 21, 173, 180
Kassandra 59
Kavala 172
Klaros 43, 186
– Tempel des Apollon 186
Klazomenai 172, 184
Kleanthes 177
Kleinasien 7, 10, 11, 12, 13, 40, 46, 48,
141, 176, 178, 181, 188, 191
Kleopatra 13, 127, 174
Knidos 184, 185
Knossos 52
Kolophon 89, 130, 185, 186

Konstantin der Große, Kaiser 15, 167
Konstantinopel (früher Byzanz) 15, 16, 48, 157, 158, 168, 178
Korinth 49
Kos 24, 25, 48, 186, 187, 188, 195
– Asklepieion 25, 188
Kreta, Kreter 49, 189, 192
Kritias 32
Kriton 105, 106
Kroisos (Krösus) 8, 11, 74, 191
Kroton (Crotone) 84, 85, 86, 89, 180, 188
Kyrenaika 188
Kyrene 188
Kyros der Große 11, 191

Lade (Insel) 11, 191
Lampsakos 130
Leptis Magna 21
Lesbos 48, 114, 115, 120, 130, 176, 177, 189, 194
Leukipp 83, 129, 172, 192
Libanon 40
Libyen 188
Lukian 46, 69, 88, 174
Lukrez 130, 132, 135, 136, 141, 161, 197, 198
Lykeion 114, 127, 130, 156, 178
Lykien 52
Lydai 23
Lydien 10, 11, 191

Mäander (Fluss) 80, 175, 185, 190
Magna Graecia (Megale Hellas) 84, 89, 180, 198
Makedonien 13
Marathon 11
Marc Aurel, Kaiser 14, 145, 151, 153, 154, 156, 182, 194, 197, 198
Marcus Antonius 13
Marmarameer 10, 48, 130, 191, 192
Mars s. Ares
Mausolos 182
Meder 75
Menander 38
Menelaos 50, 62, 63, 66
Merops 61
Mesopotamien 82, 194
Mesta 180
Methymna 176
Milet 10, 11, 21, 36, 73, 74, 77, 80, 81, 84, 129, 172, 190, 191, 192, 195, 196, 199

Mithraskult 163
Mithridates VI. von Pontus 13, 176
Mykale 12
Mykene 17, 48, 49, 50, 53
Myrmidonen 54
Mytilene 114, 130, 190

Naturphilosophen 101
Neapel (Neapolis) 84, 130, 180, 183
Neleus 192
Nero, Kaiser 145
Nerva, Kaiser 14
Nestor 59, 68
Neuplatonismus 156, 157, 158, 159, 174, 194
Nikomachos 123
Nordafrika 10, 166, 188
Notion 185, 186
Nysa 24

Octavius s. Augustus, Kaiser
Odysseus 50, 51, 55, 57, 66, 71
Öneus 70
Oinoanda 130, 141, 193
Orphik 66
Osmanen 48, 177, 184

Paestum (Poseidonia) 84, 180
Pan 44
Panaitios 145, 197
Paris (Alexandros) 56, 59, 62, 63, 68
Parmenides 85, 89, 90, 94, 95, 99, 101, 173, 180
Patroklos 55, 57, 58, 59, 63, 65, 70, 71
Paulus 39, 162, 167, 170, 191
Pausanias 179
Pella 114
Penelope 55, 71
Pergamon (Bergama) 13, 24, 156, 175, 188, 189, 194, 195
– Altar des Zeus 195
– Asklepieion 24, 195
Perikles 100
Persephone 44
Persien, Perser 11, 12, 48, 73, 74, 82, 91, 100, 101, 168, 172, 176, 178, 182, 185, 188, 191, 192, 194
Philipp II. von Makedonien 12, 114, 200
Philippi 13
Philodemos von Gadara 130, 183
Piräus 178, 192
Plataiai 12, 100
Platon 8, 12, 13, 65, 69, 70, 74, 77, 83,

100, 103, 104, 105, 106, 107, 108, 110,
114, 120, 121, 178
Plautus 38
Plotin 158, 159, 160, 174
Plutarch 69, 151, 174
Pompeji 181, 183
Porphyrios 157, 158, 160
Poseidon 43
Poseidonios 145, 147, 197
Praxiteles 185
Priamos 55, 59, 63, 68
Priapos 27
Priëne 22, 23, 24, 192, 195, 196
Protagoras 100, 101, 172, 173
Proitos 52
Proteus 66
Ptolemäer 13, 127, 174, 188
Ptolemäus von Alexandria 156
Ptolemäos I. Soter 127, 174
Ptolemäos II. 174
Pylos 50
Pythagoras, Pythagoreer 66, 83, 84, 85,
86, 87, 88, 120, 131, 173, 180, 198,
200

Rhadamanthys 66
Rhodos 49, 141, 193, 196, 197
– Lindos 196
– Ialysos 196
Rom 13, 14, 28, 46, 127, 154, 157,
158, 163, 173, 178, 182, 196, 197, 198,
199

Salamis 11
Samos 49, 84, 85, 86, 130, 198, 199
– Heraion 199
– Tunnel des Eupalinos 199
Sappho 189, 190
Sargassosee 116
Schliemann, Heinrich 46
Schwarzes Meer s. Euxinisches Meer
Seleukiden 13
Seneca 145, 148, 151, 197, 198
Sigeum (Gebirge) 201
Simoïs (Fluss) 52
Simplikios 8, 73, 79
Sizilien 40, 83, 84, 89, 173, 180
Skamander (Fluss) 52
Skopelianos 184
Skythen 31
Smyrna (Izmir) 175, 179, 184
Sokrates 12, 39, 62, 65, 81, 100, 101,
102, 103, 104, 105, 106, 107, 108, 109,

110, 111, 163, 172, 173, 178, 184, 188
Sophisten 83, 100, 101, 102, 172
Sophokles 37, 100
Sostratos 184
Sparta 11, 12, 32, 100, 180, 196
Stageira 100, 113, 114, 200
Stoa, Stoiker, Stoizismus 13, 67, 70,
102, 112, 128, 131, 134, 140, 144, 145,
146, 147, 149, 150, 151, 154, 155, 156,
159, 177, 178, 183, 197, 198
Strabon 192
Sybaris 180
Syme (Golf) 184
Synesios von Kyrene 19
Syrakus 180, 198
Syrien 40, 49, 82

Tacitus 186
Tarent (Tarentum) 180
Telemachos 55
Tenedos 48
Teos 38, 172, 190
Thales 11, 73, 74, 75, 76, 77, 78, 79,
81, 129, 192
Theben 50
Theodosius I., Kaiser 15, 28, 34, 162,
167, 168, 174
Theophrastos 114
Thessalien 11
Thrakien 173
Thukydides 12, 166
Tiryns 49, 50
Trajan, Kaiser 14
Troas 47, 50, 52, 176
Troja 7, 8, 17, 46, 47, 50, 51, 52, 54,
55, 56, 59, 60, 61, 191, 193, 200
– Tempel der Athene 200
Türkei, Türken 36, 48, 72, 172, 176,
182, 196

Vesuv 183
Vorsokratiker 8, 83, 91, 102, 106, 156,
173, 181

Xenophanes 28, 29, 83, 85, 87, 89, 90,
173, 185
Xenophon 29, 103, 188, 194
Xerxes 11

Zenon von Elea 85, 94, 95, 96, 98, 99,
128, 181
Zenon von Kition 128, 144, 145, 177
Zeus 43, 60, 62, 66, 69, 71, 72, 110, 195

John Gaskin war Professor für Naturalistic Philosophy am Trinity College, Dublin. Seit 2002 hält er Vorträge über klassische Philosophie in den großen antiken Theatern in Kleinasien, der heutigen Westtürkei.

Die englische Originalausgabe ist 2011 bei Thames & Hudson Ltd, London unter dem Titel *The Traveller's Guide to Classical Philosophy* erschienen.

© 2011 John Gaskin

Die Deutsche Nationalbibliothek verzeichnet diese Publikation in der Deutschen Nationalbibliografie; detaillierte bibliografische Daten sind im Internet über http://dnb.dnb.de abrufbar.

© der deutschen Ausgabe 2013 by Primus Verlag, Darmstadt
Gedruckt auf säurefreiem und alterungsbeständigem Papier
Umschlaggestaltung: Christian Hahn, Frankfurt a. M.
Umschlagabbildung: Tempel der Athene, Assos, Türkei;
© picture alliance/Chromorange
Gestaltung und Satz: Anja Harms, Oberursel
Zeichnungen auf S. 2 und zum Start der Teile sowie des Anhangs: John Kaine
Illustrationen in Teil I und Karten: ML Design
Printed in Germany
www.primusverlag.de
ISBN 978-3-86312-058-0

Elektronisch sind folgende Ausgaben erhältlich:
eBook (PDF): ISBN 978-3-86312-908-8
eBook (epub): ISBN 978-3-86312-909-5

PR GASK